装备综合保障工程基础

Foundation of Equipment Integrated Logistics Support Engineering

史跃东　楼京俊　刘　凯　著

华中科技大学出版社
中国·武汉

内 容 简 介

本书从系统和发展的角度详细介绍了装备综合保障工程的基础知识。主要内容包括装备综合保障工程的基本内涵与基本概念,综合保障顶层要求,保障性分析,故障模式、影响及危害性分析,以可靠性为中心的维修分析,修理级别分析,使用与维修工作分析等。

本书的定位是装备综合保障领域的基础类工程应用读物,旨在通过内容通透的基础知识介绍和翔实丰富的工程案例释析,详述装备综合保障工程的总体脉络和核心分析技术,相关知识内容对于深入理解装备综合保障理论、熟识综合保障工程业务,具有引导和启迪作用。

本书对于从事装备研制、生产、使用、维修以及通用质量管理的工程技术人员具有重要价值,也可作为工业工程管理专业的本科生与研究生教材。

图书在版编目(CIP)数据

装备综合保障工程基础/史跃东,楼京俊,刘凯著. —武汉:华中科技大学出版社,2022.7
ISBN 978-7-5680-8397-3

Ⅰ.①装… Ⅱ.①史… ②楼… ③刘… Ⅲ.①装备保障-系统工程 Ⅳ.①E145.6

中国版本图书馆 CIP 数据核字(2022)第 114020 号

装备综合保障工程基础　　　　　　　　　　　　　史跃东　楼京俊　刘 凯　著
Zhuangbei Zonghe Baozhang Gongcheng Jichu

策划编辑:张少奇
责任编辑:李梦阳
封面设计:廖亚萍
责任监印:周治超

出版发行:华中科技大学出版社(中国·武汉)　　电话:(027)81321913
　　　　　武汉市东湖新技术开发区华工科技园　　邮编:430223
录　　排:武汉市洪山区佳年华文印部
印　　刷:武汉科源印刷设计有限公司
开　　本:787mm×1092mm 1/16
印　　张:12
字　　数:312 千字
版　　次:2022 年 7 月第 1 版第 1 次印刷
定　　价:60.00 元

本书若有印装质量问题,请向出版社营销中心调换
全国免费服务热线:400-6679-118　竭诚为您服务
版权所有　侵权必究

教育不是灌输，而是点燃火焰！

——苏格拉底

谨以此书献与吾师、吾妻、吾女，以及全部支持我在这条清冷的道路上默默行走的你们。

前　言

　　装备保障作为一类支持装备完成预期任务功能的系统工程活动,在长期高质量保持装备处于最佳设计状态、最优技术性能和最理想功效等方面发挥着不可替代的作用。随着当今全球装备生产制造业的高速发展,无论是在军事装备领域,还是在民事装备领域,有关装备保障的专题研究均受到前所未有的高度重视。

　　装备综合保障是近年来装备保障研究领域逐渐兴起的一门学科,它站在装备全系统、全寿命、全费用使用与管理的角度,重塑传统的装备使用与维修保障知识体系与技术脉络,是有效践行新时期装备通用质量工程观和装备全系统大保障观的重要技术保证。装备综合保障的技术内涵极其丰富,既包含确保装备"优生"与"易保障"的可靠性、维修性、测试性、保障性等通用质量固有特性的设计问题,又涵盖确保装备"优育"与"保障好"的人力和人员、修理工具、仪器、设备、设施、备件、技术资料等保障资源的保障性分析与优化配置问题,还涉及不同类型保障工程项目的进度、质量、风险、安全等工程管理与协调控制问题等。

　　本书鉴于篇幅所限及综合保障工程基础书籍的总体定位,重点论述装备综合保障基本内涵、装备综合保障顶层要求、装备保障性分析理论与工程应用核心技术几项专题内容。其中:第1章概述装备保障、装备综合保障以及装备综合保障工程的内涵与联系,明晰装备全寿命期间综合保障工作的重点内容与工程价值,引导读者树立先进正确的现代装备综合保障工程观;第2章论述用于约束装备及其配套保障系统同步研制、生产及建设的综合保障顶层技术要求,包括定量要求、定性要求和工作项目要求等,明确装备综合保障工程的总目标和总方向;第3章剖析能够有效促进装备综合保障工程各项技术要求得以充分实践与高质量实现的装备保障性分析技术,明晰其技术分析特点、工程应用价值、全寿期过程以及信息接口交互关系等,形成本书所述装备综合保障工程基础的核心技术主线;第4、5、6、7章则遵循装备综合保障工程的核心技术主线,分别论述几类工程上最为关键的保障性分析技术,包括故障模式、影响及危害性分析(FMECA)技术,以可靠性为中心的维修分析(RCMA)技术,修理级别分析(LORA)技术,使用与维修工作分析(O&MTA)技术等,力求构建与装备综合保障工程实践充分契合的闭环分析技术体系,确保装备固有保障特性设计科学、配套保障系统研制与建设合理、常态化遂行任务保障能力及时形成。

　　本书的定位是装备综合保障领域的基础类工程应用读物,旨在通过内容通透的基础知识介绍和翔实丰富的工程案例释析,协助装备保障工程领域的初学者克服传统的"工学"惯性思维,迅速迈入"系统工程学"的广袤天地。本书的撰写初衷在于"抛砖引玉",重点阐述装备综合保障工程的总体脉络和核心分析技术,而对于偏量化计算的大量多目标约束下的保障资源优化算法及其解析实现过程并未做过多阐述。本书对于从事装备研制、生产、使用、维修以及通用质量管理的工程技术人员具有重要价值,也可作为工业工程管理专业的本科生与研究生教材。

　　在成书过程中,感谢海军工程大学舰船与海洋学院各位领导、同事的大力支持,特别感谢朱石坚教授、金家善教授、王德石教授对于本书各章节内容提出的宝贵修改意见。感谢华中科技大学出版社张少奇编辑、李梦阳编辑及其他编辑的辛勤工作。最后,本书的完成离不开作者家人的大力支持与默默付出。

亚瑟·叔本华说:"智慧只是理论而不付诸实践,犹如一朵重瓣的玫瑰,虽然花色艳丽,香味馥郁,凋谢了却没有种子。"囿于作者的知识水平与保障工程实践经验,书中所述装备综合保障工程基础内容难免存在疏漏之处,敬请广大读者批评指正。作者联系方式:trigger_1982@163.com。

作 者

2022 年 3 月

目　　录

第1章　绪论 ··· (1)
 1.1　综合保障工程的基本内涵 ··· (1)
  1.1.1　装备保障 ··· (1)
  1.1.2　装备综合保障 ·· (3)
  1.1.3　装备综合保障工程 ··· (6)
 1.2　综合保障工程的基本概念 ··· (7)
  1.2.1　保障设计特性 ·· (7)
  1.2.2　保障资源 ··· (7)
  1.2.3　保障性 ·· (11)
  1.2.4　综合保障工程要素 ··· (11)
  1.2.5　保障系统 ·· (13)
  1.2.6　装备全系统全寿命全费用 ·· (14)
  1.2.7　保障方案 ·· (15)
  1.2.8　保障计划 ·· (15)
  1.2.9　保障性分析 ·· (16)
  1.2.10　保障性分析技术 ·· (16)
 1.3　本书的主要论述内容 ·· (17)
  1.3.1　编写基本思路 ·· (17)
  1.3.2　章节内容安排 ·· (18)
  1.3.3　内容体系概览 ·· (19)

第2章　装备综合保障顶层要求 ·· (20)
 2.1　综合保障顶层要求基础知识 ··· (20)
  2.1.1　顶层要求的重要工程价值 ·· (20)
  2.1.2　顶层要求的工程约束范围 ·· (20)
  2.1.3　装备"六性"概述 ·· (21)
  2.1.4　顶层要求的技术特点 ·· (27)
 2.2　综合保障定量要求 ··· (28)
  2.2.1　可靠性定量要求 ·· (28)
  2.2.2　维修性定量要求 ·· (33)
  2.2.3　测试性定量要求 ·· (34)
  2.2.4　保障性定量要求 ·· (35)
 2.3　综合保障定性要求 ··· (39)
  2.3.1　可靠性定性要求 ·· (40)

  2.3.2 维修性定性要求 …………………………………………………… (43)
  2.3.3 测试性定性要求 …………………………………………………… (45)
  2.3.4 保障性定性要求 …………………………………………………… (47)
  2.3.5 安全性定性要求 …………………………………………………… (48)
  2.3.6 环境适应性定性要求 ……………………………………………… (50)
2.4 综合保障工作项目要求 …………………………………………………… (52)
  2.4.1 可靠性工作项目要求 ……………………………………………… (52)
  2.4.2 维修性工作项目要求 ……………………………………………… (55)
  2.4.3 测试性工作项目要求 ……………………………………………… (57)
  2.4.4 保障性工作项目要求 ……………………………………………… (58)
  2.4.5 安全性工作项目要求 ……………………………………………… (62)
  2.4.6 环境适应性工作项目要求 ………………………………………… (64)

第3章 装备保障性分析综述 ……………………………………………………… (66)
3.1 保障性分析的技术特点 …………………………………………………… (66)
3.2 保障性分析的核心价值 …………………………………………………… (68)
3.3 保障性分析的全寿命周期过程 …………………………………………… (69)
3.4 保障性分析的信息接口 …………………………………………………… (73)
  3.4.1 保障性分析与其他专业工程间的信息交互接口 ………………… (73)
  3.4.2 综合保障工程内部各关键要素间的交互接口 …………………… (77)
  3.4.3 保障性分析与装备承制方内部各执行部门间的交互接口 ……… (79)
  3.4.4 装备承制方与装备订购方间各类管理形式的信息交互接口 …… (80)
3.5 保障性分析的核心技术 …………………………………………………… (80)

第4章 装备故障模式、影响及危害性分析 ……………………………………… (85)
4.1 故障模式、影响及危害性分析的基础知识 ……………………………… (86)
  4.1.1 功能 ………………………………………………………………… (86)
  4.1.2 任务剖面 …………………………………………………………… (86)
  4.1.3 约定层次 …………………………………………………………… (87)
  4.1.4 编码 ………………………………………………………………… (87)
  4.1.5 故障 ………………………………………………………………… (88)
  4.1.6 故障模式 …………………………………………………………… (88)
  4.1.7 故障原因 …………………………………………………………… (89)
  4.1.8 故障影响 …………………………………………………………… (89)
  4.1.9 严酷度 ……………………………………………………………… (90)
  4.1.10 危害度 …………………………………………………………… (91)
4.2 故障模式、影响及危害性分析的实施步骤 ……………………………… (92)
  4.2.1 技术准备 …………………………………………………………… (92)
  4.2.2 系统定义 …………………………………………………………… (93)
  4.2.3 故障模式及影响分析 ……………………………………………… (101)
  4.2.4 故障模式危害性分析 ……………………………………………… (103)
  4.2.5 故障模式检测方法分析 …………………………………………… (104)

		4.2.6 设计改进和使用补偿措施分析	(105)
		4.2.7 维修项目分析与确定	(106)
		4.2.8 分析报告输出	(107)
	4.3	故障模式、影响及危害性分析的几类常见问题	(111)
第5章	装备以可靠性为中心的维修分析		(114)
	5.1	以可靠性为中心的维修分析的基础知识	(114)
		5.1.1 功能故障与潜在故障	(114)
		5.1.2 明显故障与隐蔽故障	(115)
		5.1.3 单个故障与多重故障	(115)
		5.1.4 重要功能产品	(116)
		5.1.5 维修	(116)
		5.1.6 预防性维修	(116)
		5.1.7 预防性维修工作类型	(117)
		5.1.8 逻辑决断图	(118)
		5.1.9 维修间隔期	(119)
	5.2	以可靠性为中心的维修分析的基本原则	(120)
	5.3	以可靠性为中心的维修分析的实施步骤	(121)
		5.3.1 技术准备	(121)
		5.3.2 重要功能产品分析	(123)
		5.3.3 逻辑决断及预防性维修工作类型分析	(125)
		5.3.4 预防性维修间隔分析	(132)
		5.3.5 预防性维修级别分析	(134)
		5.3.6 确定预防性维修项目	(134)
		5.3.7 输出分析报告	(135)
	5.4	以可靠性为中心的维修分析的几类常见问题	(136)
第6章	装备修理级别分析		(138)
	6.1	修理级别分析的基础知识	(138)
		6.1.1 修理级别	(138)
		6.1.2 修理原则	(139)
		6.1.3 非经济性分析	(140)
		6.1.4 经济性分析	(140)
		6.1.5 敏感性分析	(140)
	6.2	修理级别分析的基本原则	(141)
	6.3	修理级别分析的实施步骤	(142)
		6.3.1 技术准备	(142)
		6.3.2 判定基础分析策略	(143)
		6.3.3 非经济性分析	(145)
		6.3.4 经济性分析	(146)
		6.3.5 确定维修项目修理级别	(148)
		6.3.6 输出分析报告	(149)

6.4 修理级别分析的几类常见问题 ……………………………………………(153)
第7章 装备使用与维修工作分析 ………………………………………(155)
7.1 使用与维修工作分析的目的 …………………………………………(155)
7.2 使用与维修工作分析的技术特点 ……………………………………(156)
7.3 使用与维修工作分析的实施步骤 ……………………………………(157)
    7.3.1 技术准备 …………………………………………………………(157)
    7.3.2 制定基础分析策略 ………………………………………………(159)
    7.3.3 使用任务分析 ……………………………………………………(160)
    7.3.4 维修任务分析 ……………………………………………………(162)
    7.3.5 确定保障资源要求 ………………………………………………(166)
    7.3.6 输出分析报告 ……………………………………………………(168)
7.4 使用与维修工作分析的几类常见问题 ………………………………(177)
参考文献 ……………………………………………………………………(180)

第1章 绪 论

1.1 综合保障工程的基本内涵

1.1.1 装备保障

什么是保障？笔者在多年来的教学和保障实践工作中，经常被问到这个问题。很多公开出版的保障类学术专著或国家标准中，大多喜好阐述保障设备、保障资源、保障方案、保障系统等相关术语及其涵义，而对于"什么是保障，保障的本质是什么"，倒是少见"纠缠"。

首先，保障作为一个准"舶来词"，其英文对应的单词为"support"[1]，中文直译大致为"支持、支援"。当然，支持或支援必须是面向某一特定预期事件完成需求的，否则空谈支持或支援毫无意义。为此，与城市电力供应事件相关的支持或支援可称为"城市电力供应保障"，与召开某次重要会议事件相关的支持或支援可称为"会议保障"。类似地，沿袭这种思维逻辑，与装备完成某类预期任务事件相关的支持或支援可称为"装备保障"。需要特别说明的是，"装备(equipment)"这个词，往往具有某种固化的军事色彩，一般多应用于现代军事领域，而对于完全去军事色彩的"装备"，工程上通常用"产品(product)"替代。但两者就支持或支援要求而言，大多情况下又不能完全等价。装备任务事件下的支持或支援目标以及实现过程约束往往更苛刻，同时，不能满足装备支持或支援导致的事件后果，往往是更不能或决不能被用户所接受的。至此，装备保障在本书中基本定位为"为完成某类具有军事色彩任务事件要求，而需开展的系列装备支持或支援活动"。

接下来，装备保障的具体内涵又应包括哪些技术内容？这个问题一直困惑并挑战了笔者多年。"装备保障就是装备维修""研究装备保障就是研究装备维修及其相关管理""装备保障性工程主要就是装备可靠性维修性工程"等大量片面、失准的常见观点，长期充斥于笔者耳边。确实，装备维修、装备管理、装备可靠性维修性工程等相关技术内容，都具备一定的装备支持或支援属性，都可被视为装备保障工作的重要组成部分，但工程上完全将其等价为装备保障工作，相关装备保障观未免有失偏颇，或过于狭隘。

如图1-1所示，与装备支持或支援相关的技术活动还有很多，如装备全系统保障要求论证、装备通用质量特性设计、装备保障性分析、装备全系统生产与制造、装备保障资源需求预测与初始配置、装备寿命周期费用效能分析等，这些都是装备保障工作中不可忽视的重要组成部分，且部分工作内容甚至直接决定或制约着装备支持或支援活动的最终成效。为此，站在装备大保障观的角度，装备保障的具体内涵应定义为"基于装备全系统全寿命全费用质量观，为完成某类具有军事色彩任务事件要求，而需开展的与装备支持或支援活动成效直接或间接相关的系列论证、分析、设计、使用、维修、管理等工程技术活动"。

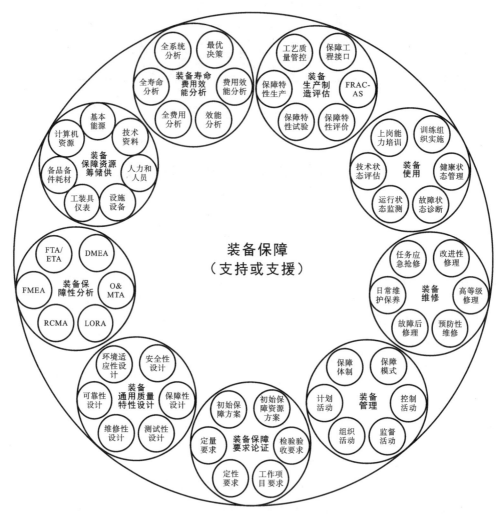

图 1-1 装备保障内涵示意图

FMEA—故障(失效)模式及影响分析；RCMA—以可靠性为中心的维修分析；LORA—修理级别分析；
O&MTA—使用与维修工作分析；DMEA—损伤模式及影响分析；FTA—故障树分析；ETA—事件树分析；
FRACAS—故障报告、分析与纠正措施系统

综上，装备保障即装备支持或支援活动，具有明显的军事色彩，其对于任务事件的成功性要求，往往远高于常规的工业产品保障；装备保障具有丰富的工程技术内涵，无论是装备论证、分析与设计，还是装备生产、使用与维修，乃至装备不同寿命周期内的管理与决策等，都应纳为其支持或支援的活动内容；装备保障面向的对象是装备全系统，虽然装备支持或支援活动的主体是装备，但是与装备匹配的保障资源自身的支持或支援问题，也是装备保障的重要组成部分；装备保障要求的技术约束条件非常苛刻，与工业产品以经济性因素作为其保障核心约束条件相比，装备保障更多强调任务周期内的关键功能保持和风险可控，而经济性因素往往并不作为其首要和必须满足的约束条件；装备保障的寿命周期特色极为突出，不仅内嵌于装备的论证、设计、研制、生产过程中，而且充分体现在装备的历次使用、维修、翻新成效中，并与装备的延寿、退役、报废等密切相关。

1.1.2 装备综合保障

工程上,与装备保障相关的专业术语颇多,其中被保障相关从业人员使用频次较多的有装备使用保障、装备维修保障、装备技术保障、装备综合保障等。本书重点阐述的是装备综合保障。

国军标《可靠性维修性保障性术语》[2]中对于综合保障的定义为"在装备的寿命周期中,综合考虑装备的保障问题,确定保障性要求,影响装备设计,规划保障并研制保障资源,进行保障性试验与评价,建立保障系统等,以最低费用提供所需保障而反复进行的一系列管理和技术活动"。为方便说明装备使用保障、装备维修保障、装备技术保障等专业术语与装备综合保障间的区别与联系,引入图1-2。

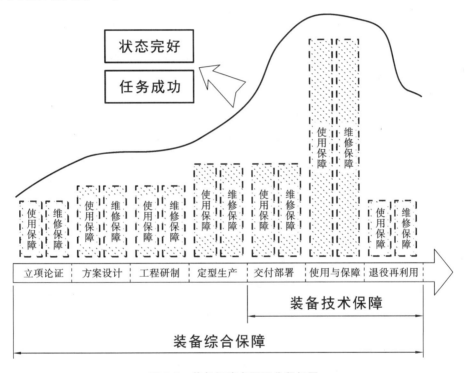

图1-2 装备保障术语区分释析图

如图1-2所示,从装备全寿命周期的角度来看,装备综合保障与装备技术保障存在明显区别。装备综合保障面向新研装备的全寿命周期[3],其涵盖的技术内容最为丰富,也最接近装备保障的技术内涵。从新研装备立项论证开始,直至装备退役再利用,全部与装备完成任务相关的系列支持或支援技术活动,均属于装备综合保障的工作内容。而装备技术保障面向现役定型装备交付用户使用后的寿命周期,其涵盖的技术内容主要包括装备服役期间的使用、监测、维护、修理、保障资源供应等状态恢复与保持技术活动。显然,装备综合保障包含装备技术保障的全部技术内容,而装备技术保障则是装备综合保障在用户实际使用阶段配套支持或支援工作的具体工程体现。

装备综合保障与装备技术保障之间又是相互联系、密不可分的。一方面,装备综合保障在立项论证、方案设计、工程研制和定型生产阶段的工作结果,是开展装备技术保障工作的基本依据和前期输入；另一方面，装备综合保障在研制生产阶段分析明确新研装备的保障方案和保障资源要求时，又需要大量参考以往类似装备的技术保障工程实践信息。此外，装备综合保障和装备技术保障的最终工作目标是一致的，都是为了提升或长期保持交付用户使用装备的"状态完好"属性与"任务成功"属性。

弄清装备综合保障与装备技术保障的区别与联系后，下面进一步阐述装备使用保障和装备维修保障与装备综合保障和装备技术保障的内在联系。

装备使用保障是指为保证装备正确操作动用以便能充分发挥其固有设计性能所进行的一系列工作，例如装备使用前检查、加注燃料、装备运行操作以及装备储存与运输等。装备维修保障是指为保持和恢复装备完好技术状态所进行的一系列保障工作，例如装备日常维护保养、故障后修理、定期预防性检修、任务期应急抢修以及配套保障资源的筹、储、供等。

仅从上述关于装备使用保障和装备维修保障的内涵描述来看，装备使用保障和装备维修保障似乎仅与装备技术保障相关。导致这一片面看法的主要症结在于：过分局限于装备保障工作的"结果性"思维，认为用于长期支持或支援装备使用和维修工作的良好装备保障特性与必要的装备保障资源，都应是理所当然容易获得的。然而，国内外军事、航空、航天、能源供应等不同行业的长年保障工作实践经验告诉我们，事实可能恰恰相反。良好的装备保障特性和必要的装备保障资源，从来不会凭空出现，只有做到早期的"优生优育、未雨绸缪"，才能实现后期的"高可靠、易保障、保障好"。这里，借用表1-1示例说明此问题。

表1-1 全寿命周期各阶段的装备使用保障和装备维修保障工作

序号	寿命周期阶段	装备保障类型	装备保障工作内容	未开展相关装备保障工作的潜在风险	备注
1	立项论证	使用保障	基于装备全系统理念，论证提出装备初始使用保障方案和初始使用保障资源要求	装备立项论证缺乏装备全系统理念的考量，装备配套保障系统的顶层研制目标要求不明确，可能导致后续研制决策方向的重大失误	▽
2		维修保障	基于装备全系统理念，论证提出装备初始维修保障方案和初始维修保障资源要求		▽
3	方案设计	使用保障	依据立项论证提出的装备初始使用保障要求，制定与装备方案设计相匹配的装备使用保障初步方案	装备方案设计缺乏装备全系统设计理念考量，可能导致后期研制交付用户使用的装备及其配套保障资源相互不匹配，进而无法满足装备预期的状态完好与任务成功要求	▽
4		维修保障	依据立项论证提出的装备初始维修保障要求，制定与装备方案设计相匹配的装备维修保障初步方案		▽
5	工程研制	使用保障	在装备使用保障初步方案基础上，制定明确与装备技术设计相匹配的装备使用保障方案，并同步明确装备配套使用保障资源要求	装备技术设计缺乏装备全系统设计理念考量，可能导致后期研制交付用户使用的装备及其配套保障资源相互不匹配，进而无法满足装备预期的状态完好与任务成功要求	▽
6		维修保障	在装备维修保障初步方案基础上，制定明确与装备技术设计相匹配的装备维修保障方案，并同步明确装备配套维修保障资源要求		▽

续表

序号	寿命周期阶段	装备保障类型	装备保障工作内容	未开展相关装备保障工作的潜在风险	备注
7	定型生产	使用保障	针对前期明确的装备使用保障方案和使用保障资源要求，与装备定型生产工作一起，同步开展装备使用保障资源的研制、选型、生产、采购、调拨等工作，并将使用保障资源与装备使用的适配性，纳为装备定型鉴定与生产验收的评价标准	装备定型鉴定与生产验收工作缺乏装备全系统理念的考量，相关评价工作可信度下降，可能导致与装备匹配的保障资源不能及时与装备一同交付用户使用，进而无法按期形成装备任务能力与保障能力	▽
8		维修保障	针对前期明确的装备维修保障方案和维修保障资源要求，与装备定型生产工作一起，同步开展装备维修保障资源的研制、选型、生产、采购、调拨等工作，并将维修保障资源与装备维修的适配性，纳为装备定型鉴定与生产验收的评价标准		▽
9	交付部署	使用保障	与装备交付验收工作一起，同步开展装备配套使用保障资源的交付验收工作，并视装备具体部署情况，以及装备使用用户的保障机制、保障模式和保障原有基础等特点，组织实施使用保障资源的初始配置与部署工作	装备交付验收工作缺乏装备全系统理念的考量，相关部署实力评价工作可信度下降，可能导致与装备匹配的保障资源不能及时与装备一同交付用户使用，进而无法按期形成装备任务能力与保障能力	▽▼
10		维修保障	与装备交付验收工作一起，同步开展装备配套维修保障资源的交付验收工作，并视装备具体部署情况，以及装备使用用户的保障机制、保障模式和保障原有基础等特点，组织实施维修保障资源的初始配置与部署工作		▽▼
11	使用与保障	使用保障	在初始使用保障资源的支持或支援下，按照实际使用任务要求，开展装备交付用户后的日常使用工作，并依据使用保障资源的具体消耗情况，择机持续组织实施装备使用保障周转资源的筹、储、供工作	可能导致装备任务期间无法正常操作使用，无法有效发挥原有设计功能、性能和效能，进而降低或丧失其任务执行能力	▽▼
12		维修保障	在初始维修保障资源的支持或支援下，按照实际维修任务要求，开展装备交付用户后的日常维护保养、故障后修理、预防性修理、高等级修理、改进性修理、任务应急抢修等工作，并依据维修保障资源的具体消耗情况，择机持续组织实施装备维修保障周转资源的筹、储、供工作	可能导致装备任务期间无法持续保持或及时恢复良好技术状态，进而降低或丧失其任务执行能力	▽▼

续表

序号	寿命周期阶段	装备保障类型	装备保障工作内容	未开展相关装备保障工作的潜在风险	备注
13	退役再利用	使用保障	依据装备退役再利用的任务要求实际，制定相应退役再利用装备的使用保障方案，并部署配置相关使用保障资源；如果装备直接退役报废处理，则关注其已有使用保障资源的再生、再循环和再利用价值，并为其他相似在役装备的使用保障工作提供残余保障价值支撑	可能导致退役再利用装备无法有效满足其在新部署领域的任务职能要求；可能导致退役报废装备无法为相似在役装备提供充分的残余保障价值支撑	▽▼
14		维修保障	依据装备退役再利用的任务要求实际，制定相应退役再利用装备的维修保障方案，并部署配置相关维修保障资源；如果装备直接退役报废处理，则关注其已有维修保障资源的再生、再循环和再利用价值，并为其他相似在役装备的维修保障工作提供残余保障价值支撑		▽▼

表 1-1 中，符号"▽"备注的装备保障工作内容为装备综合保障工作内容，符号"▼"备注的装备保障工作内容为装备技术保障工作内容。由表 1-1 可知，装备使用保障和装备维修保障工作内嵌于全寿命周期各阶段，不仅与装备交付使用后的装备技术保障工作紧密相关，还是装备综合保障工作的重要组成部分。其中，立项论证、方案设计等装备研制早期的使用保障与维修保障工作内容，决定着与装备同步交付用户使用的配套保障资源部署实力，将直接影响装备在役期间的使用保障和维修保障工作成效，以及装备遂行特定任务期间的功能、性能和效能发挥，进而将最终影响装备在役期间的"状态完好"与"任务成功"水准。

1.1.3　装备综合保障工程

装备综合保障工程建立于前述装备综合保障的概念基础上，是指为实现装备综合保障的"状态完好"与"任务成功"目标，而需在装备全寿命期间开展的系列工程化的技术活动和管理活动[4]。一般来说，工程化的技术活动包括与装备不易发生故障相关的可靠性工程技术活动，与装备故障后快速诊断、修理相关的维修性测试性工程技术活动，与装备维修活动高效组织实施、高质量开展相关的保障性工程技术活动，与装备多环境因素约束下技术状态有效保持相关的环境适应性工程技术活动，以及与装备使用、维修作业危险源管控、安全防范相关的安全性工程技术活动等。工程化的管理活动包括与综合保障相关的系列工程项目的计划安排、组织实施、过程监督、业务协调、关键节点控制等。

综上，装备综合保障工程涉及的工程技术内容与管理内容众多，涵盖的专业工程范围广泛，且全系统全寿命特征突出。为此，全面深入掌握装备综合保障工程的知识难度较大。本书遵循系统工程学科的自身特点和认知规律，重点阐述与装备综合保障工程密切相关的"基础知识"内容,而对于部分过于专业或前沿的专项综合保障工程技术问题,不做过多介绍。

1.2 综合保障工程的基本概念

1.2.1 保障设计特性

保障设计特性指在装备研制阶段通过开展合理的装备保障设计工作,可以赋予装备的与保障工作密切相关的固有属性。鉴于装备保障工作的复杂性,保障设计特性往往具体体现为多类工程专业设计特性,一般包括可靠性、维修性、测试性、保障性、安全性、环境适应性[5]。工程上,常将这几类保障设计特性简称为"六性"。这些特性都可通过合理地装备保障设计工作直接赋予装备,并以固有属性的形式展现在装备的全寿命周期中。例如,通过合理地选择材料或开展降额设计,可以赋予装备一类在使用过程中不易发生故障的固有属性——可靠性;通过开展易损件可达性设计与模块化设计,可以赋予装备一类故障后便于维修的固有属性——维修性;通过开展面向初因故障事件的全局测点优化设计,可以赋予装备一类故障后能够快速定位功能失效部位的固有属性——测试性;通过开展面向使用与维修任务的零部件(元器件)通用化设计,可以赋予装备一类服役过程中便于长期支持与支援的固有属性——保障性。

1.2.2 保障资源

国军标《可靠性维修性保障性术语》中对于保障资源的定义为"使用与维修装备所需的硬件、软件与人员等的统称"。另外一类被比较广泛接受的保障资源定义为"用于支持装备使用与维修活动的物质资源、人力资源与信息资源的统称"。此时,相关保障资源的分类构架如图1-3所示。但无论采用哪一种保障资源的定义方式,工程上都可将其大体解构为八类实体对象,分别为人力和人员,供应品,保障设备,技术资料,训练保障资源,计算机保障资源,保障设施,包装、装卸、储存和运输保障资源。

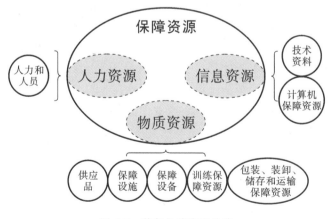

图1-3 装备保障资源分类

1. 人力和人员

国军标《可靠性维修性保障性术语》中对于人力和人员的定义为平时和任务时使用与维修

装备所需人员的数量、专业及技术等级。

1）人员数量

人员数量指能够有效支撑装备使用与维修活动所需的实际人员数量，可分为使用人员数量和维修人员数量。使用人员数量较容易确定，一般与装备的实际操作使用流程密切相关，且与装备的执掌岗位人员编制一一对应；维修人员数量较难确定，其与装备的执掌岗位之间没有直接对应关联，且往往不局限于满足单一装备的维修保障需求，需从全局的角度（例如，船舶需从全船装备的配置角度，基地需从全基地装备的配置角度）综合权衡、优化确定。此外，维修人员数量还与维修技能水平相关，不同的维修技能水平完成同样的维修保障工作时，所需的人员数量显然不尽相同。

2）人员专业

人员专业指能够有效支撑装备使用与维修活动所需的人员专业种类，一般可分为机械专业、电子专业、电气专业、液压专业、计算机专业等。

3）人员技术等级

人员技术等级指能够有效支撑装备使用与维修活动所需具备的人员技能水平，一般可分为初级、中级、高级三类。

2. 供应品

关于供应品，国军标《可靠性维修性保障性术语》中并未给出直接的定义，但其对供应保障工作的内涵给出了明确界定。供应保障指"规划、确定、采购、储存、分发并处置备件、消耗品的过程"。由此，大致可以看出，供应品应指"使用与维修装备所需的备品备件、耗材和能源类消耗品"。

1）备品备件

备品备件指用于支持装备使用与维修的相关可更换部套件、组件单元、零部件（元器件）等，例如汽轮机的叶片、汽封片，轴承的轴瓦、密封圈，电控箱的继电器、熔断器，功率单元的板卡、电容，火炮的炮闩、撞针，各类冷凝器的防腐蚀锌块，以及各类管路系统的管路、法兰、特种接头、紧固件等。

2）耗材

耗材指经过粗加工后可用于支持装备维修活动开展的相关原材料，例如用于密封的填料、用于焊接的焊料、用于应急修补装备局部损伤部位的各型板材、用于实现各渠道信息传递的不同种类线缆等。

3）能源类消耗品

能源类消耗品指用于支持装备持续稳定运行或修理工装具正常使用的各类能源工质，例如用于支持各型动力装置运行的柴油、汽油、航空煤油、重油、炉水，用于支持涉核类故障件修理前洗消用的去离子水，用于支持各型液压类或气压类修理工装具的压缩空气、液压油，用于支持各类焊接操作的焊接用氧气、乙炔、氮气、氩气以及其他惰性气体等。

3. 保障设备

国军标《可靠性维修性保障性术语》中对于保障设备的定义为"使用与维修装备所需的设备，包括测试设备、维修设备、试验设备、计量与校准设备、搬运设备、拆装设备、工具等"。

1）测试设备

测试设备指用于辅助识别装备运行技术状态、开展装备技术状态评估、实现装备故障隔离与故障诊断的相关监（检）测类保障设备（或专用系统），包括结合装备使用要求研发的各型外挂自动测试系统、专用故障诊断设备、测量仪表,装备内嵌的自检测试功能单元(或功能模块),以及多套装(设)备间共用的健康管理预测系统等。

2)维修设备

维修设备指装备故障后直接用于实现各类维修作业活动的各型修理类保障设备,例如用于机加工作业的数控机床、摇臂钻床、除尘砂轮机、金属线切割机,用于高压空气喷冲作业的空气压缩机,用于金属焊割作业的电焊机、氩弧焊机、等离子切焊机等。

3)试验设备

试验设备指装备故障修理或状态恢复后,用于辅助确认装备技术状态恢复的各型试验验证类保障设备,例如用于确认阀门承压状态密封性能的阀门密封打压设备、用于确认不同装备间通信链路畅通的网络信号发送接收设备等。

4)计量与校准设备

计量与校准设备指用于辅助调整恢复观测功能单元(或功能模块)、观测仪表误差精度的各型精度矫正类保障设备,例如用于火炮观测雷达标校的专用雷达标校设备、用于压力仪表定期计量的专用计量校正设备等。

5)搬运设备

搬运设备指装备维修作业实施过程中,用于承载较大载荷或实现较高安全防护载运要求的各型转运类保障设备,例如用于大体积高载荷器材转运的搬运车,用于吊运较重机械组部件的吊装葫芦、起重机等。

6)拆装设备

拆装设备指装备维修作业实施过程中,用于辅助快速完成预定拆装工艺步骤的各型拆装类保障设备,例如用于拆装金属紧固件的力矩扳手套组、拉马套组等。

7)工具

工具指装备使用或维修过程中,用于辅助完成相关使用或维修作业的通用或专用保障工具。其中,通用工具一般包括锤子、锉刀、钢尺、照明灯、螺丝刀、手电钻、千斤顶、万用表、示波器、电烙铁套装等;专用工具一般包括特种异形扳手、专用清洗工具、专用研磨工具等。

4. 技术资料

国军标《可靠性维修性保障性术语》中对于技术资料的定义为"使用与维修装备所需的说明书、手册、规程、细则、清单、工程图样等的统称"。为便于读者理解,这里进一步将技术资料划分为如下四类。

1)反映装备客观属性的技术资料

反映装备客观属性的技术资料主要包括装备图纸图样、技术说明书、履历文件(或合格证明文件)、试验大纲、试验册或试验记录等。其中:图纸图样应包括装配图纸、零部件图纸(含材料牌号、结构、形状、表面光洁度、表面硬度等)管路图、线路图等,用于表述装备的结构组成信息、技术参数信息、工质信息以及能量流程或传递信息;技术说明书应以图纸为依托,以便于人们理解和记忆的文字、简图、表格、照片等展现形式,帮助读者准确掌握装备的结构组成、技术性能、工作原理等。

2)指导装备操作使用的技术资料

指导装备操作使用的技术资料主要包括装备操作使用说明书(或操作使用手册)、操作使用培训教材等。其中:操作使用说明书应涵盖正常情况下、特殊情况下以及各种故障和退化情况下的装备操作使用内容,且能有效解决因运行状态设置不当、运行匹配不当等问题而导致的装备故障；操作使用培训教材既要关注装备操控部件、仪表监视、感官监视的清单、功用和基本操控与监视原理，又要关注装备的正常操作和应急处置信息，以及不按照规程操作可能发生的问题及导致的后果。

3）指导装备维护修理的技术资料

指导装备维护修理的技术资料主要包括装备维修说明书（或维修手册）、修理技术要求和维修培训教材等。其中：维修说明书既要重点描述装备维护保养的相关要求与方法，又要提供能够有效解决装备故障排查和修理问题的方法和要求，同时，还应针对每一维修项目（包括预防性维修项目、故障排查项目、故障修理项目），明确开展维修的部位、名称、间隔期、安全注意事项、人力与工时、持续时间、器材、准备步骤、实施步骤或故障排查逻辑、修后调试方法与检验验收标准等；修理技术要求应按照技术标准的规定格式，汇总装备的各种高等级修别（如小修、中修、大修）技术信息，内容应涵盖不同修别的修理范围与深度、公差范围与磨损极限（修换标准）、修理目标、推荐的修理方法、修后调试方法和检验验收标准、所需维修器材等；维修培训教材应是一种具有针对性和理论性的教科书，内容应涵盖装备总体结构、分解结构、典型故障与故障影响、故障排查逻辑流程、拆解和装配过程，以及装备修复后的调试规程、专用零部件制作或原件修复的方法和要求、维修中需要重点关注的问题、专用维修工具的使用方法和技术要求等。

4）指导装备保障能力建设的技术资料

指导装备保障能力建设的技术资料主要包括装备保障设施、保障设备、备品备件、耗材、能源类消耗品、技术资料、保障人力等保障资源需求清单。清单结构与内容应兼顾完整性、适用性、简洁性要求，既要能明确指导相关装备的配套保障资源配置与保障力量建设工作，又要能有效支撑装备日常的操作使用与维护修理工作。

5. 训练保障资源

关于训练保障资源，国军标《可靠性维修性保障性术语》中并未给出直接的定义，但其对训练与训练保障的内涵给出了明确界定。训练与训练保障指"训练装备使用与维修人员的活动与所需的程序、方法、技术、教材和器材等"。由此，大致可以看出，训练保障资源应指"用于开展使用与维修人员训练所需的培训大纲、培训教材、训练器材、训练设施和训练设备与工具等"。训练保障资源在一定意义上是装备保障资源全集在训练约束条件下的附属子集，两者的技术要素基本一致，为此不再单独面向训练工作的保障资源做过多的重复性阐述。

6. 计算机保障资源

国军标《可靠性维修性保障性术语》中对于计算机保障资源的定义为"使用与维修装备中的计算机所需的设施、硬件、软件、文档、人力和人员"。与训练保障资源类似，计算机保障资源也是装备保障资源全集在计算机使用与维修条件下的附属子集，两者的技术要素基本一致，为此也不再单独面向计算机使用与维修工作的保障资源做过多的重复性阐述。此处，仅就计算机保障资源中的软件要素给出说明。计算机保障资源中的软件指嵌入装备中的用于控制计算机实现装备自动化操作使用、状态监（检）测、故障报警与诊断、应急处置等的配套操作系统与应用程序。

7. 保障设施

国军标《可靠性维修性保障性术语》中对于保障设施的定义为"使用与维修装备所需的永久性和半永久性的建筑物及其配套设备"。永久性的建筑物包括码头、船坞、厂房、仓库、办公室、试验场、实验室、训练场地等；半永久性的建筑物包括活动式板房、移动式检测修理方舱、移动式指挥中心站等。

8. 包装、装卸、储存和运输保障资源

关于包装、装卸、储存和运输保障资源,国军标《可靠性维修性保障性术语》中并未给出直接的定义,但其对包装、装卸、储存和运输的内涵给出了明确界定。包装、装卸、储存和运输指"为保证装备及其保障设备、备件等得到良好的包装、装卸、储存和运输所需的程序、方法和资源等"。由此,大致可以看出,包装、装卸、储存和运输保障资源应指"包装、装卸、储存和运输保障设备、工具和供应品时,所需的配套特殊保障资源等"。其中,包装保障资源包括标准器材箱、箱内防碰撞填料等,装卸保障资源包括转运叉车、标准转运集装箱等,储存保障资源包括器材仓库、器材货架、自动化仓储管理系统等,运输保障资源包括转运汽车、转运轮船、转运飞机等。

1.2.3 保障性

国军标《可靠性维修性保障性术语》中对于保障性的定义为装备的设计特性和计划的保障资源满足平时状态完好和任务时利用率要求的能力。

这里的装备设计特性指可靠性、维修性、测试性、保障性、安全性、环境适应性,以及隐身性、电磁兼容性等,可通过开展装备通用质量设计工作来赋予装备相关固有属性;计划的保障资源指保障设备、保障设施、人力和人员、供应品、技术资料,以及训练保障资源,计算机保障资源,包装、装卸、储存和运输保障资源等,可通过开展保障性分析工作来确定保障资源需求,并通过开展装备全系统论证、设计、研制与生产工作来实现保障资源与装备同步交付用户使用,尽早形成装备保障能力;满足平时状态完好与任务时利用率要求,分别体现了装备综合保障的"状态完好"与"任务成功"两类工作目标要求。

1.2.4 综合保障工程要素

如1.1.3节所述,装备综合保障工程需要解决的工程专业问题众多,既有与装备保障有关的通用质量设计问题,又有与装备设计配套的装备保障资源同步研制及其全寿周期内的优化配置问题。为此,装备综合保障工程具有多专业综合属性,需要不同专业部门的技术人员相互协调、通力合作,才能确保装备综合保障工作的最佳目标效能。这里,我们将需要安排特定专业人员开展的某一方面工程技术工作定义为工程要素。

注意,综合保障工程要素并不等同于综合保障资源。综合保障资源是指用于支撑装备保障工作开展所需的物质资源、人力资源和信息资源,而综合保障工程要素则是指为高质量获得这些综合保障资源,我们需在特定专业方向安排专业人力开展相关专题工程技术工作。一类综合保障资源的获取一般需要对应一类综合保障工程要素,但有时也可能需要对应多类综合保障工程要素。笔者结合多年的装备综合保障工作实践经验,大体将综合保障工程要素分为八类资源性综合保障工程要素和两类协调性综合保障工程要素(灰色背景标注),如图1-4所示。

1. 资源性综合保障工程要素

八类资源性综合保障工程要素与八类保障资源实体对象一一对应。其中,人员保障工程要素主要开展人力和人员专业方面的工程技术工作,用以确定并合理安排装备使用与维修所需的不同专业、不同技术等级的人力和人员;供应保障工程要素主要开展供应品专业方面的工程技术工作,用以确定并合理安排装备使用与维修所需的不同种类备品备件、耗材、能源类消

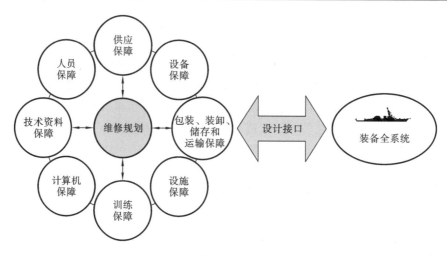

图 1-4 综合保障工程要素分类

耗品等;设备保障工程要素主要开展保障设备与工具专业方面的工程技术工作,用以确定并合理安排装备使用与维修所需的不同种类通用或专用设备、工具、仪器等;技术资料保障工程要素主要开展技术资料专业方面的工程技术工作,用以确定并合理安排装备使用与维修所需的不同种类图纸、技术说明书、工艺步骤要求、验收标准等;设施保障工程要素主要开展设施方面的工程技术工作,用以确定并合理安排装备使用与维修所需的不同种类永久性或半永久性的建筑物及其配套设备;计算机保障,训练保障,包装、装卸、储存和运输保障工程要素则分别用以确定并合理安排计算机类保障资源、训练类保障资源和包装、装卸、储存和运输类保障资源的种类与数量。

2. 协调性要素

两类协调性要素分别为维修规划要素与设计接口要素。其中,维修规划要素主要开展面向不同维修工作任务的维修保障方案制定与实施方面的工程技术工作。如图 1-5 所示,由于保障资源的配置要求与合理安排是装备维修保障方案的重要组成部分,因此维修规划要素的技术输出结果将直接影响前述八类资源性要素的最终输出。

设计接口要素主要围绕"可靠性、维修性等通用质量特性如何在实装研制生产过程中得以

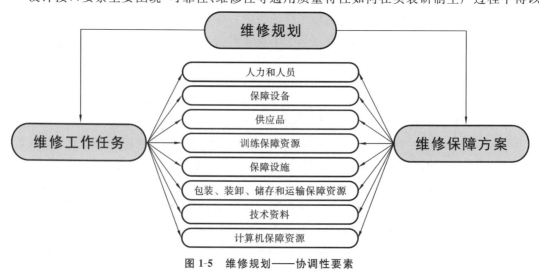

图 1-5 维修规划——协调性要素

贯彻落实"这一主题,开展大量不同工程专业间的协调、控制与组织实施工作。如图 1-6 所示,设计接口要素涉及的技术层面与管理层面的工作种类众多、工作量巨大。设计接口要素的工作质量好坏,将直接影响并决定着装备通用质量设计的最终成效,进而影响装备综合保障工作的"状态完好"与"任务成功"目标。

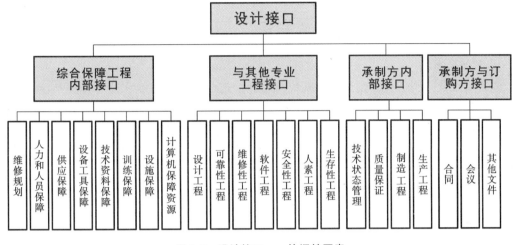

图 1-6　设计接口——协调性要素

1.2.5　保障系统

国军标《可靠性维修性保障性术语》中对于保障系统的定义为"使用与维修装备所需的所有保障资源及其管理的有机组合"。

如图 1-7 所示,保障系统是保障资源与保障管理的综合集成体,是两者有机结合、合理交互作用下的系统化输出。对于实施装备保障活动而言,仅拥有与保障相关的人力和人员、供应品、保障设备、保障设施、技术资料等保障资源远远不够,还必须通过合理的计划、组织、监督、协调、控制等管理活动将保障资源充分调度起来、合理运用起来,才能确保拥有的保障资源能够有效服务于装备服役期间的各项使用与维修活动,才能最终形成和长期保持预期的装备保

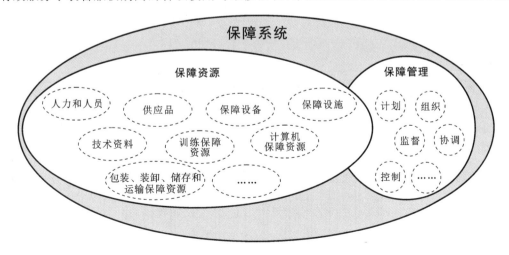

图 1-7　保障系统内涵示意图

障能力。例如,仅拥有某型装备关键组部件的大量备品备件,但没有同步开展合理的备品备件筹、储、供管理,则在装备维修保障工程实践中,很可能会出现因需要的备件找不到而不得不临时重复采购的情况,或耗费很长时间才能找到所需备件的情况,大大增加了装备保障管理延误时间,进而导致装备可用状态水准大大下降。

1.2.6 装备全系统全寿命全费用

1. 装备全系统

装备全系统指装备及其配套保障系统的总称。这一概念在综合保障工程上被滥用、错用的最多,经常被认为是对内含较多设备或组部件的大型装备的特殊称谓。但实际上,这种理解是极其片面的,仅关注了作为操作使用实体的装备本身,却忽视了支撑装备使用与维修活动实施的系列外在必要基础条件。显然,光有发动机,没有油料供应,还不能实现动力推动功能;即便有油料供应,但没有备件储备,则不能保证动力推动功能的长期保持,以及动力推动功能中断后的快速及时恢复。此外,发动机的定期保养工作,需要专业人员、专用场地、设备、工具以及技术资料作为基础条件支撑,否则保养工作将无法开展。

综上,装备全系统这一概念,是从全局全系统的角度来认知装备单元实体的。研制生产一型装备,必须坚持装备全系统的理念,将装备及其配套保障系统作为一个整体进行顶层要求论证,提出设计要求、编定设计方案,并在研制与生产过程中给予同等的技术关注与质量管控,以确保装备及其配套保障系统同步定型、同步试验、同步验收、同步交付用户使用。

2. 装备全寿命

装备全寿命指装备从立项论证到退役报废所经历的全部寿命阶段。有关装备全寿命阶段的划分有很多种,一般包括立项论证、方案设计(又可进一步分为初步方案设计与深化方案设计)、工程研制(又可进一步分为技术设计与施工设计)、定型生产、交付部署、使用与保障、退役再利用等。

3. 装备全费用

装备全费用指装备全寿命期内使用与维修装备可能发生的全部费用的总和[6]。以某型定型后的飞机为例(装备已定型,不再包括装备论证费用、设计费用和研制费用),其全费用分解结构如图1-8所示,包括采购费、使用费、维修费、后勤保障费、培训费、技术改进费、退役处置费等。

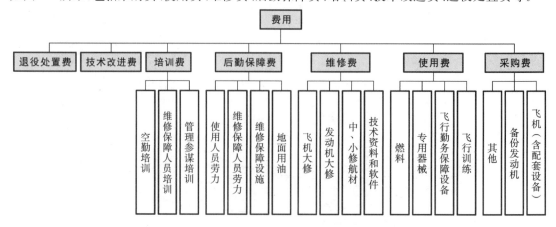

图1-8 某型飞机(已定型)的全费用分解结构

1.2.7 保障方案

国军标《可靠性维修性保障性术语》中对于保障方案的定义为"保障系统完整的总体描述"。它由一整套综合保障工程要素的方案组成,用于满足装备预期任务功能的保障要求,并与装备设计方案和使用方案相协调。

首先,保障方案既然是保障系统的总体描述,参照保障系统的定义,保障方案中就应涵盖同装备使用与维修任务相关的保障资源与保障管理内容,即说清楚装备完成任务所需的人力和人员、供应品、保障设备、保障设施、技术资料等,以及合理使用与调度这些保障资源的规章制度与组织实施办法。保障方案按照保障对象的不同,又可分为使用保障方案与维修保障方案。一类典型的维修保障方案构成如图1-9所示。其中,与维修保障方案相关的保障管理内容可映射为维修级别(基层级、中继级、基地级)、维修类型(计划修理、非计划修理)、维修原则(可修复、局部可修复、不可修复)、维修约束(修理周期、修理经费、修理综合效益等)四个方面。

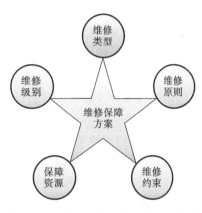

图 1-9 一类典型的维修保障方案构成

其次,保障方案应是面向具体任务功能要求的。不同的任务功能要求决定了不同的装备使用要求,而不同的装备使用要求又决定了不同的装备维修要求,因此,保障方案中关于保障系统的总体描述,应是随具体的任务功能要求变化而同步变化的。例如,近海航行船舶的保障方案显然应与远海航行船舶的不同,两者对于装备海上自持力的要求有很大差别,有关保障资源的配备充足程度要求更是可能大相径庭。

最后,装备保障方案必须与装备设计方案相协调。工程上,通常将装备设计分为专用质量设计(功能与性能设计)和通用质量设计("六性"设计与效能设计)。而装备通用质量设计与装备保障资源需求确定密切相关,一旦装备通用质量设计的技术状态固化,与其相关的配套保障资源需求实际上也已同步确定。为此,装备设计方案与装备保障方案本身就是以"伴生"或"耦合"状态存在的,两者保持协调一致是最基本的技术要求。

1.2.8 保障计划

国军标《可靠性维修性保障性术语》中对于保障计划的定义为"装备保障方案的详细说明"。它涉及综合保障工程的每一个要素,提供比保障方案更为具体的工程要素技术内容,且内容颗粒度一般涉及装备保障工作的技术细节。与保障方案类似,保障计划按照保障对象的不同,又可分为使用保障计划和维修保障计划。

保障计划在一定意义上可理解为更为翔实的保障方案。例如,维修保障方案中给出某型装备维修保障所需的备件、设备、工装具种类与数量,并明确该型装备分基层级、中继级和基地级三级实施维修保障,则应在维修保障计划中,进一步明确不同层级维修保障作业的详细工程范围,并分别给出不同层级维修保障的备件、设备、工装具储备种类与数量以及年度周转筹供工作要求。

1.2.9 保障性分析

关于保障性分析,现行的国军标给出了两类定义。

国军标《可靠性维修性保障性术语》从目的层面对于保障性分析的定义为"在装备的整个寿命周期内,为确定与保障有关的设计要求,影响装备的设计,确定保障资源要求,使装备得到经济有效的保障而开展的一系列分析活动"。

国军标《装备保障性分析》[7]从技术层面对于保障性分析的定义为"作为系统工程的一部分,是系统和设备综合保障的分析性工具。在系统和设备研制与生产过程中应用某些科学与工程的成果,通过反复地论证、综合、权衡、试验与评价的过程,以有助于:考虑保障问题以影响设计;确定与设计及彼此之间有最佳关系的保障要求;获得系统和设备所需的保障;在使用阶段,以最低的费用和人力提供所需的保障"。

无论是采用何种定义方式,保障性分析都体现为一类综合保障工程中有特定目的要求的规范化的技术分析工作项目。首先,保障性分析的根本目的在于影响装备设计,尤其是装备通用质量设计,这在一定程度上反映了装备通用质量设计的规范过程。没有实施保障性分析工作的装备通用质量设计工作在严格意义上是不合标准的。其次,保障性分析的主要输出成果是与装备设计相匹配的保障资源要求。相关保障资源要求如果在工程上不能充分得以满足或不易实现,则应设法优化改进装备设计;反之,如果在工程上较易实现,则应同步启动相关保障资源的设计、研制与生产工作,确保装备及其配套保障资源同步交付用户使用。最后,保障性分析工作与保障方案、保障计划的制定密切相关。只有开展了系统有效的保障性分析工作,才能在此基础上获得全面完备的保障工作活动集合,进而才能制定契合装备使用与维修实际的保障方案和保障计划。

1.2.10 保障性分析技术

保障性分析技术是指在开展保障性分析过程中,为满足某一特定分析需求(如确定潜在的故障模式与维修需求),所应用的各种专项分析技术。如图 1-10 所示,常见的保障性分析技术包括故障模式、影响及危害性分析,损伤模式、影响及危害性分析,修复性维修工作项目确定分析,以可靠性为中心的维修分析,修理级别分析,使用与维修工作分析,寿命周期费用分析等[8]。

1. 故障模式、影响及危害性分析

故障模式、影响及危害性分析(FMECA)是"在装备设计过程中,通过对装备组成单元潜在的各种故障模式及其对装备功能的影响进行分析,并将每一个潜在故障模式按其故障影响的严酷程度和危害性分类,提出可以采取的改进与补偿措施,以实现装备可靠性增长"的一种保障性分析技术。

2. 损伤模式、影响及危害性分析

损伤模式、影响及危害性分析(DMECA)是"确定装备在使用过程中所有可能的损伤模式,以及每一损伤模式的原因及其对装备损伤程度的影响,并提出可以采取的改进与补偿措施,以提升装备抗损伤性和战场生存性"的一种保障性分析技术。

3. 修复性维修工作项目确定分析

修复性维修工作项目确定分析(CMTA)是"在故障模式、影响及危害性分析和损伤模式、

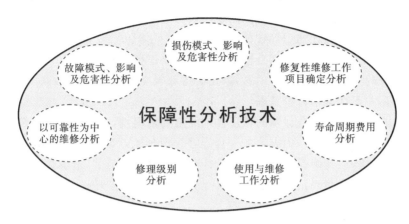

图 1-10　几种常见的保障性分析技术

影响及危害性分析基础上，合理优化确定装备不同可更换单元或可维修部位的修复性维修工作项目"的一种保障性分析技术。工程上，有时为便于实施工作项目的管理，也将修复性维修工作项目确定分析工作归并到故障模式、影响及危害性分析和损伤模式、影响及危害性分析工作中，一并处理，不再单独安排此项分析工作。

4. 以可靠性为中心的维修分析

以可靠性为中心的维修分析（RCMA）是"按照以最少的维修资源消耗保持装备固有可靠性和安全性的原则，应用逻辑决断的方法确定装备预防性维修要求"的一种保障性分析技术。与故障模式、影响及危害性分析和损伤模式、影响及危害性分析不同，以可靠性为中心的维修分析主要用于确定为维持装备不同关键或重要部位的良好技术状态，所应定期开展的不同类型预防性维修工作项目。

5. 修理级别分析

修理级别分析（LORA）是"在装备的全寿命周期内，对预计有故障的设备、组部件、零部件或元器件等进行经济性或非经济性分析，以确定可行的最佳修理或报废修理级别"的一种保障性分析技术。

6. 使用与维修工作分析

使用与维修工作分析（O&MTA）是"对装备使用保障工作要求、修复性维修工作要求、预防性维修工作要求和损坏维修工作要求进行系统分析，详细确定与装备使用保障和维修保障作业密切相关的保障资源要求"的一种保障性分析技术。

7. 寿命周期费用分析

寿命周期费用分析（LCC）是"遵循装备全系统全寿命全费用保障质量观，综合权衡、预计装备论证、研制、生产、使用和退役处理所需的直接费用、间接费用、一次性费用、重复性费用和其他费用"的一种保障性分析技术。

1.3　本书的主要论述内容

1.3.1　编写基本思路

如表 1-1 所示，综合保障工程在装备全寿命周期内涵盖的知识维度与技术内容极其丰富，鉴于笔者学识和撰写篇幅所限,本书重点阐述与装备"好保障、易保障"特性生成密切相关的装备综合保障论证、分析与设计知识等较为基础的内容,具体包括装备综合保障工程内涵、装备综合保障顶层要求论证、装备保障性分析及其相关重要工程分析技术等。其他与装备生产、试验、质量监督相关的技术内容与管理内容,以及装备部署交付使用后与"保障好"目标相关的系列技术保障内容,并不在本书讨论范围。

总体来说,本书从装备综合保障的顶层技术约束要求出发,通过分析解构装备综合保障工作与装备设计工作的内在关联,力求给出一套能够合理预测新研装备的最优匹配保障系统的体系化工程分析方法,以此确保装备全系统设计要求不再流于形式,能够切实在装备保障工程实践中得以落地实现,进而真正做到装备及其配套保障系统同步论证、同步设计、同步研制、同步生产、同步部署交付用户使用。

1.3.2 章节内容安排

本书分为 7 章,具体章节内容安排如下。

第 1 章 绪论:概述装备保障、装备综合保障和装备综合保障工程的基本内涵,明晰本书论述过程可能涉及的诸多装备综合保障工程专业术语的基本概念,并就全书展现知识内容的编排思路、编排重点和编排体系构架给出概览说明。

第 2 章 装备综合保障顶层要求:针对装备综合保障工程特点,论述装备综合保障顶层要求的重要工程价值与技术约束作用,并结合具体工程实践案例,从定量要求、定性要求和工作项目要求三个维度,详述装备综合保障工程中与可靠性、维修性、测试性、保障性、安全性、环境适应性等通用质量特性密切相关的系列装备顶层技术要求。

第 3 章 装备保障性分析综述:针对装备综合保障工程中最为核心的装备保障性分析工作,围绕技术特点、核心价值、全寿命周期过程、信息接口交互关系等四个层面,剖析其在装备综合保障工程中的重要应用价值,并简述故障模式、影响及危害性分析,以可靠性为中心的维修分析,损伤模式、影响及危害性分析,修理级别分析,使用与维修工作分析,寿命周期费用分析等保障性分析技术的内涵与用途。

第 4 章 装备故障模式、影响及危害性分析:遵循易读性、完备性和技术指导性原则,系统阐述科学实施装备故障模式、影响及危害性分析必备的工程基础知识和主要技术步骤,明确技术步骤内容、解析技术步骤重点、给出技术实施样例,并总结分析以往装备综合保障工程实践中常见的故障模式、影响及危害性分析的错误认识和技术问题。

第 5 章 装备以可靠性为中心的维修分析:以装备交付使用后的预防性维修工作需求为研究对象,专题阐述装备以可靠性为中心的维修分析工作,明确相关技术分析的基本术语概念、解析相关技术分析的关键实施步骤与逻辑评判方法、规范相关技术分析的保障性工程输出结论样式,并总结分析以往装备综合保障工程实践中常见的以可靠性为中心的维修分析的错误认识和技术问题。

第 6 章 装备修理级别分析:围绕"非经济性分析"和"经济性分析"两条技术主线,系统阐述能够有效分析与评判装备各类维修工作最佳修理级别的技术分析方法,明确相关技术分析的基本术语概念、解析相关技术分析的关键实施步骤与逻辑评判方法、规范相关技术分析的保障性工程输出结论样式,并总结分析以往装备综合保障工程实践中常见的装备修理级别分析的错误认识和技术问题。

第 7 章 装备使用与维修工作分析:针对前面章节分析明确的各项装备使用保障与维修保障工作项目需求,专题阐述装备使用与维修工作分析的方法与工作要点,给出分析基础策略、规范分析实施技术步骤、明确分析输出标准样式、解析分析结论与装备配套保障系统研制和保障能力建设的内在关联,并总结分析以往装备综合保障工程实践中常见的装备使用与维修工作分析的错误认识和技术问题。

1.3.3 内容体系概览

本书论述内容体系概览如图 1-11 所示。第 1 章概述装备综合保障的内涵及相关基础概念,用于树立正确的装备综合保障工程观;第 2 章从定量、定性、工作项目三个维度,论述装备综合保障工程中的"六性"顶层要求,用于明确装备综合保障工程的总目标和总方向;第 3 章论述装备保障性分析的技术特点、工程价值以及信息交互关系,并简述几类重要的保障性分析技术,用于说明实现装备综合保障工程总目标、总方向的核心技术手段;第 4、5、6、7 章则分别专题阐述装备 FMECA、装备 RCMA、装备 LORA 和装备 O&MTA 等保障性分析技术的基础知识和主要技术实现步骤。

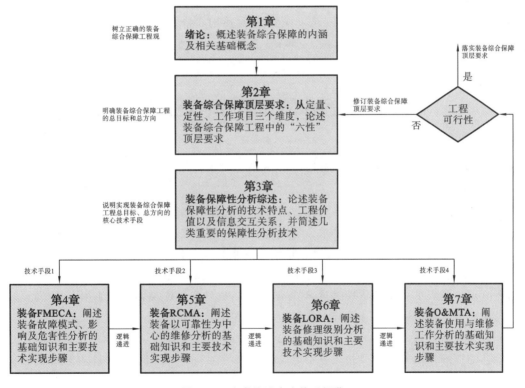

图 1-11 本书论述内容体系概览

第 2 章　装备综合保障顶层要求

论证提出装备综合保障的顶层要求,是全寿命周期内科学开展装备综合保障工程的首要工作,也是明确装备综合保障工程目标方向的顶层约束性工作,必须给予高度重视。好的正确的综合保障顶层要求,是装备综合保障工程迈向预期保障目标效能(状态完好、任务成功)的第一步。而坏的不正确的综合保障顶层要求,将严重影响装备设计、研制、生产、部署以及使用与保障工作的实际成效,导致设计生产的装备不具备预期的通用质量固有特性,或为拥有预期通用质量固有特性而付出的代价过大。

综上,本书将综合保障顶层要求作为装备综合保障工程基础的第一部分内容,首先进行专题论述。论述内容包括综合保障顶层要求基础知识、综合保障定量要求、综合保障定性要求、综合保障工作项目要求等。旨在通过不同维度的顶层要求刻画及丰富翔实的实际工程案例解析,辅助装备论证工程师、设计工程师、生产工程师、通用质量管控技术人员与管理人员、用户、维修技术人员等不同角色的读者,深入理解装备综合保障顶层要求的核心内涵与工程约束价值。

2.1　综合保障顶层要求基础知识

2.1.1　顶层要求的重要工程价值

综合保障顶层要求代表着装备订购方对于新研装备所应具备的"好保障"特性和所应实现的"保障好"目标的全面总体技术要求。它既包括用于指导装备可靠性、维修性、测试性、保障性等固有保障特性设计的技术要求,又包括用于同步约束新研装备配套保障系统建设的技术要求,还包括用于保证装备综合保障工程系列工作项目成效的过程管理要求。因此,无论是对于装备立项论证人员和质量管理人员,还是对于装备设计研制人员和试验生产人员,乃至装备交付使用后的实际使用人员和维修人员,均具有重要的工程价值[9]。

只有在装备订购方提出科学合理的且便于实现的综合保障顶层要求后,装备承制方才能高效顺畅地按照预期要求开展相关装备的设计研制与试验生产工作。此外,也只有在装备承制方准确理解、正确消化装备订购方提出的各项综合保障顶层要求后,在装备的实际设计研制与试验生产过程中,才能真正落实各项综合保障顶层要求,进而确保生产交付用户使用的装备通用质量达标、"易保障、好保障"状态可控。

2.1.2　顶层要求的工程约束范围

装备综合保障顶层要求主要用于约束新研装备的通用质量特性。装备通用质量特性是相对装备专用质量特性而言的。装备专用质量特性指装备功能、性能等刻画其在某专业领域内特有技术水准的质量特性,如柴油机的功率、转速、油耗等;装备通用质量特性指装备不易发生故障、便于使用、容易维修等与装备专业用途关联性不大,但为满足装备正常使用又必须普遍具备的质量特性,如柴油机的可靠性、维修性、测试性、保障性等。

与装备通用质量特性相关的固有属性很多,一般包括可靠性、维修性、测试性、保障性、安全性、环境适应性、电磁兼容性、隐身性、耐蚀性等。其中与装备通用质量特性关联最为密切的主要是可靠性、维修性、测试性、保障性、安全性和环境适应性,工程上将它们简称为装备"六性",如图 2-1 所示。为此,在一定程度上我们可以认为,装备综合保障顶层要求的主要约束对象是与装备"六性"设计及其配套保障系统实现相关的系列技术工作和管理工作内容。

下面,我们针对装备"六性"集中给出概略性的阐述,以便没有相关专业知识背景的读者,也能在较短时间内迅速建立起关于装备"六性"的初步工程认识,进而为更好地理解消化后续章节的装备综合保障顶层要求技术内容,提供基础知识铺垫。

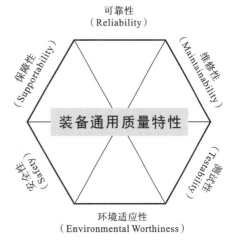

图 2-1　装备通用质量特性示意图

2.1.3　装备"六性"概述

装备"六性"通常指可靠性、维修性、测试性、保障性、安全性和环境适应性。它们作为装备的通用质量特性,是可以通过良好的工程设计、研制与生产工作而赋予新研装备固有的,因此将其视为伴随新研装备的生产定型所产生的装备固有属性。

1. 可靠性

国军标《可靠性维修性保障性术语》中对于可靠性的定义为"产品在规定的条件下和规定的时间内,完成规定功能的能力"。装备不发生故障的前提是装备可靠,为此装备可靠性可以理解为装备抵抗故障发生或不易发生故障的一种固有属性。装备可靠性越高,在规定的条件下和规定的时间内,越不容易发生故障,完成规定任务功能的能力也越强。对于具体的装备保障工作而言,装备可靠性越高,故障率越低,单位任务时间内所需的配套保障资源就越少,进而大大降低了装备在役期间的保障工作压力。但是,装备可靠性也不是越高越好。工程上,装备固有的高可靠性水平是需要付出大量工程代价来实现的,例如选择更优质的工程材料、开展更优化的工程结构设计等。而这些,或者需要更多的研制经费投入,或者需要更长的研制周期支撑。为此,是否有必要为了获得可能期望过高的装备固有可靠性水平,付出大量可能难以支撑的工程代价,这是一个需要综合权衡、科学评判的复杂系统多目标优化决策问题。

此外,应该注意的是,规定条件、规定时间和规定功能是定位装备可靠性内涵和评判装备可靠性优劣的大前提。在不同使用条件和不同功能要求的装备之间,对比可靠性的优劣没有实际工程价值。例如,我们经常说飞机的可靠性要远优于汽车的可靠性。实际上,这种说法是缺乏可靠性知识基础所导致的错误工程认知。飞机和汽车的使用条件和任务功能要求不同,将两者的可靠性放在一起比较,工程价值不大。作为装备综合保障的技术人员或装备通用质量工程师,更应关注的是不同型号飞机间的可靠性优劣对比。

进一步,可靠性按其工程用途不同,可分为基本可靠性和任务可靠性,或使用可靠性和固有可靠性。

1) 基本可靠性

基本可靠性指装备在规定的条件下,无故障的持续时间或概率。它直接反映了装备对保障资源的要求。

鉴于基本可靠性去除了"规定时间"和"规定功能"这两个可靠性约束条件,意味着这里关注的装备故障已与任务功能要求无关,无论发生的故障是否影响装备执行任务的功能,都应将其视为装备的"不可靠状态"。以生活中的自行车为例,如果我们定义自行车的功能为"能够持续骑行前进",则仅仅是"车铃损坏",并不会导致自行车的骑行前进功能丧失。但就自行车的基本可靠性而言,车铃损坏后我们也认为其处于"不可靠状态"。车铃损坏后,可能并不影响我们完成某次骑行任务,但就自行车自身的保障工作而言,相关受损车铃总是要修理的(一般在骑行任务结束后),因此与车铃损坏修理活动相关的保障资源(如拆卸车铃的工具、新的车铃等)总是必要的。

综上,基本可靠性直接反映了装备可能潜在的全部保障资源需求,它是装备全寿命周期内开展配套保障系统建设的重要导向要素。

2) 任务可靠性

任务可靠性指装备在规定的任务剖面中完成规定功能的能力。

与基本可靠性不同,任务可靠性仅将那些故障后会直接导致装备任务期间功能丧失的关键致命故障视为"不可靠状态"。仍以生活中的自行车为例,同样地,定义自行车的任务功能为"能够持续骑行前进",由于"车铃损坏"这一故障发生后并不会直接导致自行车的骑行前进功能丧失,因此对于任务可靠性而言,我们并不认为此时自行车处于"不可靠状态"。

综上,任务可靠性更注重对于装备完成既定任务功能的刻画,反映装备是否还具备完成预期任务的基本能力,它是装备针对不同任务要求制定装备保障方案的重要导向要素。

3) 使用可靠性

使用可靠性指装备在实际的环境中使用时所呈现的可靠性,它反映了设计、制造、使用、维修、环境等因素对装备可靠性的综合影响。

使用可靠性突出强调装备实际使用环境因素对于装备任务功能发挥的影响,这对于实际使用环境远比生产试验环境恶劣的装备而言,尤其重要。以在热带海洋气候下长期服役的船舶装备为例,显然装备使用用户更乐于关注装备在高温、高湿、高盐、高辐射等真实海洋气候环境下实际使用时所能保持无故障状态的能力水平。

综上,使用可靠性是站在装备使用用户的角度,剖析装备在实际使用环境下所应满足的任务周期内保持无故障状态的能力要求。它是科学论证装备可靠性顶层技术要求的重要导向要素,"间接"约束着装备承制方的通用质量设计工作与配套保障资源研制工作。

4) 固有可靠性

固有可靠性指设计和制造赋予装备的,并在理想的使用和保障条件下所具有的可靠性。

前述使用可靠性虽然体现了用户对于装备在实际使用环境下的可靠性期望要求,但装备承制方往往限于多种原因,并不具备完全复制装备实际使用环境的条件。为此,工程上,装备承制方往往更关注于为满足装备的实际使用要求,在研制与生产阶段理想的使用和保障条件下,可通过可靠性鉴定和可靠性验收试验保证装备固有可靠性水平。显然,只要经过试验验证的装备固有可靠性水平,远优于预期的装备使用可靠性水平,就能够在较大概率层面保证理想条件下生产定型的装备,充分满足实际使用环境下的装备可靠性要求。

综上,固有可靠性是站在装备承制技术要求的角度,剖析为满足用户提出的装备使用可靠性期望,装备承制方在装备部署交付前必须保证装备达到的保持无故障状态的能力要求。它是合理确定装备承制合同中的可靠性技术要求的重要导向要素,"直接"约束着装备承制方的通用质量设计工作与配套保障资源研制工作。

2. 维修性

国军标《可靠性维修性保障性术语》中对于维修性的定义为"产品在规定的条件下和规定的时间内,按规定的程序和方法进行维修时,保持或恢复到规定状态的能力"。

装备在实际使用过程中,总是会不可避免地发生故障。通过提升装备的固有可靠性水平,可以延缓装备首次出现故障的时间,但并不完全没有发生故障的可能。此外,当提升装备固有可靠性所需付出的工程代价过大时,工程上往往会选择"实施及时有效的装备故障维修活动"这一更为经济的手段,来弥补相关装备在固有可靠特性方面的潜在缺陷。维修性正是这样一类面向装备故障维修需求提出的用于刻画装备便于维修、易于维修的固有属性。好的装备维修性,能够保证装备维修人员很方便地接触到待修部件或部位(故障隔离与故障定位内容,纳入装备测试性讨论),并能够很容易地迅速完成不同种类的维修工艺作业(例如,故障件拆换、故障件或故障部位的原位修整等),维修总体耗时短、成效好。相反,较差的装备维修性,往往导致装备故障后的维修实施过程需要预先开展大量的牵连性工作活动,才能接触到待修部件或部位,或者在具体实施各类维修工艺作业时,受到各种苛刻的维修条件约束(例如,必须遵照较高的技能工艺标准才能实现故障件的拆卸与回装,不能以舒适的人体姿势实施故障件或故障部位的原位修整等),最终维修总体耗时长,维修成效也不理想。

3. 测试性

国军标《可靠性维修性保障性术语》中对于测试性的定义为"产品能及时并准确地确定其状态(可工作、不可工作或性能下降),并隔离其内部故障的能力"。鉴于故障的监(检)测、隔离与诊断,往往是执行装备故障修理活动的一项重要技术环节,因此测试性最早是与维修性一体共存的。但随着近代装备生产、制造技术的高速发展,装备结构组成越来越复杂、技术密集度越来越高,装备的故障修理活动越发依赖于装备的故障测试活动。为适应此种技术发展趋势,装备是否具有便于故障测试的设计结构、是否可自主实现异常状态的预警以及故障隔离与诊断定位,已逐渐成为判断装备通用质量水平是否达标的一类基础性要求。为此,测试性逐渐从维修性中单独割离出来,成为一类新的装备固有属性。

长期的装备修理实践经验表明,装备的故障检测与故障隔离作业活动,往往在装备全部修理作业活动中处于最为核心的地位。装备发生故障后,如果能够成功地隔离定位出装备故障单元,则大多数情况下都可以通过"换件"修理的方式快速排除装备故障,恢复装备完好状态。好的装备测试性,能够保证装备及时准确地自主发出故障预警,且便于利用外部测试工装具实现装备故障部位的准确定位,对于大幅度提升装备的易修性具有重要工程价值;相反,如果装备的测试性不好,无法自主或依赖外部测试工装具实现装备故障部位的准确定位,则将很可能降低装备故障后修理活动的实施效率,进而导致装备的可用性下降。

4. 保障性

国军标《可靠性维修性保障性术语》中对于保障性的定义为装备的设计特性和计划的保障资源满足平时状态完好性和任务时利用率要求的能力。

有关保障性的工程内涵,1.2.3 节已有详细阐述,此处不再赘述。

5. 安全性

国军标《可靠性维修性保障性术语》中对于安全性的定义为"产品所具有的不导致人员伤亡、系统毁坏、重大财产损失或不危及人员健康和环境的能力"。

装备在使用和维修过程中,必须是完全安全的。以牺牲人员安全为代价的可靠性、维修性、测试性、保障性等固有属性设计,是装备综合保障工程决不能接受的。为此,在装备固有属性设计过程中,必须充分考虑全部潜在的安全风险源,一般包括高电压、易燃、高温等一般安全源以及射线辐射、强腐蚀等特殊风险源,并确保全部潜在的安全风险源在装备使用与维修过程中得以有效抑制。

此外,与装备使用和维修伴生的其他影响,对于地理环境也必须是完全安全的。以牺牲地理环境安全为代价的装备可靠性、维修性、测试性、保障性等固有属性设计,也是装备综合保障工程决不能接受的。尤其是随着我国全球化发展步伐的快速迈进,作为未来负责任的大国、强国,污染环境、影响可持续发展的装备设计"红线"决不能触碰。

6. 环境适应性

国军标《可靠性维修性保障性术语》中对于环境适应性的定义为"装备在其寿命期预计可能遇到的各种环境的作用下能实现其所有预定功能、性能和(或)不被破坏的能力"。

装备不应只在承制方的实验室和试验场里,才具备良好的功能、性能,以及可靠性、维修性、测试性、保障性和安全性。装备更应在交付用户后的实际使用环境中,体现出并长期保持其良好的功能、性能,以及可靠性、维修性、测试性、保障性和安全性。这一类有关环境适应性的技术要求,对于那些工作性能对使用环境非常敏感的装备而言,尤为重要。例如,准备在热带海域长期使用的船舶装备,就必须具备能够在高温、高湿、高盐、强辐射、大风浪等热带海洋环境下,保持其良好使用状态及便于维修与保障的能力。否则,装备承制方在研制生产阶段承诺的状态完好和任务成功目标,大多将会在装备使用阶段沦为纸上空谈。

前述可靠性、维修性、测试性、保障性、安全性、环境适应性等六类装备通用质量固有特性并不是完全割裂独立的,它们之间互相影响、紧密关联。如图 2-2 所示,可靠性与维修性之间、维修性与测试性之间,以及可靠性、维修性、测试性与保障性之间,均存有明显的工程设计层面的交互接口,且互为约束和输入输出关系。为此,在明确与装备"六性"相关的综合保障顶层要求时,必须将这六类装备通用质量固有属性综合起来、通盘考虑,以确保最终交付用户使用的装备处于最佳通用质量水准,进而能以成熟的固化设计状态满足装备的各项任务功能要求。

7. "六性"工程

可靠性、维修性、测试性、保障性、安全性、环境适应性是对装备所应具备的优良通用质量固有特性的刻画,这些期望的装备优良通用质量固有特性是可以通过科学规范的装备研制生产技术活动和管理活动,在装备交付用户使用时同步赋予装备的。工程上,我们把为获取装备预期的良好通用质量固有特性所需开展的一系列技术活动和管理活动,统一称为"通用质量工程"。例如,把为获得装备预期的良好可靠性所开展的系列技术活动和管理活动称为"可靠性工程",把为获得装备预期的良好维修性所开展的系列技术活动和管理活动称为"维修性工程"。

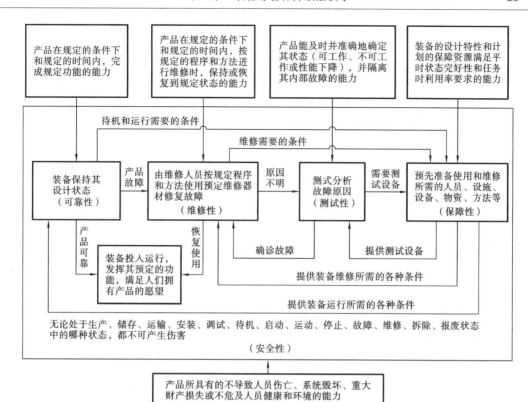

图 2-2 装备"六性"间的交互关联

图 2-3 中给出了几类用于获取相关装备通用质量固有特性的核心工程技术手段(灰色背景标注)。

(1) 与获取优良可靠性相关的核心工程技术手段一般包括:采用好的材料、强实的结构、精湛的工艺;尽量避免装备在其运行、储存、运输,甚至维修等环境中发生故障。

(2) 与获取优良维修性相关的核心工程技术手段一般包括:如果装备的故障不可避免,或避免装备的故障花费太大,就设法让装备具有便于维修的结构,以便在故障后能够快速恢复。

(3) 与获取优良测试性相关的核心工程技术手段一般包括:便于维修的首要条件是让维修人员快速准确地知道原因,应尽量设法使装备自己报告异常及其原因,减少对外挂设备的依赖。

(4) 与获取优良保障性相关的核心工程技术手段一般包括:必须预先准备充足的人、备件、工具、仪器、设备、设施、技术资料等才能快速维修;正常使用也需要能源与配套环境条件的保障。

(5) 与获取优良安全性相关的核心工程技术手段一般包括:必须充分排查、抑制安全风险源,确保装备在实际使用与维修过程中,保持对人员和外在环境的足够安全。

如图 2-4 所示,可靠性工程、维修性工程、测试性工程和保障性工程间之间也是紧密关联、互为约束的。

(1) 可靠性工程与维修性工程:可靠性工程设法避免装备发生故障,但如果无法避免故障或避免故障的代价太大,则可靠性工程中给出的针对各类装备故障的维修要求,是维修性工程的技术设计与管理目标输入。

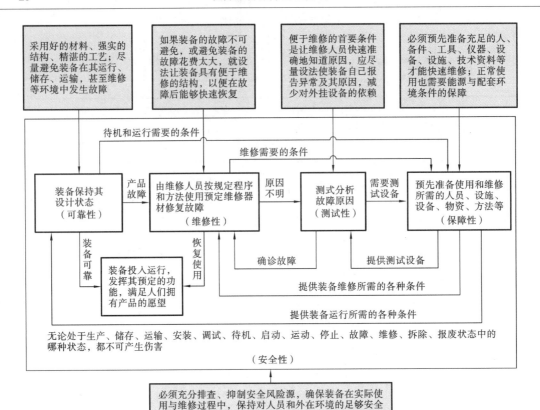

图 2-3 装备"六性"工程的具体实现手段

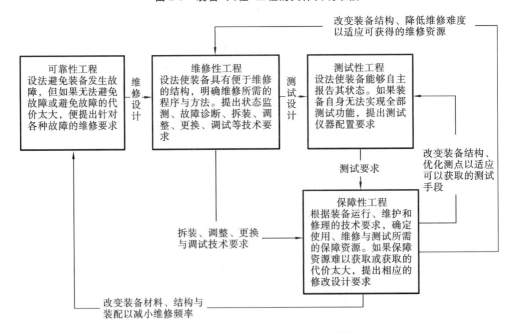

图 2-4 装备"六性"工程间的交互关联

(2)维修性工程与测试性工程:维修性工程设法使装备具有便于维修的结构,明确维修所需的程序与方法,并同步提出与装备维修密切相关的状态监测、故障诊断、拆装、调整、更换、调试等技术要求;这里,与装备状态监测、故障诊断相关的技术要求,是测试性工程的技术设计与管理目标输入,与装备拆装、调整、更换、调试相关的技术要求,是保障性工程的技术设计与管理目标输入。

(3) 测试性工程与保障性工程:测试性工程设法使装备能够自主报告其状态,但如果装备自身无法实现全部测试功能,则测试性工程中提出的测试仪器配置要求,是保障性工程的技术设计与管理目标输入。

(4) 保障性工程与可靠性工程、维修性工程和测试性工程:保障性工程根据装备运行、维护和修理的技术要求,确定使用、维修与测试所需的保障资源,但如果保障资源难以获取或获取的代价太大,则应提出相应的修改设计要求,并将其反馈于装备的可靠性工程、维修性工程、测试性工程等相关技术活动和管理活动中。保障性工程中常见的设计反馈一般包括"需改变装备材料、结构与装配以减小维修频率"的针对可靠性工程的技术设计与管理目标反馈,"需改变装备结构、降低维修难度以适应可获得的维修资源"的针对维修性工程的技术设计与管理目标反馈,以及"需改变装备结构、优化测点以适应可以获取的测试手段"的针对测试性工程的技术设计与管理目标反馈,等等。

2.1.4 顶层要求的技术特点

弄清装备综合保障顶层要求的重要工程价值和工程约束范围,以及与之密切相关的可靠性、维修性、测试性、保障性、安全性、环境适应性等装备通用质量特性的基本内涵后,下面进一步论述装备综合保障顶层要求的技术特点,主要从内容维度和论证方法两个方面阐述。

1. 综合保障顶层要求涉及的内容维度

装备综合保障顶层要求可分为定量要求、定性要求和工作项目要求三个内容维度。其中,定量要求注重从"参数指标"层面约束装备综合保障研制生产阶段的各项工程技术活动和管理活动,定性要求注重从"设计准则"层面约束装备综合保障研制生产阶段的各项工程技术活动和管理活动,工作项目要求注重从"过程管控"层面约束装备综合保障研制生产阶段的各项工程技术活动和管理活动。

2. 综合保障顶层要求的科学论证方法

装备综合保障顶层要求的科学论证,主要依赖于标准化的系统工程过程和规范化的保障性分析方法。其中,标准化的系统工程过程指装备综合保障顶层要求的论证过程符合"定位需求、分配需求、综合权衡、反复迭代、循环递进"的系统工程技术特点,如图2-5所示。规范化的保障性分析方法指装备综合保障顶层要求的诸多技术约束内容,均依赖于各类保障性分析国家标准的规范化分析输出结果,详见图2-6。

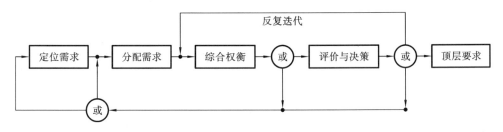

图2-5 装备综合保障顶层要求论证的系统工程过程

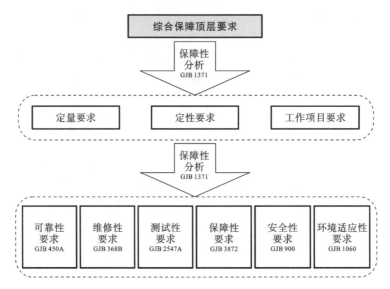

图 2-6 装备综合保障顶层要求论证的规范化分析要求

2.2 综合保障定量要求

综合保障定量要求指通过量化约束装备综合保障工作期望成效的一类技术要求,通常以"参数指标"的形式体现,并应能以"试验评价"的形式验证。不能通过试验验证的定量要求,在实际工程实践中不具备技术约束效力,严格意义上已不应将其称为"技术要求"了。装备"六性"中,比较便于采用定量参数指标形式约束的有可靠性、维修性、测试性和保障性,而安全性和环境适应性鉴于其自身技术特点,往往较少采用定量参数指标形式约束。为此,本节主要介绍可靠性、维修性、测试性和保障性的定量要求。

2.2.1 可靠性定量要求

装备综合保障工程中,有关可靠性的定量要求分为"定量参数要求"和"定量指标要求"两部分。其中,定量参数要求主要关注那些可用于有效反映装备期望可靠性水准的关键信息统计特征,以有效评判装备的可靠性水准;定量指标要求则关注这些关键信息统计特征,在试验验证环境下应达到什么样的量值范围,才能大概率地保证所研装备的可靠性水准能够充分满足装备交付使用后的实际用户要求。

1. 可靠性定量参数要求

一般应至少关注如下四类可靠性定量参数[10]。

1) 绝对故障概率维度的可靠性定量参数——可靠度 $R(t)$

假设装备的寿命为 T,实际使用过程的历经时间为 t,故障事件发生的数学逻辑为"$T<t$",则可定义装备的可靠度 $R(t)$ 为:在不考虑任意类型维修的情况下,装备在其寿命期内任意瞬时 t 不发生故障的概率。相关数学表达式如下:

$$R(t)=1-\Pr(T<t)=\Pr(T\geqslant t) \tag{2-1}$$

式中:$\Pr(\cdot)$ 代表绝对故障概率函数;T 代表装备预期寿命,具备随机变量统计特征。

装备可靠度 $R(t)$ 的解算与装备寿命随机变量 T 满足的概率分布规律密切相关。以寿命随机变量 T 满足指数分布为例,则有

$$R(t) = 1 - \int_0^t f(t)\mathrm{d}t = 1 - \int_0^t \lambda\exp(-\lambda t)\mathrm{d}t = \exp(-\lambda t) \tag{2-2}$$

式中:$\exp(\cdot)$ 代表指数函数;$f(\cdot)$ 代表装备故障概率密度函数;λ 代表指数分布的特征参数。

图 2-7 为 λ 取 1 时,由式(2-2)解算确定的装备可靠度曲线。可以看出,在不考虑装备维修的情况下,从交付使用起,装备可靠度 $R(t)$ 是随实际使用时间 t 的增加而逐渐降低的。

2) 条件故障概率维度的可靠性定量参数——故障率 $\lambda(t)$

工程上,有时为了有效指导装备保障人员视情开展相关保障技术活动(例如,定期拆修、定期报废等),除了需关注装备在当前任意瞬时 t 可能发生故障的概率水平以外,还需关注装备在未来任意单位时间 Δt 内可能发生故障的概率水平。由此,引入

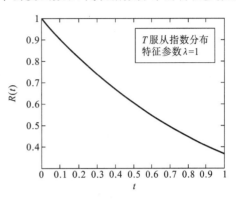

图 2-7 装备可靠度曲线示意图

并定义装备的故障率 $\lambda(t)$ 为:装备在当前时刻 t 不发生故障的前提下,未来单位时间 Δt 内可能发生故障的条件概率。相关数学表达式如下:

$$\lambda(t) = \lim_{\Delta t \to 0} \frac{\Pr(t < T \leqslant t + \Delta t \mid T \geqslant t)}{\Delta t} \tag{2-3}$$

式中:$\Pr(\cdot \mid \cdot)$ 代表条件故障概率函数;$\lim(\cdot)$ 代表极限函数。

进一步,基于概率论的基本运算法则,以及式(2-1)给出的装备可靠度 $R(t)$ 的数学表达式,则有

$$\begin{aligned}
\lambda(t) &= \lim_{\Delta t \to 0} \frac{\Pr(t < T \leqslant t + \Delta t \mid T \geqslant t)}{\Delta t} = \lim_{\Delta t \to 0} \frac{1}{\Delta t} \times \frac{\Pr(t < T \leqslant t + \Delta t \cap T \geqslant t)}{\Pr(T \geqslant t)} \\
&= \lim_{\Delta t \to 0} \frac{1}{\Delta t} \times \frac{\Pr(t < T \leqslant t + \Delta t)}{R(t)} = \lim_{\Delta t \to 0} \frac{1}{\Delta t} \times \frac{\Pr(T \leqslant t + \Delta t) - \Pr(T \leqslant t)}{R(t)} \\
&= \lim_{\Delta t \to 0} \frac{1}{R(t)} \times \frac{F(t + \Delta t) - F(t)}{\Delta t} = \frac{f(t)}{R(t)}
\end{aligned} \tag{2-4}$$

式中:$F(\cdot)$ 代表装备故障累积概率分布函数。

同样地,以寿命随机变量 T 满足指数分布为例,则有

$$\lambda(t) = \frac{f(t)}{R(t)} = \frac{f(t)}{1 - \int_0^t f(t)\mathrm{d}t} = \frac{\lambda\exp(-\lambda t)}{\exp(-\lambda t)} = \lambda \tag{2-5}$$

式(2-5)证明了寿命随机变量 T 满足指数分布的装备故障率为常数,量值为指数分布的特征参数 λ。在综合保障工程中,具备此类故障率特征意味着,装备在其寿命周期内任意单位时间可能发生故障的概率水平是完全相等的,不会因装备使用时间的增加而发生变化。

但遗憾的是,大量现实装备的寿命随机变量 T 并不一定满足指数分布,与之相关的装备故障率 $\lambda(t)$ 也是随时间增加不断变化的。如图 2-8 所示,如果装备在长期使用过程中,其故障率 $\lambda(t)$ 变化存在一个陡然上升阶段(此时,装备进入了耗损期),则一般应在故障率 $\lambda(t)$ 明显增大前,预先开展必要的预防性维修工作(通常包括定期保养、定期拆卸、定期报废等),以此避免装备故障发生后可能导致的人员安全影响、任务功能丧失影响以及重大经济性影响等。

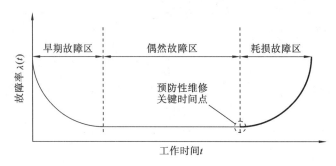

图 2-8　存在耗损期的故障率 $\lambda(t)$ 变化曲线

图 2-9 为装备寿命随机变量 T 满足指数分布的故障率曲线,此时故障率 $\lambda(t)$ 曲线退化为一条直线,不存在故障率上升的阶段。为此,寿命随机变量 T 满足指数分布的装备(例如,电子类装备),原则上并不需要耗费大量保障资源,提前开展预防性维修工作。

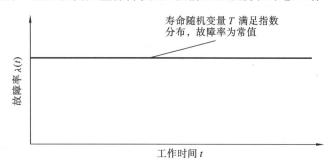

图 2-9　满足指数分布的故障率 $\lambda(t)$ 曲线

3) 故障累计间隔时间维度的可靠性定量参数——平均故障间隔时间(MTBF)

前述可靠度 $R(t)$ 参数和故障率 $\lambda(t)$ 参数,均是从装备寿命周期内故障发生概率的角度,考量装备所应具备的可靠性水准的。但在装备可靠性试验验证和使用评价领域,直接使用这些过于抽象的概率维度参数,往往并不便于工程技术人员的直接理解,也不便于相关工程试验与评价活动的具体组织实施。为此,工程上引入一类与两者存在等价关系,但更便于工程技术人员理解与组织实施的可靠性定量参数——装备平均故障间隔时间(MTBF)[对于不可修装备,则取装备平均故障前时间(MTTF)]。

这里,装备平均故障间隔时间(MTBF)指可修复装备在其寿命周期内,历次故障发生的期望平均间隔时间;装备平均故障前时间(MTTF)指不可修复装备历次报废换新前的期望平均持续时间。注意,此处所述"时间"应理解为广义化的"寿命单位",可以是小时、月、年,也可以是次等。

装备平均故障间隔时间(MTBF)的相关数学表达式为

$$\text{MTBF} = \int_0^{+\infty} R(t)\mathrm{d}t \tag{2-6}$$

同样地,以寿命随机变量 T 满足指数分布为例,则有

$$\text{MTBF} = \int_0^{+\infty} \exp(-\lambda t)\mathrm{d}t \tag{2-7}$$

令 $u=-\lambda t$,可得

$$\text{MTBF} = \int_0^{-\infty} \frac{1}{-\lambda}\exp(u)\mathrm{d}u = \frac{1}{-\lambda}\exp(u)\bigg|_{u=0}^{u=-\infty} = -\frac{1}{\lambda}(0-1) = \frac{1}{\lambda} \tag{2-8}$$

由式(2-8)可知,寿命随机变量 T 满足指数分布装备的平均故障间隔时间(MTBF)与故障率 λ 互为倒数关系。工程上,经常利用这一特殊的数学关系,实现装备不同可靠性定量参数间的近似换算与简化评估。

4) 故障风险维度的可靠性定量参数——可靠寿命 $T(R^*)$

装备综合保障工程中,除了需关注装备自身随使用时间变化的故障演变规律以外,有时还需结合装备的实际使用任务要求,明确装备的使用"可信"时限,并确保装备在使用"可信"时限内的潜在风险等级始终处于可控或可接受范围。为此,工程上引入一类便于实施故障风险管控的可靠性定量参数——装备可靠寿命 $T(R^*)$。

装备可靠寿命 $T(R^*)$ 指:在不考虑任意类型维修的情况下,装备自投入使用至其可靠度 $R(t)$ 下降到给定风险阈值 R^* 所对应的时间。同样地,此处所述"时间"也为广义化的"寿命单位",可以是小时、月、年、次等。如图 2-10 所示,在不同风险阈值 R^* 要求下,装备可靠寿命 $T(R^*)$ 不同,例如 $T(0.8) \neq T(0.5)$。工程上,一般称风险阈值取 0.5 时的可靠寿命 $T(0.5)$ 为装备的中位寿命,风险阈值取 e^{-1} 时的可靠寿命 $T(e^{-1})$ 为装备的特征寿命。

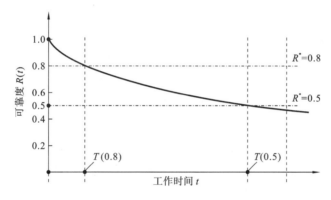

图 2-10 装备可靠寿命 $T(R^*)$ 示意图

装备可靠寿命的概念,对于航空航天、深潜等特种行业的装备保障工作意义重大。很多情况下,同样的装备面临不同的使用要求,其可靠寿命可能会相差甚远。例如,功能、性能、材质、结构、工艺都完全一致的限寿装备,分别在普通民用行业和航空航天行业使用时,两者的限寿换修周期可能会相差两到三倍。但这并不表示同样的装备在不同使用环境中表现出的可靠性水平会有很大差别,而是不同使用环境下的装备风险管控要求不同所致。

注意,前述可靠度、故障率、平均故障间隔时间/平均故障前时间、可靠寿命等装备层面的可靠性定量参数概念,均可推广应用于由装备组成的复杂任务功能系统,以及装备所含的功能单元、组部件,甚至装备结构底层的零部件和元器件。类似地,维修性、测试性、保障性、安全性、环境适应性等通用质量特性的定量参数,也具备这种拓展应用特征。本书后续章节,不再就此类问题进行赘述。

2. 可靠性定量指标要求

可靠性定量指标是对可靠性定量参数的量值刻画,是可靠性定量要求不可或缺的重要组成部分。需要说明的是,综合保障工程中的量值刻画方式有很多种,并不是初学者想象中的"给出一个恰当的量值"那么简单。例如,是选用点量值,还是选用区间量值?是选用一个量值,还是选用一组量值?是选用始终不变的量值,还是选用随着不同寿命周期阶段自适应调整变化的量值?这些都是装备通用质量工程师在开展综合保障工程活动中,为确保提出的可靠性定量要求能够切实发挥技术指导与技术约束作用,所必须认真考虑的。

鉴于装备可靠性参数量值的恰当确定方法,是"装备可靠性工程"的重点研究内容,并不是"装备综合保障工程"的重点研究内容,因此本书并不对装备可靠性定量指标的具体解算模型和解算过程做过多阐述,仅就如何恰当地构建装备可靠性定量指标体系及其指标的最优表现形式进行详细论述。

1)可靠性定量指标体系

针对前述可靠性定量参数,面向不同测度的装备保障目标,可构建装备可靠性定量指标体系,如图2-11所示。该指标体系涵盖了四类可靠性定量指标,分别为基本可靠性指标、任务可靠性指标、固有可靠性指标和使用可靠性指标。

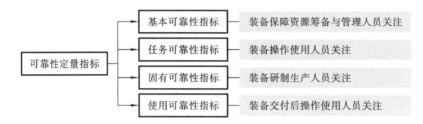

图2-11 装备可靠性定量指标体系

基本可靠性指标反映装备自身对保障资源的长期需求,它是装备保障资源筹备与管理人员关注的重要指标。任务可靠性指标反映装备在特定任务剖面中完成预期任务功能的能力,它是装备操作使用人员关注的重要指标。有时,工程上为方便区分这两类可靠性指标,直接通过定义不同的可靠性参数实现。例如,在平均故障间隔时间(MTBF)基础上,进一步定义平均致命故障间隔时间(MTBCF)。这里,平均致命故障间隔时间指:装备在其寿命周期内执行规定任务剖面的过程中,历次"致命故障"发生的期望平均间隔时间。注意,从平均致命故障间隔时间的定义中可明显看出,其量化指标是任务可靠性指标。

固有可靠性指标反映装备在承制方的理想研制生产条件下,所应具备的固有的保持无故障良好状态的能力,它是装备研制生产人员关注的重要指标,也是装备研制生产人员必须完成的重要指标,具有合同约束效力。使用可靠性指标反映装备在订购方的实际使用环境作用下,所应表现出的保持无故障良好状态的能力,它是装备交付后操作使用人员关注的重要指标,也是与装备状态完好和任务成功目标直接挂钩的重要指标。

2)可靠性定量指标表现形式

装备综合保障顶层要求中,可靠性定量指标通常以"区间值"形式表现。对于约束装备研制合同的固有可靠性指标来说,可靠性定量指标区间值体现为[最低可接受值,规定值];对于约束装备任务使用要求的使用可靠性指标来说,可靠性定量指标区间值体现为[门限值,目标值]。

规定值是在装备研制合同(或任务书)中规定的期望装备经过研制生产后所应达到的固有上限指标,它是装备承制方开展装备通用质量设计工作的依据。最低可接受值是在装备研制合同(或任务书)中规定的期望装备经过研制生产后所必须达到的固有下限指标,它是装备订购方开展装备通用质量考核验收工作的依据。目标值是在装备综合保障顶层要求论证阶段,期望装备在实际使用环境中所应达到的最优目标,可用于约束确定装备研制合同(或任务书)中的规定值。门限值是在装备综合保障顶层要求论证阶段,期望装备在实际使用环境中所必须达到的最低目标,可用于约束确定装备研制合同(或任务书)中的最低可接受值。规定值、最低可接受值、目标值、门限值间的逻辑关联,如图 2-12 所示。

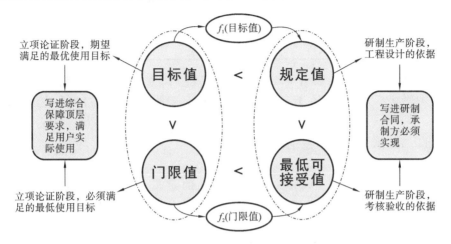

图 2-12　装备使用指标与固有指标逻辑关联图

图 2-12 中：$f_1(\cdot)$ 代表实现"目标值"与"规定值"间工程换算的特殊转换函数；$f_2(\cdot)$ 代表实现"门限值"与"最低可接受值"间工程换算的特殊转换函数；符号">"代表"优于"。需要特别注意的是,因为"规定值"和"最低可接受值"是承制方在理想研制生产条件下完成的装备通用质量目标,而装备在交付用户使用后的实际使用环境中,将受到温度、湿度、盐度、振动等诸多外在环境因素的影响,相应通用质量水准会有一定程度的下降。为此,工程上,为确保研制生产阶段交付装备的通用质量水准满足装备使用阶段的实际使用要求,通常要求装备研制合同(或任务书)中的"规定值"和"最低可接受值",在量值上应略优于装备综合保障顶层要求中明确的"目标值"和"门限值"。

2.2.2　维修性定量要求

鉴于前述可靠性定量要求中,已对"定量参数"和"定量指标"的概念给出了较为详细的论述,本书后续论述内容,不再对两者进行刻意区分,统一简称为"参数指标"。

装备综合保障顶层要求中,有关装备维修性的定量参数指标有很多种,这里重点介绍一类在装备综合保障顶层要求中出现频次最高的维修性定量参数指标——平均修复时间(MTTR)。

装备平均修复时间(MTTR)指：在规定的条件和规定的时间内,装备在规定的维修级别上,修复性维修总时间与该级别上被修复装备的故障总数之比。与可靠性参数指标不同,明确维修性参数指标之前,往往还必须提前明确其相应的维修级别,即说明是针对哪一维修级别的维修性参数指标。工程上,常见的装备维修级别一般分为基层级、中继级和基地级。对于维修性设计较好的装备,在配套保障资源齐备的条件下,其基层级装备平均修复时间(MTTR)通常应满足表 2-1 中所列量值要求。

表 2-1 装备平均修复时间(MTTR)参考量值范围

序号	装备类型	维修级别	装备平均修复时间(MTTR)	
			目标值	门限值
1	机械类	基层级	≤3 h	≤4 h
2	电气类	基层级	≤3 h	≤4 h
3	电子类	基层级	≤0.5 h	≤1 h

注意,中继级和基地级的装备平均修复时间(MTTR)量值范围,对装备遂行任务期间的任务执行能力影响不大,为此,在装备综合保障顶层要求中,往往不做过多关注。

2.2.3 测试性定量要求

装备综合保障顶层要求中,有关装备测试性的定量参数指标主要包括故障检测率(FDR)、故障隔离率(FIR)和虚警率(FAR)。

1) 故障检测率

故障检测率(FDR)指:用规定的方法正确检测到的装备故障模式数与装备故障模式总数之比,用百分数表示。此处所述故障模式指装备故障的具体表现形式,如短路、开路、断裂、裂纹、卡死、泄漏、松动、脱落等。装备在其使用期间可能存有多种故障模式,工程上统计装备的故障模式总数,通常以装备故障模式、影响及危害性分析(本书第 4 章有详细介绍)输出的结论为准。

2) 故障隔离率

故障隔离率(FIR)指:用规定的方法,将检测到的故障模式正确隔离到不大于规定模糊度的装备故障模式数,与可检测到的装备故障模式总数之比,用百分数表示。此处所述规定模糊度指故障隔离定位的颗粒度水平,一般为若干个可更换单元。显然,对于装备维修而言,故障隔离定位的最佳期望模糊度为一个可更换单元。但颗粒度过细的故障隔离率要求,在装备测试性工程实现层面的难度较大,且往往需要付出昂贵的工程代价。

3) 虚警率

虚警率(FAR)指:在规定的期间内发生的虚警数与同一期间内故障模式指示数之比,用百分数表示。此处所述虚警指机内测试或其他监测电路指示有故障而实际上不存在故障的现象。虚警会导致对装备技术状态的错误评判,并引起装备出现不必要的停机,进而最终影响装备在役使用阶段的完好可用状态。

对于测试性设计较好的装备,其故障检测率(FDR)、故障隔离率(FIR)和虚警率(FAR)通常应满足表 2-2 中所列量值要求。

表 2-2 装备测试性参数指标参考量值范围

序号	参数指标	装备类型	模糊度	目标值	门限值
1	故障检测率(FDR)	机械类	—	≥75%	≥70%
2	故障检测率(FDR)	电气类	—	≥75%	≥70%
3	故障检测率(FDR)	电子类	—	≥90%	≥85%

续表

序号	参数指标	装备类型	模糊度	目标值	门限值
4	故障隔离率(FIR)	机械类	1个可更换单元	≥65%	≥60%
5	故障隔离率(FIR)	机械类	3个可更换单元	≥75%	≥70%
6	故障隔离率(FIR)	电气类	1个可更换单元	≥65%	≥60%
7	故障隔离率(FIR)	电气类	3个可更换单元	≥75%	≥70%
8	故障隔离率(FIR)	电子类	1个可更换单元	≥90%	≥85%
9	故障隔离率(FIR)	电子类	3个可更换单元	≥95%	≥90%
10	虚警率(FAR)	机械类	—	≤3%	≤5%
11	虚警率(FAR)	电气类	—	≤3%	≤5%
12	虚警率(FAR)	电子类	—	≤3%	≤5%

2.2.4 保障性定量要求

装备综合保障工程中,与装备保障性相关的工作内容多种多样,既有与装备可靠性、维修性、测试性交互相关的接口性质的设计工作,又有与装备保障资源配套建设相关的保障条件准备工作,很难通过某个单一维度的孤立参数指标实现装备保障工作的全面技术约束。为此,装备综合保障顶层要求中,通常需要建立一整套保障性参数指标体系,以全面约束装备保障性的各项工作活动。工程上,全套保障性参数指标体系一般可分为与装备保障性设计相关的参数指标体系、保障资源参数指标体系和保障性综合参数指标体系三类。

1. 与装备保障性设计相关的参数指标体系

与装备保障性设计相关的参数指标体系主要包括可靠性、维修性、测试性等参数指标,这些参数指标的相关技术内容已在前面详细介绍,这里不再赘述。

2. 保障资源参数指标体系

与保障资源相关的参数指标体系,涵盖保障人员的数量与技术等级,保障设备(工具)的类型、数量、主要技术指标、利用率,备件的种类、数量、利用率、满足率、订货和装运时间,保障设施的类型和利用率,模拟与训练器材的类型和技术指标,以及未及时获得所需保障资源的管理延误时间,等等。

在装备综合保障顶层要求的论证阶段,由于可掌握的装备功能设计、通用质量设计以及保障信息数据较少,因此提出的保障资源参数指标主要集中于保障资源的总体要求层面。更为细致的保障资源要求,需在装备方案设计和工程研制阶段,通过多轮次的渐进性的保障性分析工作(详见本书第4、5、6、7章内容)确定。

鉴于本书篇幅所限,这里重点介绍备件满足率(SFR)、备件利用率(SUR)、平均保障延误时间(MLDT)这三类最为常见的保障资源参数指标。

1) 备件满足率

备件满足率(SFR)指:装备在规定的任务时间内,需要备件时不缺备件的概率。其有时也称为备件保障概率。理想情况下,装备维修保障活动中出现的任意备件需求都应是得到充分满足的。但实际工程实践中,由于保障经费、随装保障条件(如船舶可随船携带的备件数量极其有限)、保障综合效益等的限制,往往并不能无限满足装备任意任务期内的备件保障需求。

2) 备件利用率

备件利用率(SUR)指:装备在规定的任务时间内,被利用的备件数与携带备件总数之比。备件利用率体现了装备维修保障活动对已储备备件的利用效率。利用效率越高,意味着装备配套备件保障资源设计与建设方面的综合效益越好。需要注意的是,考虑到装备任务期间的故障往往是随机出现的,相应的备件需求也是随机的,且较高的备件满足率,大多需要较多的备件储备,这在一定程度上限制了备件利用率的提高;反之,较高的备件利用率,需要尽可能少的精细化备件储备作为支撑,而这又大多会降低装备在特定任务期间的备件满足率。为此,备件利用率与备件满足率两项参数指标的最终确定,往往需要多次综合权衡,并保持互相协调。

3) 平均保障延误时间

平均保障延误时间(MLDT)指:为取得必要的保障资源(例如,备件、人员、测试设备、专用工具等)而不能及时对装备进行保障所延误时间的平均值。其量值由在规定的时间内装备总保障延误时间与故障总次数之比确定。工程上,导致装备保障延误的因素诸多,包括不合理的备件储备(含种类、数量)、不适应的保障管理模式(含职责分工、流程、机制)以及保障技术人员自身的疏忽(含经验、精神状态),等等。

对于保障性设计较好的装备,其任务期间的备件满足率(SFR)、备件利用率(SUR)、平均保障延误时间(MLDT)通常应满足表 2-3 中所列量值要求。

表 2-3 装备保障性参数指标参考量值范围

序号	参 数 指 标	前 提 条 件	目 标 值	门 限 值
1	备件满足率(SFR)	典型任务周期内	≥0.85	≥0.8
2	备件利用率(SUR)	1 年周期内	≥0.35	≥0.3
3	平均保障延误时间(MLDT)	典型基层级保障流程	≤0.5 h	≤1 h

3. 保障性综合参数指标体系

保障性综合参数指标体系主要包括可用度 A、考虑维修的任务可靠度 $R_m(t)$、任务效能 E_m 等参数指标。这些参数指标蕴含的装备保障性要求信息,多具备多维复杂信息耦合特征,尤其适用于由多个装备(设备)组成的大型装备复杂系统的综合保障顶层要求论证。这里,仍以独立装备为主体,阐述保障性综合参数指标体系。有关大型装备复杂系统的保障性综合参数指标体系,可参照此处论述内容视情确定。

1) 可用度

装备可用度 A 体现了装备在其服役期间的综合可用程度。按照关注的重点不同,可用度又可分为固有可用度 A_i、可达可用度 A_a 和使用可用度 A_o。

(1) 固有可用度 A_i:仅与工作时间和修复性维修时间有关的一类可用性参数。常用的度量固有可用度 A_i 的数学方法,如式(2-9)所示。

$$A_i = \frac{\text{MTBF}}{\text{MTBF} + \text{MTTR}} \tag{2-9}$$

通过分析式(2-9)的数学结构可知:固有可用度 A_i 的量值确定,既与可靠性参数指标 MTBF 有关,又与维修性参数指标 MTTR 有关,这充分体现了综合性参数指标的多维信息耦合特点;装备平均故障间隔时间(MTBF)越长,故障后平均修复时间(MTTR)越短,则装备的固有可用特性越好。

(2) 可达可用度 A_a：仅与工作时间、修复性维修和预防性维修时间有关的一类可用性参数。常用的度量可达可用度 A_a 的数学方法，如式(2-10)所示。

$$A_a = \frac{\int_0^T R(t)dt}{\int_0^T R(t)dt + R(T)\text{MTTR}_p + [1-R(T)]\text{MTTR}_c} \quad (2\text{-}10)$$

式中：T 为给定的任务周期；$R(T)$ 为 T 时间节点的可靠度；MTTR_p 为恢复装备完好状态的平均预防性维修时间；MTTR_c 为恢复装备完好状态的平均修复性维修时间。

通过分析式(2-10)的数学结构可知：可达可用度 A_a 在固有可用度 A_i 的基础上，进一步考虑了装备在不发生故障情况下为确保完好状态长期保持与及时恢复，所需开展的预防性维修活动作业时间，更真实地刻画了装备实际可能达到的固有可用特性；对于任务周期内免维护（或维护需求极少）的装备，可达可用度 A_a 将退化接近于固有可用度 A_i。

(3) 使用可用度 A_o：与能工作时间和不能工作时间有关的一类可用性参数。常用的度量使用可用度 A_o 的数学方法，如式(2-11)所示。

$$A_o = \frac{\text{MTBF}}{\text{MTBF}+\text{MTTR}+\text{MLDT}} \quad (2\text{-}11)$$

通过分析式(2-11)的数学结构可知：使用可用度 A_o 在固有可用度 A_i 的基础上，进一步考虑了装备使用阶段保障作业过程中由各种外界因素导致的平均保障延误时间，更准确地刻画了装备交付使用后可能满足的使用可用特性；使用可用度 A_o 作为一类装备使用指标，直接与装备交付使用后实际可用状态密切相关，因此订购方在科学论证装备综合保障顶层要求时，必须给予充分关注。

对比式(2-9)和式(2-11)，有

$$A_o = \frac{\text{MTBF}}{\text{MTBF}+\text{MTTR}+\text{MLDT}} \leqslant \frac{\text{MTBF}}{\text{MTBF}+\text{MTTR}} = A_i \quad (2\text{-}12)$$

由式(2-12)可知，为确保论证提出的装备综合保障顶层要求中的使用可用性参数指标得以在工程上实现，在签订装备研制合同（或任务书）时，一定要保证装备的固有可用性参数指标优于综合保障顶层要求中的使用可用性参数指标。

2) 考虑维修的任务可靠度

装备可用度 A 作为一类保障性综合参数指标，综合考虑了装备寿命期间各类维修因素对于装备可用性的影响，反映了装备在任意时刻处于可工作或可使用状态的程度，但其对于装备在有限条件约束下完成规定任务能力的分辨率不足。例如，对于船舶装备而言，有些维修活动在驻泊不受时间限制的条件下才可完成，而在海上航行期间受时间与资源限制条件下并不能完成或维修后恢复完好状态的概率很低。因此，为进一步辨析此类有限维修条件约束下装备任务期间的可用性，引入另一类装备保障性综合参数指标——考虑维修的任务可靠度 $R_m(t)$。工程上，有时也将其称为装备任务可信度。一类典型的度量装备任务可靠度 $R_m(t)$ 的数学方法，如式(2-13)所示。

$$R_m(t) = R(t) + F(t)M(\beta) \quad (2\text{-}13)$$

式中：$R(t)$ 为装备任务期间 t 瞬时的可靠度；$F(t)$ 为装备任务期间 t 瞬时的故障累积概率分布函数；β 为任务期间允许实施维修的时间容限；$M(\beta)$ 为 β 时间容限内通过有效维修活动恢复装备完好状态的概率水准。

通过分析式(2-13)的数学结构可知:考虑维修的任务可靠度 $R_m(t)$,综合了任务期间的装备可靠性因素和有限资源约束下的装备维修性因素,更真实地反映了装备执行任务期间的状态完好(可信)水平。

3) 任务效能

前述装备可用度 A 和考虑维修的任务可靠度 $R_m(t)$,分别综合了多个测度的装备通用质量特性参数指标,较好地展现了装备在任意时刻处于可用状态以及特定任务期间处于可信状态的总体水准,但就装备执行任务的全过程来看,仅依赖这两类参数指标,还不能形成任务"闭环"。装备执行任务除了要求自身的技术状态能够长期保持完好以外,还应具备充足的自身固有能力水平,以保证装备任务末端事件的最终成功实现。例如,发动机在任务期间除了能够持续稳定运行以外,还需保证自身具备充足的推进功率水平;火炮在任务期间除了应能够稳定连续的发射弹丸以外,还需保证弹丸具备足够的炮口初速、射击精度和爆炸毁伤力。因此,为更全面地评判装备成功闭环执行任务的能力,引入装备任务效能 E_m。如式(2-14)所示,任务效能 E_m 在综合了装备不同测度的通用质量特性指标基础上,还综合了装备自身的功能与性能指标,技术耦合度更大、综合性更高。

$$E_m = A_{可用} D_{可信} C_{固有能力} = A_{可用}\{MTBF, MTTR, MLDT\} D_{可信}\{R(t), M(\beta)\} C_{固有能力}\{功能, 性能\} \tag{2-14}$$

式中:$A_{可用}$ 为反映装备在任意时刻"开则能动"能力的参数指标,与装备可靠性、维修性、测试性、保障性等通用质量特性相关;$D_{可信}$ 为反映装备在任务开始后的任意随机时刻"动则成功"能力的参数指标,与装备任务期间有限资源约束下的可靠性、维修性、测试性、保障性等通用质量特性相关;$C_{固有能力}$ 为反映装备正常运行条件下满足特定任务功能和性能要求能力的参数指标,与装备的专用质量特性设计相关。

可以看出,装备任务效能参数指标与装备可用能力、可信能力和固有能力参数指标密切相关,而可用能力、可信能力和固有能力参数指标又受到多类保障因素的直接影响。工程上,为了便于数学表达和程式化解算,常将式(2-14)写成如下矩阵形式(仅为示例,并非通用形式):

$$E_m = \boldsymbol{A}_{可用} \boldsymbol{D}_{可信} \boldsymbol{C}_{固有能力} = \begin{bmatrix} a_1 & a_2 & a_3 \end{bmatrix} \begin{bmatrix} d_{11} & d_{12} & d_{13} \\ d_{21} & d_{22} & d_{23} \\ d_{31} & d_{32} & d_{33} \end{bmatrix} \begin{bmatrix} c_1 \\ c_2 \\ c_3 \end{bmatrix} \tag{2-15}$$

式中:a_i 代表影响装备可用状态的各类因素,$i=1,2,3$;d_{ij} 代表影响装备任务可信状态的各类因素,$i,j=1,2,3$;c_i 代表影响装备固有能力的各类因素。

综上,关于装备保障性定量要求的论述,我们可以看出,足够细化的装备保障性定量要求(包括与保障性设计相关的要求、与保障资源相关的要求和保障性综合参数指标要求),几乎等同于装备综合保障定量要求。此外,我们还应注意的是,由于装备保障性综合参数指标与装备不同测度的通用质量特性参数指标高度耦合,且在一定程度上直接影响或决定着装备不同测度通用质量特性参数指标的量值容限范围,因此,在具体论证装备综合保障的顶层要求时,一般应首先提出装备保障性的综合参数指标,然后依据综合参数指标与不同测度通用质量特性参数指标间的工程约束关系,依次提出装备的可靠性、维修性、测试性等参数指标。

工程上常用的一类装备综合保障定量要求论证过程,如图 2-13 所示。

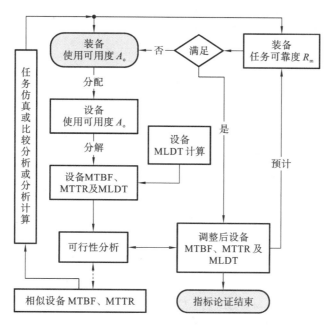

图 2-13 一类装备综合保障定量要求论证过程

图 2-13 中,假设装备组成结构比较复杂,内含多个下属设备单元。论证装备综合保障定量要求时,首先提出装备层次的保障性综合参数指标(这里,以使用可用度 A_o 为触发点),并将其合理分配至各下属设备单元;其次,各设备单元依据分配的保障性综合参数指标,综合式(2-9)~式(2-14),逐次解耦确定不同设备相应的可靠性、维修性、测试性、保障资源等不同测度的参数指标;然后,结合以往相似设备的通用质量特性平均水准,分析评判提出的不同测度参数指标是否合理,是否具备工程可行性,并视情调整相关测度的参数指标;最后,基于调整后的相关测度参数指标,综合预计是否可满足预期的装备保障性综合参数指标[为确保装备在任务效能层面也能具备较优的目标预期,这里选择任务可靠度 $R_m(t)$ 作为装备保障性综合参数指标的最终校核点],如果能满足,则装备综合保障顶层要求论证结束,如果不能满足,则重新调整保障性综合参数指标的触发点量值,再次迭代实施前述装备综合保障定量要求论证过程,直至综合预计结果满足工程预期为止。

上述装备综合保障定量要求论证过程,虽然是以"装备—设备"逻辑构架为例的,但是对大型工业装备复杂系统中常见的"系统—分系统—装备—设备—功能单元—组部件—元器件/零部件"逻辑构架也同样适用。

2.3 综合保障定性要求

综合保障定性要求指从非量化数值的角度,约束装备综合保障工作期望成效的一类技术要求,通常以接近于"设计准则"的表述形式体现,并应能通过"符合性检查"工作验证确认。为此,工程上装备综合保障定性要求通常以《×××装备通用质量设计准则》条款形式输出,并以《×××装备通用质量设计准则符合性检查报告》形式审查确认。表 2-4 所示为一类装备通用质量设计准则及其符合性检查表(样例)。本节后续内容实际上是对该表中设计准则内容的逐条论述。

表 2-4 一类装备通用质量设计准则及其符合性检查表(样例)

编号	设计准则内容	具体设计措施	是否符合 是	是否符合 否	不符合原因	处理措施建议
一	可靠性设计准则					
(一)	简化设计准则					
(a)	通过简化设计,缩小功能单元的组成规模,提高装备的基本可靠性	每个功能单元的核心组件不超过 2 种	√			
(b)	尽可能以最少的元器件、零部件来满足装备的功能要求	装备除了核心功能以外不使用复杂的结构构成	√			
(c)	优先选用标准件,提高互换性和通用化程度	单元结构、安装和连接均使用标准件	√			
(d)	采用模块化设计	使用的一体机、电源等应均为标准模块	√			
(e)	最大限度压缩和控制原材料、元器件、零部件的种类、牌号和数量	尽量选择单一的原材料,并尽量提升元器件的复用率	√			
(f)						

2.3.1 可靠性定性要求

与装备可靠性相关的定性要求内容很多,这里重点介绍降额设计、余度设计、简化设计、热设计、健壮性设计、元器件(零部件)选择与控制等几类常见的可靠性定性要求。

1. 降额设计要求

降额设计指使装备所属设备(或元器件、零部件)工作时承受的工作应力适当低于规定的额定值,从而达到降低装备故障率、提高使用可靠性和安全性的目的。机械装备、电气装备和电子装备都应进行适当的降额设计,尤其是电子装备,由于其所含元器件通常对电应力和温度应力反应敏感,因此降额设计是电子装备可靠性设计的必要组成部分。

以电子装备为例,部分常见的降额设计准则如下:

(1) 装备所属关键、重要或故障率较高的电路、元器件,必须采取降额设计措施;

(2) 装备所属集成电路的结温、输出负载必须进行降额设计;

(3) 装备所属晶体二极管的功耗和结温必须进行降额设计;

(4) 装备所属电感元件的热点温度、瞬态电压、瞬态电流必须进行降额设计;

(5) 最佳降额设计应处于或低于电应力、温度应力所对应的可靠性曲线拐点附近区域,并按不同的应用要求确定降额等级(最大降额等级为Ⅰ级、中等降额等级为Ⅱ级、最小降额等级为Ⅲ级);

(6) 对于故障后会导致安全事故、任务失败和重大经济损失的装备所属元器件,应按照最大降额等级实施降额设计;

(7) 对于故障后会导致任务成功性下降和维修费用不合理增长的装备所属元器件,应按照中等降额等级实施降额设计;

(8) 对于故障后不会导致安全事故、任务成功性下降和维修费用不合理增长的装备所属元器件,应按照最小降额等级实施降额设计。

表 2-5 所示为一类 MOS 型数字集成电路的降额设计准则(示例)。

表 2-5 一类 MOS 型数字集成电路的降额设计准则(示例)

元器件种类	降额参数	降额等级			备 注
		Ⅰ级	Ⅱ级	Ⅲ级	
MOS 型数字集成电路	电源电压	0.70	0.80	0.80	设计工作电压=降额等级系数×额定电源电压
	输出电流	0.80	0.90	0.90	设计工作电流=降额参数系数×额定输出电流
	最高结温	85	100	115	温度单位:℃

2. 余度设计要求

余度设计指使装备所属设备(或元器件、零部件)具有一套以上能完成给定功能的单元,从而达到提升装备可靠性、安全性和生存性的目的。需要注意的是,提升装备余度可提高装备的任务可靠性,但同时会使装备的复杂性、重量和体积增大,进而导致装备的基本可靠性下降。如图 2-14 所示,常见的余度设计方法包括简单并联、并串(或串并)混联、k/n 表决联接、冷储备联接等。图 2-14 中,符号 k、m、n 代表用于确定装备物理构型的数学变量。

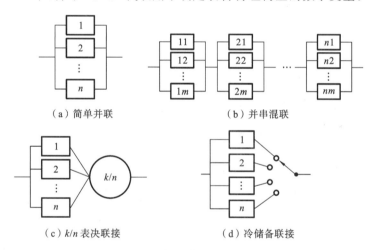

图 2-14 常见的余度设计方法

部分常见的余度设计准则如下:

(1) 对于装备设计中的可靠性关键环节或薄弱环节,例如部分重要但易于出故障的功能单元、组部件、零部件、元器件等,在重量、体积、复杂性、经费等因素许可的情况下,应考虑采用余度设计;

(2) 采用余度设计的部位,应尽量位于较低层次单元;

(3) 采用余度设计必须综合权衡,并保证余度设计带来的装备可靠性增长,不会被为实现余度结构而增加的转换装置、误差检测器和其他外围装置的故障率抵消;

(4) 采用冷储备余度设计时,应尽量采用自动切换装置;

(5) 如果对装备的体积、重量、复杂性等有严格的限制要求,且通过独立提高单元自身的可靠性也可满足装备执行任务要求,则在经济性允许的情况下,不建议首选余度设计。

3. 简化设计要求

简化设计指装备设计过程中，在保证装备性能要求的前提下，应尽可能使装备设计简单化。长期的工程实践表明，简化设计有利于提升装备的固有可靠性，有利于降低装备维修的工作量和成本。

部分常见的简化设计准则如下：

（1）应尽量减少装备组部件、零部件、元器件的数量及其相互间的联接；

（2）应尽量实现装备所属组部件、零部件、元器件的标准化、系列化与通用化，并严格控制非标组部件、零部件、元器件的选用比率；

（3）如有可能，装备应尽量采用模块化设计；

（4）应尽量采用技术成熟且经过工程实践充分验证的组部件、零部件、元器件，乃至功能单元、设备和装备整机。

4. 热设计要求

热设计指通过合理的器件选择、结构设计和电路设计等，减小环境温度对装备性能的影响，确保装备能在较宽的温度范围内可靠工作。装备热设计的方法主要包括传导散热设计、对流散热设计、辐射散热设计和耐热设计。由于半导体器件、微电路等受选用材料所限，相关性能与故障率大多会随温度升高而产生劣化趋势，因此必须充分考虑其热设计要求。

以电子装备为例，部分常见的热设计准则如下：

（1）对于装备中的热敏感组部件、元器件，应尽可能远离热源或与热源隔离布置；

（2）应尽可能将装备中发热较大的组部件、元器件分散布置；

（3）装备中的热传导部位，应尽可能选择导热系数较大的材料制造；

（4）应使装备自然通风与强迫通风方向保持一致；

（5）发热组部件、元器件应尽可能布置在装备内部结构的上方，如果条件允许应尽可能处于气流通道上；

（6）装备工作中热量较大或电流较大的元器件，应尽可能安装于配套散热器上，并远离其他元器件；

（7）如果经济性允许，应尽量选用温度漂移小的元器件。

5. 健壮性设计要求

健壮性设计指通过恰当的稳定性设计，使得装备在其寿命周期内的性能对于外在环境的变异不敏感，进而即便相关参数发生漂移或相关结构出现老化，但只要在一定的合理范围内，装备都可持续稳定地发挥其预期的技术性能。装备健壮性设计的方法主要包括质量功能展开法（QFD，也称"质量屋"方法）、三次设计法（系统设计、参数设计、容差设计）等。

部分常见的健壮性设计准则如下：

（1）装备设计时，应充分考虑装备内含零部件、元器件的制造容差、温漂和时漂的影响；

（2）对装备性能参数影响较大的元器件，应首选低允差和高稳定性的元器件；

（3）装备内部电路的阻抗匹配参数选择，应保证在极限使用温度下电路依然能够稳定工作；

（4）对于稳定性要求很高的装备内部电路，必须通过容差分析进行参数设计；

（5）应正确选择装备内含元器件的工作"中点"，确保环境条件的变化对其工作特性影响最小。

6. 元器件(零部件)选择与控制要求

元器件(零部件)选择与控制指通过在装备研制过程中,严格控制标准元器件和非标准元器件的选择和使用,进而达到提升装备固有可靠性和互换性,降低装备寿命周期费用的目的。工程上经常被选择与控制的元器件包括半导体、集成电路、电阻、电容、变压器、继电器等,被选择与控制的零部件主要包括螺栓、螺帽、轴承、弹簧、齿轮、密封件等。

部分常见的元器件(零部件)选择与控制准则如下:

(1) 有可靠性指标要求的元器件,必须经过充分的可靠性试验验证;

(2) 对于装备内部关键件、重要件,若选择国产元器件,则应根据装备对元器件质量和可靠性的要求,优先选择符合国家标准、国家军用标准的元器件;

(3) 对于装备内部关键件、重要件,若选择进口元器件,则应根据装备对元器件质量和可靠性的要求,优先选择美国国家航空航天局(NASA)发布的优选元器件清单中的元器件;

(4) 尽量不选用非标准的元器件,如果必须采用,则应进行严格的质量控制和验收考核。

2.3.2 维修性定性要求

与装备可靠性定性要求类似,装备维修性定性要求也涉及诸多技术内容,这里重点介绍可达性设计、标准化与互换性设计、防差错设计、贵重件可修复设计、人素工程设计等几类常见的维修性定性要求。注意:与装备故障测试、隔离、定位、诊断相关的定性要求,以及与装备维修实施过程安全保证相关的定性要求,分别放在装备测试性定性要求和装备安全性定性要求中讨论,本小节并不涉及与其相关的技术内容。

1. 可达性设计要求

可达性设计指通过合理地布置装备组成、检测点、维护点等,使得装备故障后能够迅速方便地抵达需要维修的部位。好的可达性是装备维修性定性要求中最为重要的一条,一般应从视觉可达(故障部位看得见)、实体可达(故障部位可接触)和操作空间足够(故障部位周围预留空间足以实施各种维修操作)三个方面满足。可达性好,装备故障后的牵连工程就少,维修就简便、迅速,同时装备维修过程中出错、出事故的概率也会较低。

部分常见的可达性设计准则如下:

(1) 故障率高、维修空间需求大的组部件,应尽量安排在装备外部或容易接近的部位;

(2) 应尽可能保证检查或维修装备任意组部件或部位时,不拆卸(移动)或少拆卸(移动)其他组部件或部位;

(3) 装备内部各组部件(尤其是易损件和限寿件)的拆装应尽量简便,且拆装进出路线应以直线或平滑曲线为主;

(4) 对于装备需要维修和拆装的组部件、零部件、元器件等,其周围应预留足够的用于实施相关维修操作的空间;

(5) 装备维修通道口的设计,应尽可能确保维修操作实施简单方便;

(6) 装备维修通道除了应能容纳维修人员的手臂以外,还应留有适当的用于观察的间隙。

2. 标准化与互换性设计要求

标准化设计指通过选用国际标准、国家标准、行业标准的零部件、元器件等,减少装备内含零部件、元器件的种类、型号和式样,以便于实现装备维修备件的日常供应、储备和周转,以及特殊维修环境下的换件修理和拆拼修理。

互换性设计指在装备研制过程中充分考虑同种功能模块、组部件、零部件、元器件等在实体、功能、性能上的互换可能,以达到简化维修作业、节约备件、提高装备可维修性的目的。其中,如果不同装备单元在实体、功能和性能上均可互相替代,则称为"完全"互换;如果不同装备单元仅在功能上具备替代可能,则称为"功能"互换;如果不同装备单元在安装接口上可完全兼容,则称为"安装"互换。

部分常见的标准化与互换性设计准则如下:

(1) 装备设计时,应优先选择标准化的零部件、元器件,并尽量减少品种和规格;

(2) 装备设计时,应尽量保证故障率高、容易损坏、关键的零部件、元器件具有良好的互换性;

(3) 具有安装互换性的零部件、元器件,必须具有功能的互换性;

(4) 不同供货商生产的相同型号功能模块、组部件、零部件、元器件,必须具有安装互换性和功能互换性;

(5) 装备内部功能相同且对称安装的功能模块、组部件、零部件、元器件,应尽量设计成可以互换通用的;

(6) 装备做出某些更改或改进时,应确保新老装备间能够互换使用。

3. 防差错设计要求

防差错设计指从便于维修和防差错的角度,在装备本体上设置必要的结构和必要的文字、数字、符号、图形等标记,以防止装备维修中的各种差错产生,进而提升装备维修效率。其中,设置的必要结构应能消除差错,例如,恰当地设计装备结构,使得零部件装反了装错了就装不上。设置的必要标记应足够醒目,并能起到警示作用,例如,在容易出现差错的部位喷涂色彩艳丽的警示文字或警示符号。

部分常见的防差错设计准则如下:

(1) 设计装备时,对于外形相近、功能不同、安装时容易发生差错的零部件、元器件和重要连接件,应从结构上加以区别或给出明显的识别标记;

(2) 装备与其他装备(或设备)的连接接头、插头和检测点,均应标注名称、用途及必要的说明信息;

(3) 对于装备中可能发生操作差错的部位,应设置明确的操作顺序指引标记;

(4) 对于需要定期进行保养的装备部位,应设置永久性提示标记;

(5) 对于间隙较小、安装件较多且安装定位困难的组部件、零部件、元器件等,应有指引安装位置的标记;

(6) 选择的防差错标记的大小、位置、颜色应醒目适当,容易识别和理解。

4. 贵重件可修复设计要求

贵重件可修复设计指装备上一些贵重的组部件、零部件、元器件等,应设计成在其磨损、变形或以其他形式失效后能够通过修理恢复其原有功能。例如,将装备内部所含贵重组部件、零部件、元器件等设计成可调整、可矫正、可焊接和可拆装结构。

部分常见的贵重件可修复设计准则如下:

(1) 装备内部各类贵重组部件、零部件、元器件等,应尽量设计成能够通过简便、可靠的调整装置消除其磨损或漂移等故障的物理结构;

(2) 对于容易发生局部耗损的装备内部贵重件,应尽量设计成可方便拆卸的组合形式;

(3) 对于需要通过加工工艺修复的装备内部贵重件,应确保其加工工艺基准不易在修复工作中磨损或损坏；

(4) 对于需要通过热加工修复的装备内部贵重件，应确保其具有足够的刚度；

(5) 对于需要通过焊接或堆焊修复的装备内部贵重件，应确保其材质具有良好的可焊性。

5. 人素工程设计要求

人素工程设计指通过综合考虑人员的生理、心理、几何尺寸等因素与人机交互活动的内在关联，确保人的工作活动轨迹同装备使用与维修需求实现最佳匹配，进而达到提高装备使用与维修工作效率、缓解人员疲劳的目的。

部分常见的人素工程设计准则如下：

(1) 设计装备时，应参照人员使用与维修操作所处空间位置和人体物理特征，预留恰当的使用与维修操作空间，尽可能避免人员在实施使用与维修操作时处于跪、卧、蹲、趴等易疲劳或易损伤姿态；

(2) 设计装备时，应充分考虑使用与维修操作中人员承受的工作载荷与体力限度，确保人员能在较理想的精神状态和体力状态下持续开展相关工作；

(3) 装备运行产生的振动与噪声，不应对操作人员产生身体损伤，如果不能避免，则必须对操作人员采取足够的保护措施；

(4) 需要维修的装备部位，必须能够提供适度的自然或人工照明条件。

2.3.3 测试性定性要求

随着当今装备设计、研制与生产制造技术的高速发展，新研装备的结构越来越复杂、系统越来越庞大、技术密集特征越来越明显。伴之而来的是，装备使用过程中的故障状态预测以及装备故障后的修理工作难度大大增加。为此，与装备维修联系最为紧密的装备技术状态测试、诊断与故障定位工作，显得愈发重要，并逐渐发展为一类独立的装备保障专业方向——装备测试性工程。

装备测试性的核心需求主要体现在两个方面。一是装备正常使用过程中的预防性维修活动离不开优良的测试性工作。装备测试性好，能有效地监测装备正常使用过程中的关键技术参数变化趋势，并及时预报未来可能发生的不可接受潜在故障状态，装备使用与维修管理人员才能基于预报状态合理安排装备的各项预防性维修工作项目（这也是装备保障策略由"定期维修为主模式"向"基于状态的预测性维修模式"转变的技术基础）。二是装备故障后的修复性维修活动也离不开优良的测试性工作。长期的修理工程实践表明，装备故障后的故障状态判定与故障部位定位是困扰装备修理成效的首要难题。很多时候，能否迅速恢复装备的技术状态，主要取决于能否准确诊断与定位装备的故障部位。一旦故障部位可以准确定位（一般要求明确至"线上可更换单元"和"车间可更换单元"），后续装备修理工作往往均可通过"换件修理"模式迅速完成。综上所述，装备测试性工作在装备综合保障工程中具有与装备可靠性工作、维修性工作相同的重要地位。

与装备测试性相关的定性要求内容很多，这里重点介绍被测单元划分设计、测试点选择设计、测试控制设计、健康管理系统设计等几类常见的测试性定性要求。

1. 被测单元划分设计要求

装备被测单元划分设计指装备设计过程中，应将装备合理地划分为线上可更换单元（LRU）、车间可更换单元（SRU）等易于检测和更换的单元，从而从设计结构上提高装备的故障隔离能力。

部分常见的被测单元划分设计准则如下：

（1）为便于装备维修过程中的故障隔离和换件修理，应参考装备每一功能划分情况，将装备在结构上尽量划分为线上可更换单元、车间可更换单元等可测单元，并保证能够针对装备的每一功能实施独立测试；

（2）装备内部电气类可测单元的划分，应尽量减少不同可更换单元间的连线与信息交叉，保证不同测试线路间互相隔离；

（3）装备内部的反馈环节应尽量避免与正在测试的可更换单元交叉。

2. 测试点选择设计要求

装备测试点选择设计指装备设计过程中，应设置充分的内部和外部测试点，以供各类维修级别（基层级、中继级、基地级）开展测试时使用。

部分常见的测试点选择设计准则如下：

（1）测试点选择设计应综合兼顾装备、设备、功能单元以及组部件的性能监控、维修测试、故障检测、故障隔离等需求，并应能为判断装备、设备、功能单元以及组部件是否状态正常提供关键判据信息；

（2）装备可更换单元的测试点设置，应能满足不同故障检测方法（包括健康管理系统、人体感观检测、通用或专用仪器检测等）的检测与故障判定要求；

（3）在满足运行监控、性能测量、故障检测和隔离要求的前提下，应尽量减少测试点数量，并优先满足故障率高或故障后可能会影响任务、影响安全的可更换单元的测试需求；

（4）装备原位检测所需测试点的外部接口，应尽可能集中布置或分区布局，且易于接近、便于对接；

（5）装备测试点处应有与装备维修手册中规定一致的明显标记，如编号、字母或颜色等；

（6）具有潜在安全风险（如高电压风险）的测试点处，应设置安全隔离措施，并给出醒目的安全警告标识。

3. 测试控制设计要求

装备测试控制设计指装备设计过程中，应充分重视装备测试诊断的控制逻辑和基础条件，确保装备设计易于实施装备测试控制、便于完成装备闭环测试。

部分常见的测试控制设计准则如下：

（1）装备内部各被测单元应具有明确的可预置初始状态，以便于实施装备故障隔离和重复测试；

（2）装备内部各被测单元周围应能够提供用于专用测试的激励信号输入通道，以确保能综合运用各种测试仪器和设备开展性能检测和故障隔离；

（3）装备测试过程中不能被准确隔离的元（部）件组，应尽可能布置在相近部位或同一封装内；

（4）应尽可能减少装备测试对于特殊测试环境（如真空、恒温等）的需求；

（5）各被测单元的测试接口应尽可能保持与通用或专用测试设备兼容，以减少专用接口装置的种类与数量。

4. 健康管理系统设计要求

装备健康管理系统设计指装备设计过程中，除了应考虑常规的装备人工测试需求以外，还应充分考虑装备自主在线状态检测、自主故障诊断与预测以及自主维修保障应变的状态数据收集与状态管理需求,以期实现装备基于实时测试状态的健康风险评判和最佳维修调度。

部分常见的健康管理系统设计准则如下:

(1)结构复杂、内含组部件众多、信息化程度高的关键或重要任务装备,原则上必须单独配有或与其他装备共享健康管理系统;

(2)健康管理系统应能随装备或其他监控设备的通电启动而自动启动;

(3)健康管理系统应尽可能仅依赖自身的软件和硬件实现状态监测、故障诊断与健康管理功能;

(4)健康管理系统应具有友好的人机界面,提供的预警信息应明确、醒目,给出的维修保障管理建议应便于理解、无歧义;

(5)健康管理系统应具有良好的数据传输、数据存储与数据管理功能,并具有与其他信息管理系统兼容的良好数据交互接口;

(6)健康管理系统的故障状态检测范围,应至少覆盖装备故障后果较为严重的全部故障模式(严酷度Ⅰ、Ⅱ、Ⅲ类,详见本书第4章内容)。

2.3.4 保障性定性要求

与装备保障性相关的定性要求内容很多,这里重点围绕保障性设计、保障资源设计、保障系统综合运用三个层面论述相关定性要求。

1. 保障性设计要求

装备保障性设计方面的定性要求,主要体现在装备可靠性、维修性、测试性定性设计方面,相关内容前面已有较为详细的介绍,这里不再赘述。

2. 保障资源设计要求

装备保障资源方面的定性要求,涉及供应保障、保障设备与工具、技术资料等方面。

部分常见的保障资源设计准则如下:

(1)应根据装备内含设备、功能单元、组部件、零部件、元器件的可靠性水平、任务使用强度,合理制定装备的随机供应品清单,包括备品备件清单、耗材清单、能源类消耗品清单等;

(2)随机供应品的种类与数量应充分满足装备日常使用与维修的需要,并应依据装备实际使用消耗情况定期调整优化;

(3)应以满足装备日常状态监控、维护保养、故障修理和预防性修理需求为目标,确定用于使用和维修的保障设备与工具配置清单;

(4)应优先采用通用的或已有的保障设备与工具,并精简保障设备与工具的种类和数量,以便于维护和升级换代;

(5)保障设备与工具自身应具有良好的可靠性、维修性和保障性,其使用寿命应与装备的使用寿命相适应;

(6)关键的、专用复杂的保障设备应具有自检测功能;

(7)应结合装备结构组成特点及使用与维修需求,编制装备技术说明、使用说明、维修说明、培训教材等技术资料;

(8)装备技术资料内容应文字简练、通俗易懂、图文并茂、文表结合,且深度与难度应适中,便于保障人员阅读与使用;

(9)使用类技术资料应详尽准确描述装备的使用操作步骤、使用过程的安全提示、维护保

养规定,以及遇到紧急情况或误操作的处置措施等;

(10) 维修类技术资料应明确装备不同维修级别的修理工程范围,准确描述预防性维修和故障检修的步骤、所使用的检修工具设备,以及调试方法和修理安全事项等。

3. 保障系统综合运用要求

保障系统综合运用要求体现了装备保障资源在装备全系统层面的综合运用成效要求,涉及保障系统的同步建设、最佳匹配、有效利用等诸多方面内容。

部分常见的保障系统综合运用准则如下:

(1) 装备保障系统的研制与设计,应与装备本体的研制与设计同步开展,并互为设计约束和设计依据;

(2) 装备备品备件、技术资料、保障设备与工具等保障资源的设计输出产品,应尽可能实现同装备使用与维修要求的最佳匹配;

(3) 应及早开展与装备保障资源运用相适应的装备保障管理工作,包括制定保障方案(计划)、保障机制、保障模式、保障规章制度等;

(4) 装备保障系统应能够快速出动,在规定时间内到达装备保障现场开展规定的保障活动;

(5) 装备保障系统应具有较高的机动性,能够利用现有运输和包装手段到达装备保障现场;

(6) 不同装备保障系统间应尽可能实现深度融合,通过保障资源共享,减小装备保障系统的总体规模;

(7) 装备保障系统应具有较高经济性,通过提高保障资源的利用率、降低闲置率,减少保障经费需求。

2.3.5 安全性定性要求

与装备安全性相关的定性要求内容很多,这里重点论述机械安全设计、电气安全设计、热安全设计、压力安全设计、减振降噪安全设计、防火防爆安全设计等几类常见的安全性定性要求。

1. 机械安全设计要求

装备机械安全设计指装备设计过程中,应充分考虑装备内部各类高能机械组件对操作人员和操作环境潜在的安全危害,并通过采取恰当的安全保护措施,最大限度抑制安全风险,确保操作人员和操作环境安全。

部分常见的机械安全设计准则如下:

(1) 必须为高速运动组部件提供安全防护装置,以防止装备现场人员误接触高速运动组部件;

(2) 必须为大型或重型结构部件的拆装更换设置限位、吊装与固定措施,防止意外掉落损坏部件或损伤装备现场人员;在需要用机械或动力起吊的部位,应规定起吊点位置并给出清晰的标识;

(3) 在需要人员接近的各种可展开或可伸缩的结构部位,如盖板、柜门、抽屉、支柱等,应避免出现锐角、凸块、锐缘等可能对人员产生损伤的结构;

(4) 应在装备必要部位设置可靠的锁定、联锁装置,以防止人员在维修、调整、校准时或其他需要接触装备内部时,因潜在危险装置的错误运转或偶然关闭而导致人员伤亡事故发生。

2. 电气安全设计要求

装备电气安全设计指装备设计过程中,应充分考虑装备内部各类高能电气组件对操作人员和操作环境潜在的安全危害,并通过采取恰当的安全保护措施,确保操作人员不会接触超过30 V 的电压(交流或直流),进而最大限度抑制安全风险。

部分常见的电气安全设计准则如下:

(1) 应增大含有高压电设备、功能单元、组部件柜门的打开难度,如有可能,应设置门控开关,以便在柜门打开后,实施声光报警或切断电源,并对内部的高压电容实施自动放电;

(2) 针对大容量高压电容器,必须设置温度监控部件,当其表面温度超过规定限值时,能够自动切断外部电路并实施放电;

(3) 应选用保险丝、断路器等保护装置,实现对装备的电流过载保护;

(4) 装备接地必须可靠,且应关注接地故障产生的极限电压,并采取声光报警等有效防护措施;

(5) 装备接插件应有防误操作设计,且相关触点应采取充分的防电弧措施。

3. 热安全设计要求

装备热安全设计指装备设计过程中,应充分考虑高温、低温以及温度变化等因素对操作人员和操作环境潜在的安全危害,并通过采取恰当的安全保护措施,最大限度抑制与热问题相关的安全风险。

部分常见的热安全设计准则如下:

(1) 可能与人员接触的装备结构与部件,应严格按照热流防护要求,采用低导热性材料制造;

(2) 可能导致人员高温伤害的热源结构与部件,应设置充分的隔热层或热辐射屏蔽,并应在操作装备时,穿着专用防护服装;

(3) 应设置配套的冷却或加热设备,合理控制装备运行的高温或低温环境;

(4) 如果装备必须在温度变化较大的环境下工作,应尽可能选用热膨胀系数相同的材料生产制造装备;

(5) 如果装备内部存在热敏危险的结构、组部件、零部件、元器件等,应尽可能将其同热源结构与部件充分隔离。

4. 压力安全设计要求

装备压力安全设计指装备设计过程中,应充分考虑高压、低压以及压力变化等因素对操作人员和操作环境潜在的安全危害,并通过采取恰当的安全保护措施,最大限度抑制与压力问题相关的安全风险。

部分常见的压力安全设计准则如下:

(1) 装备内的液压和气压系统必须考虑压力安全设计;

(2) 需要人员现场操作的压力系统,必须设计足够的安全系数;

(3) 必须进行必要的过压保护设计,以防过压后可能出现的各类严重故障后果;

(4) 用于测压的液压表应选用不碎玻璃表面,并配有防爆栓;

(5) 错误安装后会产生不可接受的、有严重影响后果的关键压力接口部件,必须采用充分的防错误安装结构设计;

(6) 液压管道应尽可能位于电气管道、热管道之下;

(7) 故障后会导致严重影响后果的关键液压系统部位,必须在显著位置安装警示装置,并确保能够及时向操作人员传递警示信号。

5. 减振降噪安全设计要求

装备减振降噪安全设计指装备设计过程中,应充分考虑不合理的振动烈度和噪声强度对操作人员和操作环境潜在的安全危害,并通过采取恰当的安全保护措施,最大限度消除、减小和控制与振动噪声问题相关的安全风险。

部分常见的减振降噪安全设计准则如下:

(1) 装备设计中,必须充分考虑人员可接受的振动(或噪声)极限,并采取恰当的减振降噪措施,包括安装减振阻尼支架、优化装备固有频率等;

(2) 装备所含旋转类组部件,必须进行充分的动平衡设计;

(3) 如果超过允许的噪声水平不可避免,则应在装备操作环境设置隔音罩(壁、垫),并为装备操作人员配备听力保护装置;

(4) 装备全部操控组部件的振动水平,应不影响操作人员准确完成操作动作,否则必须采取减振措施减少或消除振动。

6. 防火防爆安全设计要求

装备防火防爆安全设计指装备设计过程中,应充分考虑各类火源或爆炸源对操作人员和操作环境潜在的安全危害,并通过采取恰当的安全保护措施,最大限度消除、减小和控制火源或爆炸源问题导致的相关安全风险。

部分常见的防火防爆安全设计准则如下:

(1) 当装备必须在含有爆炸性气体混合物的环境中工作时,必须确保不会引燃爆炸性气体混合物;

(2) 装备设计选用的原材料,必须是耐火的,如果存在可燃材料,必须采取充分的保护措施确保安全;

(3) 含有易燃工质的润滑油系统应封闭运行,管路接头应有足够的强度与可靠性,避免润滑油漏出;

(4) 润滑油管路接头不应位于可能产生电弧的部件、高温发热器件和大电流器件的上方;

(5) 可能产生电弧的部件、高温发热器件和大电流器件的外表面应具有足够阻燃能力,并在燃烧时不释放毒性气体;

(6) 尽量减少使用大容量电容器,在多个大容量电容器之间应有防爆隔离措施。

2.3.6 环境适应性定性要求

装备环境适应性要求往往与装备自身的使用环境要求密切相关。陆用装备、船用装备、空用装备所受的外在使用环境应力具有较大差别,相关环境适应性要求内容也差别较大。这里以笔者较为熟悉的船用装备为例,重点围绕大气与海水环境适应性设计、一般物理环境适应性设计、平台特有环境适应性设计三个方面,论述与船用装备环境适应性相关的定性要求内容。

1. 大气与海水环境适应性设计要求

大气与海水环境适应性设计指船用装备设计过程中,应充分考虑温度、湿度、霉菌、盐雾、海水、海生物等海洋环境因素对装备使用功能与性能的影响,并通过采取恰当的设计补偿与使用补偿措施,最大限度消除、减小和控制海洋环境因素对装备使用功能与性能可能带来的劣化影响,进而确保装备技术完好状态长期稳定保持。

部分常见的大气与海水环境适应性设计准则如下:

(1) 无空调舱室内安装的船用装备应能在高温(≤60 ℃)、高湿(≤95%)、高油雾(≤40 mg/m³)、高盐雾(2 mg/m³)环境下正常工作;

(2) 甲板面安装的船用装备应能在-25~30 ℃空气温度范围、100%空气湿度条件以及海水水滴侵袭环境下正常工作;

(3) 使用海水作为冷却工质的船用装备,必须具有抗海水腐蚀及海生物生长的特性,且应在-2~32 ℃海水温度范围内正常工作;冬季条件下,相关船用装备通过添加冷却工质防冻剂,应保证在最低-25 ℃的环境温度条件下不出现结冰现象;

(4) 不允许内部出现凝露(水)和霉菌的船用装备,应具有自加热、自通风、自干燥或自清洁功能,以避免在装备表面或内部形成含有电解质的潮湿凝露(水),或滋生出具有腐蚀性的霉菌。

2. 一般物理环境适应性设计要求

一般物理环境适应性设计指船用装备设计过程中,应充分考虑太阳辐射、淋雨、落入杂物、进入易燃液体等一般物理环境因素对装备使用功能与性能的影响,并通过采取恰当设计补偿与使用补偿措施,最大限度消除、减小和控制一般物理环境因素对装备使用功能与性能可能带来的劣化影响,进而确保装备技术完好状态长期稳定保持。

部分常见的一般物理环境适应性设计准则如下:

(1) 甲板面安装的船用装备应能承受强太阳辐射引起的高温、老化效应;

(2) 甲板面安装的舾装设备应能在任何等级降雨条件和海况条件下保持正常工作;

(3) 对于灰尘、纤维、砂石、小型片状或块状金属或非金属杂物,船用装备应具有一定的容纳能力,且应尽可能确保装备正常运行时不受肉眼无法观察到的或无法取出的杂物影响;

(4) 对于可能侵入易燃液体的船用装备结构部位和组部件,应在设计上确保其具备足够的抑燃、抗火能力。

3. 平台特有环境适应性设计要求

平台特有环境适应性设计指船用装备设计过程中,应充分考虑电磁辐射、振动和冲击、基座变形、平台运动等平台特有环境因素对装备使用功能与性能的影响,并通过采取恰当设计补偿与使用补偿措施,最大限度消除、减小和控制平台特有环境因素对装备使用功能与性能可能带来的劣化影响,进而确保装备技术完好状态长期稳定保持。

部分常见的平台特有环境适应性设计准则如下:

(1) 应尽可能采用自屏蔽、自放电等措施,避免外部电磁环境对于船用装备(尤其是雷达等射频类装备)正常工作的不良影响;

(2) 应尽可能采用减振、隔振、抗振、抗冲击等措施,避免外部振动和冲击对于船用装备正常工作的不良影响;

(3) 应通过增加船用平台变形容许限或提高材料强度等措施,避免因平台基座一般变形影响船用装备的正常工作;

(4) 应充分考虑横倾(±15°)、纵倾(±5°)、横摇(±45°、周期6~16 s)、纵摇(±10°、周期7~8 s)、高低起伏(不小于14 m)等平台运动状态对船用装备技术状态的影响,并确保其在相关平台运动环境下安装稳固、功能和性能保持正常。

2.4 综合保障工作项目要求

综合保障工作项目要求是对综合保障定量要求和定性要求的有效补充，也是装备综合保障顶层要求中必不可少的重要组成部分。其中，综合保障定量要求和定性要求是装备综合保障最终工作成效层面的直接量化（定量）和非量化（定性）约束要求，重点关注研制生产完成后交付用户使用的装备必须满足的通用质量固有特性水平。例如，平均故障间隔时间（MTBF）应保持在 4000 h，基层级平均维修时间（MTTR）应控制在 2 h 以内等。而综合保障工作项目要求则与综合保障定量要求和定性要求不同，它不过多地关注装备综合保障工作的最终研制成效，而是转变质量管控工作视角，从"过程管控"的角度约束装备研制全过程中与通用质量固有特性形成密切相关的各类工作项目内容与工作项目要求，进而达到促进装备综合保障工作高效、高质量开展的目的。

综合保障工作项目要求的底层逻辑是：如果在装备研制的各个阶段都能充分关注并做好相关装备的通用质量分析、设计与管控工作，则最终交付用户使用的装备通用质量固有特性水平大概率都能保持在一定的较为理想的范围；相反，如果仅关注装备研制生产完成后的综合保障工作最终成效，而对于装备研制的具体过程不实施充分的过程监督，或监督过程反馈的结果严重不理想，则即便装备验收试验反馈了较为理想的通用质量固有特性水准，但工程上仍有理由质疑装备交付使用后的通用质量良好水平。

为此，本节围绕装备研制全过程中（实际拓展到了装备"全寿命周期"）的通用质量核心管控工作需求，分别阐述可靠性、维修性、测试性、保障性、安全性、环境适应性等方面的工作项目要求，以此明确装备不同研制任务阶段的工作项目内容、工作项目责任主体以及工作项目成果形式等关键"过程管控"要求。

2.4.1 可靠性工作项目要求

如表 2-6 所示，综合保障工程中常见的装备可靠性工作项目要求主要分为四类 33 种，分别面向装备可靠性的管理与控制、设计与分析、试验与评价、评估与改进工作。实际工程中，装备通用质量工程师可依据研制装备的自身特点与具体情况，视情裁剪或增补后确定。表 2-6 中，符号"▼"标注内容为装备研制过程中必须开展的可靠性工作项目，符号"▽"标注内容为装备研制过程中可视情开展的可靠性工作项目。此外，评估与改进类装备可靠性工作项目要求（表 2-6 中第 31~33 项），主要在装备交付用户使用后的部署使用阶段开展，虽然并不是装备论证研制阶段的工作项目内容，但从装备通用质量特性全寿命周期管控的角度考虑，在此一并进行集中阐述。

表 2-6 装备可靠性工作项目要求

序号	项目类型	项目名称	项目实施阶段				责任主体		成果形式	备注
			立项论证	方案设计	工程研制	定型生产	部署使用	订购方	承制方	
1	管理与控制	制定可靠性顶层要求	▼					√		《综合保障顶层要求》—可靠性要求部分	

续表

序号	项目类型	项目名称	项目实施阶段					责任主体		成果形式	备注
			立项论证	方案设计	工程研制	定型生产	部署使用	订购方	承制方		
2	管理与控制	制定可靠性计划	▼					√		《综合保障计划》—可靠性计划部分	
3		制定可靠性技术要求		▼					√	《通用质量特性总体技术要求》—可靠性要求部分	
4		制定可靠性工作计划		▼					√	《可靠性工作计划》	
5		对承制方、转承制方和供应方的监督与控制		▼	▼	▼		√	√	装备研制重要节点完成情况	订购方监督与控制承制方，承制方监督与控制转承制方和供应方
6		可靠性评审	▼	▼	▼	▼		√	√	各类可靠性工作项目评审意见	在立项论证阶段订购方为责任主体，在其他阶段承制方为责任主体
7		建立故障报告、分析与纠正措施系统（FRACAS）		▼	▼	▼	▼	√	√	FRACAS工作记录	在部署使用阶段订购方为责任主体，在其他阶段承制方为责任主体
8		建立故障审查组织		▼	▼	▼	▼	√	√	故障审查工作组与专家组	在部署使用阶段订购方为责任主体，在其他阶段承制方为责任主体
9		可靠性增长管理		▼	▼	▼	▼	√	√	《可靠性增长管理计划》	在部署使用阶段订购方为责任主体，在其他阶段承制方为责任主体
10	设计与分析	可靠性建模		▼	▼				√	《可靠性设计说明书》—可靠性建模部分	
11		可靠性分配		▼	▼				√	《可靠性设计说明书》—可靠性分配部分	
12		可靠性预计		▼	▼				√	《可靠性设计说明书》—可靠性预计部分	
13		故障模式、影响及危害性分析（FMECA）		▼	▼	▼			√	《故障模式、影响及危害性分析报告》	方案设计：功能FMECA。工程研制：硬件FMECA。定型生产：过程FMECA
14		故障树分析（FTA）		▽	▽				√	《故障树分析报告》	针对FMECA中Ⅰ、Ⅱ类故障模式开展
15		潜在分析			▽				√	《潜在分析报告》	针对影响任务和安全的关键电路、关键软件程序、关键液（管）路开展
16		电路容差分析			▽				√	《电路容差分析报告》	针对部分对温度环境敏感的关键电路开展

续表

序号	项目类型	项目名称	项目实施阶段					责任主体		成果形式	备注
			立项论证	方案设计	工程研制	定型生产	部署使用	订购方	承制方		
17	设计与分析	制定可靠性设计准则		▼					√	《通用质量特性设计准则》—可靠性部分	
18		可靠性设计准则符合性检查			▼				√	《通用质量特性设计准则符合性检查报告》—可靠性部分	
19		元器件、零部件和原材料选择与控制		▼	▼	▼			√	《元器件、零部件和原材料选择与控制大纲》	方案设计:提出选择与控制要求。工程研制:实施控制。定型生产:检查落实
20		确定可靠性关键产品		▼	▼				√	《可靠性关键产品清单》	
21		确定功能测试、包装、储存、装卸、运输和维修对产品可靠性的影响			▽				√	《功能测试、包装、储存、装卸、运输和维修对产品可靠性的影响分析报告》	
22		有限元分析			▽				√	《关键结构、部位、零部件(元器件)有限元分析报告》	针对部分机械强度、热特性要求较高结构、部位开展
23		耐久性分析			▽				√	《关键结构、部位、零部件(元器件)耐久性分析报告》	参照以往的耐久性问题经验,针对有安全、任务、重大经济性影响的产品开展
24	试验与评价	环境应力筛选			▼				√	《可靠性试验报告》—环境应力筛选分册	电子类产品必须开展;机械、电气、光电类产品视情开展;必须在可靠性鉴定试验前完成
25		可靠性研制试验			▼				√	《可靠性试验大纲》《可靠性试验报告》—研制试验分册	必须在可靠性鉴定试验前完成
26		可靠性增长试验			▼				√	《可靠性试验大纲》《可靠性试验报告》—增长试验分册	必须在可靠性鉴定试验前完成;可结合研制试验一并开展
27		可靠性鉴定试验				▼		√	√	《可靠性试验大纲》《可靠性试验报告》—鉴定试验分册	有可靠性要求的任务关键产品或新技术含量较高的产品必须开展;承制方主导,订购方参与
28		可靠性验收试验				▼		√	√	《可靠性试验大纲》《可靠性试验报告》—验收试验分册	试验产品应从批生产产品中随机抽取;订购方主导,承制方参与
29		可靠性分析评价				▼		√	√	《通用质量特性评价报告》—可靠性部分	承制方与订购方共同参与
30		寿命试验			▽			√	√	《可靠性试验大纲》《可靠性试验报告》—寿命试验分册	有明确寿命要求的关键产品必须开展;承制方与订购方共同参与

续表

序号	项目类型	项目名称	项目实施阶段					责任主体		成果形式	备注
			立项论证	方案设计	工程研制	定型生产	部署使用	订购方	承制方		
31	评估与改进	使用可靠性信息收集					▼	√		装备日常使用与故障信息记录	
32		使用可靠性评估					▼	√		《使用可靠性评估报告》	
33		使用可靠性改进					▼	√	√	《使用可靠性改进计划》	订购方主导,承制方参与

2.4.2 维修性工作项目要求

如表 2-7 所示,综合保障工程中常见的装备维修性工作项目要求主要分为四类 24 种,分别为面向装备维修性的管理与控制、设计与分析、试验与评价、评估与改进工作。实际工程中,装备通用质量工程师可依据研制装备的自身特点与具体情况,视情裁剪或增补后确定。

表 2-7 装备维修性工作项目要求

序号	项目类型	项目名称	项目实施阶段					责任主体		成果形式	备注
			立项论证	方案设计	工程研制	定型生产	部署使用	订购方	承制方		
1	管理与控制	制定维修性顶层要求	▼					√		《综合保障顶层要求》—维修性要求部分	
2		制定维修性计划	▼					√		《综合保障计划》—维修性计划部分	
3		制定维修性技术要求		▼					√	《通用质量特性总体技术要求》—维修性要求部分	
4		制定维修性工作计划		▼					√	《维修性工作计划》	
5		对承制方、转承制方和供应方的监督与控制		▼	▼	▼		√	√	装备研制重要节点完成情况	订购方监督与控制承制方,承制方监督与控制转承制方和供应方
6		维修性评审	▼	▼	▼	▼		√	√	各类维修性工作项目评审意见	在立项论证阶段订购方为责任主体,在其他阶段承制方为责任主体
7		建立维修性数据收集、分析与纠正措施系统(DCACAS)		▼	▼	▼		√	√	DCACAS 工作记录	在部署使用阶段订购方为责任主体,在其他阶段承制方为责任主体
8		维修性增长管理		▼	▼	▼		√	√	《维修性增长管理计划》	在部署使用阶段订购方为责任主体,在其他阶段承制方为责任主体

续表

序号	项目类型	项目名称	项目实施阶段						责任主体		成果形式	备注
			立项论证	方案设计	工程研制	定型生产	部署使用	订购方	承制方		
9	设计与分析	维修性建模		▼	▼				√	《维修性设计说明书》—维修建模部分	
10		维修性分配		▼	▼				√	《维修性设计说明书》—维修分配部分	
11		维修性预计		▼	▼				√	《维修性设计说明书》—维修预计部分	
12		故障模式及影响分析（FMEA）		▼	▼	▼			√	《故障模式及影响分析报告》	面向故障维修,主要用于获得故障检测、故障排除措施等维修性信息;可结合可靠性FMECA工作项目开展
13		损伤模式及影响分析（DMEA）			▽				√	《损伤模式及影响分析报告》	面向任务对抗抢修,主要用于获得任务对抗损伤模式、损伤影响、应急修复措施等抢修性信息
14		维修性分析			▼				√	《维修性分析报告》	从维修性角度对设计方案进行综合权衡,对维修性要求及相关约束进行权衡分析
15		抢修性分析			▽				√	《抢修性分析报告》	针对影响任务和安全的关键结构、组部件开展,分析评价抢修的设计要求和资源要求
16		制定维修性设计准则		▼					√	《通用质量特性设计准则》—维修性部分	
17		维修性设计准则符合性检查			▼				√	《通用质量特性设计准则符合性检查报告》—维修性部分	
18		维修性与保障性分析接口信息梳理			▽				√	维修性与保障性分析接口信息清单	
19	试验与评价	维修性核查		▼	▼			√	√	《维修性核查报告》	承制方主导,订购方参与
20		维修性验证				▼		√	√	《维修性验证报告》	订购方主导,承制方参与
21		维修性分析评价				▼		√	√	《通用质量特性评价报告》—维修性部分	承制方与订购方共同参与
22	评估与改进	使用维修性信息收集					▼	√		装备日常使用与维修信息记录	
23		使用维修性评估					▼	√		《使用维修性评估报告》	
24		使用维修性改进					▼	√	√	《使用维修性改进计划》	订购方主导,承制方参与

2.4.3 测试性工作项目要求

如表 2-8 所示,综合保障工程中常见的装备测试性工作项目要求主要分为四类 24 种,分别为面向装备测试性的管理与控制、设计与分析、试验与评价、评估与改进工作。实际工程中,装备通用质量工程师可依据研制装备的自身特点与具体情况,视情裁剪或增补后确定。

表 2-8 装备测试性工作项目要求

序号	项目类型	项目名称	项目实施阶段					责任主体		成果形式	备注
			立项论证	方案设计	工程研制	定型生产	部署使用	订购方	承制方		
1	管理与控制	制定测试性顶层要求	▼					√		《综合保障顶层要求》—测试性要求部分	
2		制定测试性计划	▼					√		《综合保障计划》—测试性计划部分	
3		制定测试性技术要求		▼					√	《通用质量特性总体技术要求》—测试性要求部分	
4		制定测试性工作计划		▼					√	《测试性工作计划》	
5		对承制方、转承制方和供应方的监督与控制		▼	▼	▼		√	√	装备研制重要节点完成情况	订购方监督与控制承制方,承制方监督与控制转承制方和供应方
6		测试性评审	▼	▼	▼	▼		√	√	各类测试性工作项目评审意见	在立项论证阶段订购方为责任主体,在其他阶段承制方为责任主体
7		测试性数据收集、分析与管理		▼	▼	▼	▼	√	√	测试性数据记录	在部署使用阶段订购方为责任主体,在其他阶段承制方为责任主体
8		测试性增长管理		▼	▼	▼	▼	√	√	《测试性增长管理计划》	在部署使用阶段订购方为责任主体,在其他阶段承制方为责任主体
9	设计与分析	测试性建模		▼	▼				√	《测试性设计说明书》—测试性建模部分	
10		测试性分配		▼	▼				√	《测试性设计说明书》—测试性分配部分	
11		测试性预计		▼	▼				√	《测试性设计说明书》—测试性预计部分	
12		面向测试性的扩展故障模式、影响及危害性分析(扩展FMECA)		▼	▼				√	《故障模式、影响及危害性扩展分析报告》	面向故障测试诊断需求,分析确定测点参数、测试手段、测试仪器、监测频率、传输方式、报警判据等测试性信息;可结合可靠性FMECA工作项目开展

续表

序号	项目类型	项目名称	项目实施阶段					责任主体		成果形式	备注
			立项论证	方案设计	工程研制	定型生产	部署使用	订购方	承制方		
13	设计与分析	测试性分析			▼				√	《测试性分析报告》	从测试性角度对设计方案进行综合权衡,对测试性要求及相关约束进行权衡分析;可结合维修性分析工作项目开展
14		制定测试性设计准则		▼					√	《通用质量特性设计准则》—测试性部分	
15		测试性设计准则符合性检查			▼				√	《通用质量特性设计准则符合性检查报告》—测试性部分	
16		测试性与保障性分析接口信息梳理		▽					√	测试性与保障性分析接口信息清单	
17		诊断能力设计			▽				√	《测试性设计说明书》—测试诊断能力部分	
18		基于技术状态的健康管理系统设计			▼				√	《基于技术状态的健康管理系统设计说明书》	电子电气类装备或测点较多的复杂机械类装备必须开展
19	试验与评价	测试性核查		▼	▼			√	√	《测试性核查报告》	承制方主导,订购方参与;基于技术状态的健康管理系统设计应作为重点核查内容;可结合维修性核查工作项目开展
20		测试性验证				▼		√	√	《测试性验证报告》	订购方主导,承制方参与;基于技术状态的健康管理系统设计应作为重点验证内容;可结合维修性验证工作项目开展
21		测试性分析评价				▼		√	√	《通用质量特性评价报告》—测试性部分	承制方与订购方共同参与;可结合维修性分析评价工作项目开展
22	评估与改进	使用测试性信息收集					▼	√		装备日常使用与测试信息记录	可结合使用维修性信息收集工作项目开展
23		使用测试性评估					▼	√		《使用测试性评估报告》	
24		使用测试性改进					▼	√	√	《使用测试性改进计划》	订购方主导,承制方参与

2.4.4 保障性工作项目要求

如表 2-9 所示,综合保障工程中常见的装备保障性工作项目要求主要分为六类 46 种,分别为面向装备保障性的管理与控制、设计与分析、规划保障、综合保障包研制与交付、试验与评价、评估与改进工作。实际工程中,装备通用质量工程师可依据研制装备的自身特点与具体情况,视情裁剪或增补后确定。

表 2-9　装备保障性工作项目要求

序号	项目类型	项目名称	立项论证	方案设计	工程研制	定型生产	部署使用	订购方	承制方	成果形式	备注
1	管理与控制	制定保障性顶层要求	▼					√		《综合保障顶层要求》—保障性要求部分	
2		制定保障性计划	▼					√		《综合保障计划》—保障性计划部分	
3		制定保障性技术要求		▼					√	《通用质量特性总体技术要求》—保障性要求部分	
4		制定保障性工作计划		▼					√	《保障性工作计划》	
5		对承制方、转承制方和供应方的监督与控制		▼	▼	▼		√	√	装备研制重要节点完成情况	订购方监督与控制承制方,承制方监督与控制转承制方和供应方
6		综合保障评审	▼	▼	▼	▼		√	√	各类保障性工作项目评审意见	在立项论证阶段订购方为责任主体,在其他阶段承制方为责任主体
7		保障性分析记录		▼	▼	▼	▼	√	√	保障性分析过程信息记录	在部署使用阶段订购方为责任主体,在其他阶段承制方为责任主体
8		建立综合保障管理组织机构	▼	▼	▼	▼	▼	√	√	综合保障管理机构与管理组织	在立项论证、部署使用阶段订购方为责任主体,在其他阶段承制方为责任主体
9	设计与分析	装备使用研究	▼	▼	▼			√	√	《保障性设计说明书》—使用研究部分	在立项论证阶段订购方为责任主体,在其他阶段承制方为责任主体
10		硬件、软件及保障系统的标准化	▼	▼	▼			√	√	《保障性设计说明书》—标准化部分	在立项论证阶段订购方为责任主体,在其他阶段承制方为责任主体
11		比较分析	▼	▼	▼			√	√	《保障性设计说明书》—比较分析部分	在立项论证阶段订购方为责任主体,在其他阶段承制方为责任主体
12		改进保障性的技术途径	▽	▼	▼	▽	▽	√	√	《保障性设计说明书》—改进技术途径部分	在立项论证、部署使用阶段订购方为责任主体,在其他阶段承制方为责任主体
13		确定有关保障性的设计因素		▼	▼			√	√	《保障性设计说明书》—保障性设计因素部分	

续表

序号	项目类型	项目名称	立项论证	方案设计	工程研制	定型生产	部署使用	订购方	承制方	成果形式	备注
14	设计与分析	确定使用、维修与保障功能要求	▼	▼	▼			√	√	《保障性设计说明书》—保障功能要求部分	在立项论证阶段订购方为责任主体,在其他阶段承制方为责任主体
15		制定保障性设计准则		▼					√	《通用质量特性设计准则》—保障性部分	
16		保障性设计准则符合性检查			▼				√	《通用质量特性设计准则符合性检查报告》——保障性部分	
17		故障模式、影响及危害性分析(FMECA)		▼	▼	▼			√	《故障模式、影响及危害性分析报告》	方案设计:功能 FMECA。工程研制:硬件 FMECA。定型生产:过程 FMECA。可结合可靠性 FMECA 工作项目开展,但应更注重于保障资源需求的分析
18		损伤模式及影响分析(DMEA)			▽				√	《损伤模式及影响分析报告》	面向任务对抗抢修,主要用于获得任务对抗损伤模式、损伤影响、应急修复措施、应急修复特殊保障资源等抢修性信息;可结合维修性 DMEA 工作项目开展,但应更注重于应急修复特殊保障资源需求的分析
19		以可靠性为中心的维修分析(RCMA)		▼	▼				√	《以可靠性为中心的维修分析报告》	
20		修理级别分析(LORA)		▼	▼				√	《修理级别分析报告》	
21		使用任务分析(OTA)		▼	▼				√	《使用任务分析报告》	也可与 MTA 工作一并开展
22		维修任务分析(MTA)		▼	▼				√	《维修任务分析报告》	也可与 OTA 工作一并开展
23		早期现场分析			▼			√	√	《早期现场分析报告》	综合考虑新研装备保障资源需求对已有装备保障系统的影响;承制方与订购方共同参与
24		停产后保障分析			▽	▼		√	√	《停产后保障分析报告》	提前考虑装备生产线关闭后全寿命期间装备所需保障资源的筹、储、供问题;承制方与订购方共同参与
25		寿命周期费用分析(LCC)	▽	▼	▼			√	√	《寿命周期费用分析报告》	在立项论证阶段订购方为责任主体,在其他阶段承制方为责任主体

续表

序号	项目类型	项目名称	项目实施阶段					责任主体		成果形式	备注
			立项论证	方案设计	工程研制	定型生产	部署使用	订购方	承制方		
26	规划保障	确定保障系统备选方案		▼	▼				✓	《综合保障方案》—备选保障系统部分	
27		备选方案的评价与权衡		▼	▼				✓	《综合保障方案》—权衡分析部分	
28		规划使用保障	▼	▼	▼			✓	✓	《综合保障方案》—使用保障部分	在立项论证阶段订购方为责任主体，在其他阶段承制方为责任主体
29		规划维修保障	▼	▼	▼			✓	✓	《综合保障方案》—维修保障部分	在立项论证阶段订购方为责任主体，在其他阶段承制方为责任主体
30		规划保障资源	▼	▼	▼			✓	✓	《综合保障方案》—保障资源部分	在立项论证阶段订购方为责任主体，在其他阶段承制方为责任主体
31		制定预防性维修大纲			▼				✓	《综合保障方案》—预防性维修大纲部分	明确预防性维修项目内容和维修间隔期
32		制定保障方案			▼				✓	《综合保障方案》	含使用保障方案、维修保障方案和保障资源要求
33	综合保障包研制与交付	综合保障包研制规划			▼	▼			✓	综合保障包	至少应包括供应品、技术资料、维修工装具、仪器仪表、设备、设施、人力和人员等规划保障中明确的保障资源
34		保障供应品研制/选型/改进			▼	▼			✓	综合保障包—供应品部分	包括备品备件、耗材、能源类消耗品等
35		保障技术资料编制			▼	▼			✓	综合保障包—技术资料部分	包括技术说明书、使用手册、维修手册、随装供应品携带标准、随装保障工装具、仪器仪表、设备清单、人力和人员配置需求清单、使用与维修培训手册等
36		保障工装具、仪器仪表、设备研制/选型/改进			▼	▼			✓	综合保障包—工装具、仪器仪表、设备部分	尤其关注需要新研的工装具、仪器仪表、设备
37		保障设施研制/选型/改进			▼	▼	▼	✓	✓		订购方为责任主体，承制方与订购方共同参与
38		保障人力和人员技能培训				▼	▼	✓			订购方为责任主体，承制方与订购方共同参与
39		部署综合保障包					▼	✓	✓		订购方为责任主体，承制方与订购方共同参与

续表

序号	项目类型	项目名称	项目实施阶段					责任主体		成果形式	备注
			立项论证	方案设计	工程研制	定型生产	部署使用	订购方	承制方		
40	试验与评价	保障性核查		▼	▼			√	√	《保障性核查报告》	承制方主导,订购方参与;保障资源的适用性和匹配性作为重点核查内容;可结合维修性核查工作项目开展
41		保障性试验、评价与验证				▼		√	√	《通用质量特性评价报告》—保障性评价部分	承制方与订购方共同参与;可结合维修性评价与验证工作项目开展
42		保障资源试验与评价				▼		√	√	《通用质量特性评价报告》—保障资源部分	承制方与订购方共同参与;可结合保障性评价与验证工作项目开展
43	评估与改进	使用保障性信息收集					▼	√		装备日常使用保障与维修保障信息记录	可结合使用维修性信息收集工作项目开展
44		使用保障性评估					▼	√		《使用保障性评估报告》	
45		系统状态完好性评估					▼	√	√	《系统状态完好性评估报告》	综合使用可靠性、使用维修性、使用测试性、使用保障性评估工作项目开展;订购方主导,承制方参与
46		使用保障性改进					▼	√	√	《使用保障性改进计划》	订购方主导,承制方参与

2.4.5 安全性工作项目要求

如表 2-10 所示,综合保障工程中常见的装备安全性工作项目要求主要分为四类 24 种,分别为面向装备安全性的管理与控制、设计与分析、试验与评价、评估与改进工作。实际工程中,装备通用质量工程师可依据研制装备的自身特点与具体情况,视情裁剪或增补后确定。

表 2-10 装备安全性工作项目要求

序号	项目类型	项目名称	项目实施阶段					责任主体		成果形式	备注
			立项论证	方案设计	工程研制	定型生产	部署使用	订购方	承制方		
1	管理与控制	制定安全性顶层要求	▼					√		《综合保障顶层要求》—安全性要求部分	
2		制定安全性计划	▼					√		《综合保障计划》—安全性计划部分	
3		制定安全性技术要求		▼				√		《通用质量特性总体技术要求》—安全性要求部分	

续表

序号	项目类型	项目名称	项目实施阶段					责任主体		成果形式	备注
			立项论证	方案设计	工程研制	定型生产	部署使用	订购方	承制方		
4	管理与控制	制定安全性工作计划		▼					√	《安全性工作计划》	
5		对使用方、承制方、转承制方、供应方和建筑单位的安全性综合管理		▼	▼	▼	▼	√	√	装备研制重要节点安全性落实情况	订购方监督与控制使用方和承制方，承制方监督与控制转承制方、供应方和建筑单位
6		安全性评审	▼	▼	▼	▼		√	√	各类安全性工作项目评审意见	在立项论证阶段订购方为责任主体，在其他阶段承制方为责任主体
7		建立安全性工作组	▼	▼	▼	▼		√	√	安全性工作组织	在部署使用阶段订购方为责任主体，在其他阶段承制方为责任主体
8		建立危险报告、分析和纠正措施系统（HRACAS）	▼	▼	▼	▼		√	√	HRACAS工作记录	在部署使用阶段订购方为责任主体，在其他阶段承制方为责任主体
9		安全性培训	▼	▼	▼	▼		√	√	安全性专题培训	在部署使用阶段订购方为责任主体，在其他阶段承制方为责任主体
10		工程更改建议的安全性评审			▽	▽	▽	√	√	工程更改后的安全性评审意见	重大工程更改，必须开展
11		安全主管负责人资格审查	▼	▼	▼	▼		√	√		在部署使用阶段订购方为责任主体，在其他阶段承制方为责任主体
12	设计与分析	安全危险源识别		▼	▼	▼			√	《安全性设计说明书》—安全危险源部分	至少应包括一般危险源和故障危险源
13		安全风险分析评价		▼	▼	▼			√	《安全性设计说明书》—安全风险评价部分	至少应包括装备固有安全风险、使用保障安全风险、维修保障安全风险、职业健康安全风险等的分析与评价
14		安全性设计与控制		▼	▼	▼			√	《安全性设计说明书》—安全性设计与控制部分	
15		软件安全性分析		▼	▼	▼			√	《安全性设计说明书》—软件安全性部分	至少应包括软件架构安全、软件代码安全、软件交互接口安全等
16		制定安全性设计准则		▼					√	《通用质量特性设计准则》—安全性部分	
17		安全性设计准则符合性检查			▼				√	《通用质量特性设计准则符合性检查报告》—安全性部分	

续表

序号	项目类型	项目名称	立项论证	方案设计	工程研制	定型生产	部署使用	订购方	承制方	成果形式	备注
			项目实施阶段					责任主体			
18	试验与评价	安全性核查		▼	▼	▼		√	√	《安全性核查报告》	在部署使用阶段订购方为责任主体,在其他阶段承制方为责任主体
19		试验的安全性确认			▼	▼			√	各类试验实施前的安全性确认记录	
20		安全性验证				▼		√	√	《安全性验证报告》	订购方主导,承制方参与
21		安全性分析评价				▼		√	√	《通用质量特性评价报告》—安全性部分	承制方与订购方共同参与
22	评估与改进	使用安全性信息收集					▼	√		装备日常使用安全信息记录	
23		使用安全性评估					▼	√		《使用安全性评估报告》	
24		使用安全性改进					▼	√	√	《使用安全性改进计划》	订购方主导,承制方参与

2.4.6 环境适应性工作项目要求

与环境适应性定性要求类似,这里仍以笔者较为熟悉的船用装备为例,阐述环境适应性工作项目要求。如表 2-11 所示,综合保障工程中常见的装备环境适应性工作项目要求(船用装备)主要分为四类 17 种,分别为面向装备环境适应性的管理与控制、设计与分析、试验与评价、评估与改进工作。实际工程中,装备通用质量工程师可依据研制装备的自身特点与具体情况,视情裁剪或增补后确定。

表 2-11 装备环境适应性工作项目要求(船用装备)

序号	项目类型	项目名称	立项论证	方案设计	工程研制	定型生产	部署使用	订购方	承制方	成果形式	备注
			项目实施阶段					责任主体			
1	管理与控制	制定环境适应性顶层要求	▼					√		《综合保障顶层要求》—环境适应性要求部分	
2		制定环境适应性计划	▼					√		《综合保障计划》—环境适应性计划部分	
3		制定环境适应性技术要求		▼					√	《通用质量特性总体技术要求》—环境适应性要求部分	
4		制定环境适应性工作计划		▼					√	《环境适应性工作计划》	
5		对承制方、转承制方和供应方的监督与控制		▼	▼			√	√	装备研制重要节点完成情况	订购方监督与控制承制方,承制方监督与控制转承制方和供应方

续表

序号	项目类型	项目名称	项目实施阶段					责任主体		成果形式	备注
			立项论证	方案设计	工程研制	定型生产	部署使用	订购方	承制方		
6	管理与控制	环境适应性评审	▼	▼	▼	▼		√	√	各类环境适应性工作项目评审意见	在立项论证阶段订购方为责任主体,在其他阶段承制方为责任主体
7	设计与分析	船用装备典型使用环境分析		▼	▼				√	《环境适应性设计说明书》—船用装备使用环境部分	
8		船用装备环境应力影响分析		▼	▼				√	《环境适应性设计说明书》—船用装备环境应力影响分析部分	首次上船装(设)备必须开展
9		船用装备环境适应性设计		▼	▼				√	《环境适应性设计说明书》—船用装备环境适应性设计部分	
10		制定环境适应性设计准则		▼					√	《通用质量特性设计准则》—环境适应性部分	
11		环境适应性设计准则符合性检查			▼				√	《通用质量特性设计准则符合性检查报告》—环境适应性部分	
12	试验与评价	环境适应性试验		▼	▼	▼		√	√	《环境适应性试验报告》	承制方主导,订购方参与;首次上船装(设)备必须开展
13		环境适应性验证				▼		√	√	《环境适应性验证报告》	订购方主导,承制方参与;首次上船装(设)备必须开展
14		环境适应性分析评价			▽	▼		√	√	《通用质量特性评价报告》—环境适应性部分	承制方与订购方共同参与
15	评估与改进	使用环境适应性信息收集					▼	√		装备日常使用环境适应性信息记录	
16		使用环境适应性评估					▼	√		《使用环境适应性评估报告》	
17		使用环境适应性改进					▼	√	√	《使用环境适应性改进计划》	订购方主导,承制方参与

第 3 章 装备保障性分析综述

在第 2 章中,我们详细论述了装备综合保障顶层要求的诸项工程技术内容,从定量要求、定性要求和工作项目要求三个方面,翔实地回答了如何科学认知装备综合保障顶层要求,以及如何合理提出装备综合保障顶层要求的问题,但并未就如何依赖规范化的系统工程方法,演绎装备综合保障顶层要求的每一技术细节,给出过多的内容说明。然而,过于依赖主观意愿或盲目借鉴其他装备综合保障工作经验的做法,并不一定能够保证提出的综合保障顶层要求,完全契合新研装备的综合保障工作需要。为此,必须建立一整套成熟的与综合保障工作内容、工作信息、工作接口密切相关的系统化的分析方法与分析手段,以解决论证提出的装备综合保障顶层要求的完备性、规范化和可实践问题。在装备综合保障工程中,我们将这一整套较为成熟的系统化的分析方法和分析手段称为"保障性分析"。

保障性分析作为装备综合保障工程中最为核心的一项技术工作,蕴含的工程技术内容和工程价值极为丰富。保障性分析不仅在装备立项论证阶段(或方案设计阶段早期)被作为演绎综合保障顶层要求的一项重要技术应用,而且在装备的方案设计、工程研制、定型生产、部署使用等不同阶段权衡确定保障方案和保障资源要求的过程中,也扮演着极其重要且不可或缺的角色。本章将详细论述保障性分析工作在装备全寿命周期间各阶段的主要功用与技术内容,并就如何高质量地实施不同阶段的保障性分析工作,集中给出几类专项分析技术说明。本章是全书承上启下的关键章节,也是理解装备综合保障工程最终"抽象化"输出产品(例如,与装备最佳匹配的保障系统、充分满足装备使用需求的保障方案等)的核心章节,读者务必认真研读、理解、消化。

3.1 保障性分析的技术特点

保障性分析作为装备综合保障工程中最为核心的一类分析工作,与传统的单一专业维度的工程分析相比,具有以下四类技术特点。

1. 多专业、多接口的综合性分析

保障性分析具有典型的系统工程综合分析特征。如图 3-1 所示,保障性分析涉及的工程专业诸多,除了包括综合保障工程专业以外,还包括设计工程、软件工程、可靠性工程、维修性工程、人素工程、安全性工程等工程专业;此外,高质量的保障性分析工作必须建立在充分的信息交互基础上,通常应包括综合保障工程与设计工程、软件工程等其他工程专业间的信息交互,供应保障、人力和人员保障、设备保障等综合保障工程内部各要素间的信息交互,装备制造、质量保证、

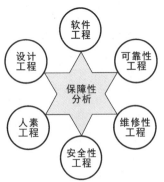

图 3-1 装备保障性分析的综合性

技术状态管控等承制方内部各执行部门间的信息交互,以及装备承制方与装备订购方间各类合同、会议等管理形式的信息交互等。

2. 多阶段、多轮次的渐进性分析

保障性分析并不能在装备全寿命周期的某一阶段一次性全部完成。由于装备在立项论证、方案设计、工程研制、定型生产等不同阶段可获得的分析输入信息内容深度和颗粒度不同,因此在相应阶段采用的保障性分析手段和分析方法会有所不同,进而将导致不同阶段的保障性分析输出目标和输出结果不尽相同。如图3-2所示,保障性分析是需要在装备全寿命周期的各阶段反复多轮次开展的一项综合性技术分析工作,并力求通过多轮次的渐进迭代和综合权衡,逐步明确与新研装备最为契合的配套保障系统建设需求。

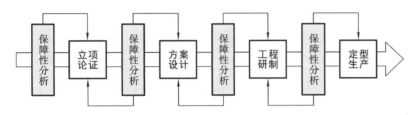

图 3-2　装备保障性分析的渐进性

3. 影响设计、影响保障的协调性分析

保障性分析是践行当代装备全系统设计理念的重要工程技术手段。如图3-3所示,它既面向装备自身的设计与研制,又同步作用于装备配套保障系统的设计、研制与后期建设,且在两者之间起到重要的协调性"桥梁"作用。装备全寿命周期不同阶段的保障性分析输出结果,通常作为装备全系统设计与保障力量建设全局优化的关键技术约束条件,用于影响装备及其配套保障系统的研制与设计决策,并决定着装备交付用户使用后配套保障资源配置、保障方案(保障计划)制定以及保障能力建设的发展方向。

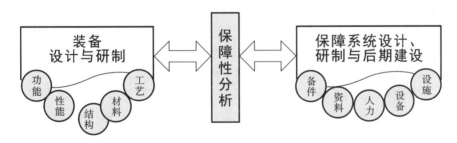

图 3-3　装备保障性分析的协调性

4. 兼顾定量、定性特征的耦合性分析

保障性分析涵盖一系列各种类型的工程分析内容。如图3-4所示,它一方面包括故障模式影响分析、损伤模式影响分析、以可靠性为中心的维修工作分析、非经济性修理级别分析、使用与维修工作分析等定性性质的分析工作,另一方面包括寿命周期费用分析、故障模式危害度分析、经济性修理级别分析等定量性质的分析工作。工程上,需要通过不断迭代分析,并综合吸收定量分析和定性分析的耦合结果,逐步实现保障费用、研制进度、装备性能与固有通用质量特性的最佳平衡。

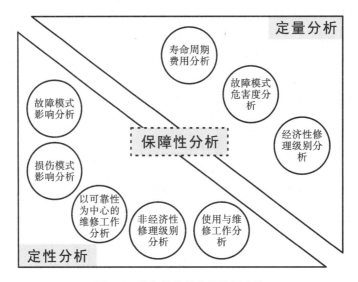

图 3-4 装备保障性分析的耦合性

3.2 保障性分析的核心价值

装备保障性分析工作在装备综合保障工程中的核心价值，主要体现在以下五个方面。

1. 科学制定装备综合保障顶层要求

制定装备综合保障顶层要求是实施装备综合保障工程的首要工作，将直接决定着装备综合保障工作的发展方向与最终成效。通过在立项论证或方案设计阶段早期开展使用研究、比较分析、确定保障性设计因素等相关保障性分析工作，将有助于订购方和承制方的通用质量工程技术人员充分认识当前类似装备在通用质量工程领域可能达到的技术水准，以及未来可能存在的保障性提升潜力，进而更加准确地定位新研装备的使用保障与维修保障需求。为此，装备保障性分析技术是装备综合保障顶层要求论证人员必须掌握与熟识的一门工程分析技术，也是科学制定装备综合保障顶层要求的必要前提条件。

2. 权衡优化装备设计方案与保障方案

装备全系统设计理念要求装备及其配套保障系统要同步论证、同步设计、同步研制、同步生产交付用户使用。而装备设计研制工作是分阶段开展的，不同阶段随着设计信息的逐步丰富与完善，相关设计方案需要多轮次的优化调整。其中，装备设计方案的优化调整，必须充分考虑与其配套的保障系统的匹配性和适用性，即装备设计方案的优化，应是建立在装备全系统（装备＋保障系统）基础上的全局优化。通过在方案设计、工程研制以及定型生产早期，开展功能要求确定、备选保障方案确定、备选方案（含备选设计方案、备选保障方案）评价与权衡等相关保障性分析工作，将有助于承制方深入把握新研装备在不同研制阶段的全系统匹配优化要求，真正实现装备性能、研制进度、保障特性以及保障费用的综合权衡与全局优化，进而确保定型设计的新研装备性能优、费用低、任务效能高。

3. 准确确定装备配套保障资源要求

同样地，按照装备全系统设计理念要求，新研装备交付用户使用时，需同步交付新研装备的配套保障系统。如何准确决策保障系统的科学组成，并在装备服役期间长期稳定地维持保障系统高质量运行，是装备保障能力建设与发展的核心问题。通过在方案设计、工程研制以及定型生产早期,开展故障模式、影响及危害性分析,以可靠性为中心的维修分析,修理级别分析,使用与维修工作分析,早期现场分析,停产后保障分析等相关保障性分析工作,将有助于承制方科学统筹新研装备在服役阶段的保障机制、保障模式和保障策略,合理预测新研装备的使用保障与维修保障工作内容,以及准确筹措新研装备实施保障所需的备品备件、技术资料、维修工装具、仪器仪表、设备、设施、人力和人员等保障资源。为此,开展装备保障性分析是准确确定装备配套保障资源要求的必经技术途径,对于装备保障能力建设而言,更是意义重大、不容忽视。

4. 合理评估新研装备保障性

工程上,科学评判新研装备设计特性和计划保障资源满足平时状态完好和任务期间利用率要求的能力,涉及的评判因素多、技术难度大,通常必须在评判前开展大量的装备设计特性方面和保障资源方面的技术准备工作。通过在装备研制全过程的各个阶段,开展面向不同单元对象、不同类型、不同颗粒度的保障性分析工作,将有助于承制方的通用质量工程技术人员全面掌握装备的可靠性、维修性、测试性、保障性等保障设计特性信息和备品备件、技术资料、维修工装具、仪器仪表、设备、设施、人力和人员等保障资源信息,有助于实现装备设计特性与保障资源间的更为深入与客观的匹配性研究,进而有助于更为真实可信地评判新研装备满足平时状态完好和任务期间利用率要求的能力。

5. 全过程生成保障性分析记录

装备全系统设计与研制工作就其本质而言,是一类规模庞大、内容繁多、耗时长久的系统工程过程。为确保装备从立项论证阶段至定型生产阶段的全部设计信息和设计过程可控、可追溯,必须建立一套规范化的可用于新研装备设计与研制工作管控(含质量管控、过程管控)的综合保障工程基础信息数据库系统。鉴于保障性分析工作需在装备研制的全过程中反复开展,且具备综合性、渐进性、协调性和耦合性的技术特点,其不同阶段的分析输入信息、输出信息和迭代更新信息,大体与装备设计与研制工作的质量管控与过程管控信息一致。为此,开展装备保障性分析工作,并对其分析过程实施详细记录,将对新研装备的综合保障工程基础信息数据库系统建设,起到重要促进与关键支撑作用。综合保障工程中,通常也直接将综合保障工程基础信息数据库系统称为"保障性分析记录"[11]。

3.3 保障性分析的全寿命周期过程

保障性分析作为装备综合保障工程中一类必须开展的过程性分析工作,贯穿于装备研制与使用的全寿命周期各阶段。如表 3-1 所示,不同寿命周期阶段的保障性分析目的与分析内容并不尽相同。在装备立项论证阶段,保障性分析的主线工作是论证提出契合新研装备自身使用与保障特点的综合保障顶层要求;在装备方案设计阶段,保障性分析的主线工作是结合方案设计中与保障性相关的技术约束信息,权衡评价新研装备的备选保障方案;在装备工程研制阶段,保障性分析的主线工作是结合技术设计中与保障性相关的技术约束信息,优化确定新研装备的保障资源要求和综合保障计划;在装备定型生产阶段,保障性分析的主线工作是综合各类保障性试验结果,改进增长新研装备的固有保障性,评价其是否满足综合保障顶层要求中的固有"合同"要求,并固化新研装备配套保障系统的定型生产状态;在装备部署使用阶段,保障性分析的主线工作是收集统计新研装备在实际使用过程中的保障性相关信息,评价其是否满足综合保障顶层要求中的任务"使用"要求。

表 3-1 装备保障性分析全寿命周期过程

序号	寿命周期阶段	保障性分析目的	保障性分析项目	保障性分析内容	备注
1	立项论证	通过开展使用研究、对比分析、保障性设计要素等分析研究,论证提出综合保障顶层要求	使用研究	确定与装备预期使用任务相关的保障性因素	
2			硬件、软件及保障系统的标准化	确定与装备硬件、软件和保障系统设计相关的系列标准化的技术约束条件	
3			比较分析	选定与新研装备功能和使用要求类似的基准比较系统,对比确定新研装备可能满足的保障性目标,及其潜在的工程技术风险	
4			改进保障性的技术途径	确定基于现有工程技术发展水平,从设计上改进新研装备保障性的潜在技术途径,用以修订比较分析结果	
5			确定保障性和有关保障性的设计因素	全面分析与新研装备保障性生成相关的硬件、软件、费用、进度等设计因素;初步确定与新研装备保障性相关的定量、定性和工作项目要求,及其实现相关要求的技术约束条件	★
6			保障性分析记录(立项论证)	记录立项论证阶段与装备保障性相关的全过程分析信息,包括保障性论证、技术状态变更、保障事件触发与处理、保障性节点审查等,形成立项论证阶段的装备保障性分析数据库	★
7	方案设计	修订完善论证提出的综合保障顶层要求,并通过备选方案权衡分析,确定装备使用保障方案和维修保障方案	确定功能要求	确定装备完成预期任务要求所应具备的使用与维修保障功能,以及实现相关功能必须具备的基础保障条件	
8			故障模式、影响及危害性分析(FMECA-方案设计)	开展面向装备功能(含硬件和软件)的故障模式、影响及危害性分析,明确不同功能故障模式的故障原因、故障影响、故障严酷度、故障检测方法、拟采取的设计补偿和使用补偿措施,以及装备交付用户使用后潜在的保障工作活动项目	★
9			确定备选保障方案	基于方案设计阶段的 FMECA 结果,确定可供备选的使用保障方案和维修保障方案,为后续开展"备选方案评价与权衡"工作提供待选"子集"	★
10			保障费用分析(LCC-方案设计)	基于寿命周期费用分析技术,以及方案设计阶段给出的相关方案设计信息,分析确定新研装备全寿命期间的保障工作活动费用需求	★
11			备选方案评价与权衡	基于"装备备选设计方案"和"备选保障方案",从费用、进度、性能、状态完好性、保障性等因素出发,综合权衡评判最佳的"装备设计方案"和"装备保障方案"	★
12			保障性分析记录(方案设计)	记录方案设计阶段与装备保障性相关的全过程分析信息,包括保障性设计、综合保障顶层要求变更、备选保障方案权衡与确定、FMECA 记录等,形成方案设计阶段的装备保障性分析数据库	★

续表

序号	寿命周期阶段	保障性分析目的	保障性分析项目	保障性分析内容	备注
13	工程研制	修订完善装备使用保障方案和维修保障方案,并通过开展各项专题保障性分析工作,明确装备保障资源要求,形成内容翔实的装备使用保障计划和维修保障计划	故障模式、影响及危害性分析(FMECA-工程研制)	开展面向装备硬件的故障模式、影响及危害性分析,明确不同硬件故障模式的故障原因、故障影响、故障严酷度、故障检测方法、拟采取的设计补偿和使用补偿措施,以及装备交付用户使用后潜在的保障工作活动项目	★
14			损伤模式、影响及危害性分析(DMECA)	开展装备损伤模式、影响及危害性分析,明确不同损伤模式的毁伤原因、损伤影响、损伤严酷度、拟采取的损伤防护设计补偿和使用补偿措施,以及装备交付用户使用后潜在的与损伤防护相关的保障工作活动项目	
15			以可靠性为中心的维修分析(RCMA)	针对有安全性、任务性和重大经济性影响的装备故障模式,分析明确在装备使用期间需开展的各项预防性维修工作内容和工作间隔期	★
16			修理级别分析(LORA)	围绕人员技能要求、设备要求、设施要求、经济性要求等保障约束条件,分析确定实施装备各类保障工作活动的最佳工作级别	★
17			使用任务分析(OTA)	针对装备每一使用保障工作项目(含正常使用、异常处置、应急使用),分析明确相关使用项目的详细作业流程,以及实施使用作业必须保证的人力和人员、能源供应、工具、设施等使用保障资源	★
18			维修工作分析(MTA)	针对装备每一维修保障工作项目(含故障维修、预防性维修、任务对抗抢修),分析明确相关维修项目的详细作业流程,以及实施维修作业必须保证的人力和人员、备品备件、设备、工具、设施等维修保障资源	★
19			早期现场分析	分析确定新研装备保障工作对现有装备已完成建设保障系统的影响,包括是否可共享、是否有冲突、是否需新建设等,并确定缺乏必要保障资源时对新研装备任务功能的影响	
20			停产后保障分析	分析确定新研装备生产线关闭后,可能出现的保障供应品短缺、人力和人员调配不足等问题,以提前做好新研装备全寿命期间的保障资源筹措工作	
21			保障费用分析(LCC-工程研制)	基于寿命周期费用分析技术,以及工程研制阶段给出的相关技术设计信息,分析确定新研装备全寿命期间的保障工作活动费用需求	★

续表

序号	寿命周期阶段	保障性分析目的	保障性分析项目	保障性分析内容	备注
22	工程研制	修订完善装备使用保障方案和维修保障方案,并通过开展各项专题保障性分析工作,明确装备保障资源要求,形成内容翔实的装备使用保障计划和维修保障计划	确定综合保障计划	综合工程研制阶段的保障性分析结果,分析确定新研装备配套使用保障与维修保障资源要求,并形成内容翔实的装备综合保障计划,包括使用保障计划和维修保障计划	
23			保障性分析记录(工程研制)	记录工程研制阶段与装备保障性相关的全过程分析信息,包括 FMECA 记录、DMECA 记录、RCMA 记录、LORA 记录、OTA 记录、MTA 记录、早期现场分析、停产后保障分析等,形成工程研制阶段的装备保障性分析数据库	★
24	定型生产	修订完善装备保障资源要求、使用保障计划和维修保障计划,并通过开展装备研制环境下的保障性试验、评价与验证工作,评估装备固有保障性水平,进而固化装备配套保障系统的定型生产状态	过程故障模式、影响及危害性分析(PFMECA)	分析装备及其配套保障资源在生产过程中的每一工序可能发生的工艺故障模式、故障原因、对生产质量的影响,以及尽量避免工艺故障模式发生的改进措施	
25			保障性试验与评价(定型生产)	开展装备保障性研制试验和定型试验,收集充足的保障性试验数据,分析评价新研装备的固有保障性是否满足立项论证提出的综合保障顶层要求,并给出用于改进和提升的工作建议	★
26			保障性分析记录(定型生产)	记录定型生产阶段与装备保障性相关的全过程分析信息,包括 PFMECA 记录、保障性研制试验信息、定型试验信息,以及用于改进和提升保障性的具体技术举措及其完成情况等,形成定型生产阶段的装备保障性分析数据库	★
27	部署使用	通过开展装备使用环境下的保障性试验、评价与验证工作,评估装备使用保障状态,给出相应改进建议与技术举措	保障性试验与评价(部署使用)	开展装备部署使用阶段的保障性试验,收集充足的保障性试验数据,分析评价新研装备的使用保障性是否满足立项论证提出的综合保障顶层要求,并给出用于改进和提升的工作建议	★
28			保障性分析记录(部署使用)	记录部署使用阶段与装备保障性相关的全过程分析信息,包括保障性使用试验信息以及用于改进和提升保障性的具体技术举措及其完成情况等,形成部署使用阶段的装备保障性分析数据库	★

需要说明的是:

(1) 表 3-1 中仅重点罗列了与保障性分析"外在过程协调"相关的工作项目内容,而与保障性分析"内在工作规范"相关的计划、组织、评审等管理性质的工作项目,并未进行阐述;

(2) 表 3-1 中符号"★"标注的保障性分析工作项目,是需要多次自迭代或在寿命周期不同阶段需要反复渐进式开展的保障性分析核心技术项目,相关技术内容将在本书后续章节分专题做进一步详细阐述。

3.4 保障性分析的信息接口

长期的装备综合保障工程实践表明,为确保表 3-1 中所列的不同阶段保障性分析工作结果的准确性与有效性,必须以充实的来自不同保障渠道的精准交互信息为基础。为此,规范且交互友好的保障性信息接口是高质量开展保障性分析工作的前提条件,也是确保不同阶段保障性分析输出结果真实、可信的必要技术途径。

如图 3-5 所示,装备综合保障工程中与保障性分析相关的信息接口大致可分为保障性分析与其他专业工程间的信息交互接口、综合保障工程内部各关键要素间的信息交互接口、保障性分析与装备承制方内部各执行部门间的信息交互接口、装备承制方与装备订购方间各类管理形式的信息交互接口四类。下面,分别就这四类信息交互接口的主要工程信息交互关系进行专题说明。

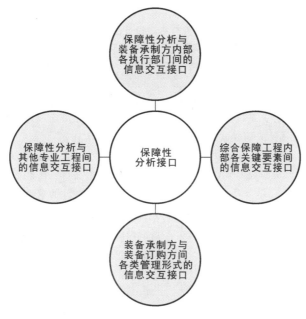

图 3-5　保障性分析接口类别

3.4.1　保障性分析与其他专业工程间的信息交互接口

如图 3-6 所示,保障性分析与其他专业工程间的信息交互接口主要体现为与设计工程、可靠性工程、维修性工程、测试性工程、安全性工程、人素工程、生存性工程间的信息交互接口。鉴于设计工程、可靠性工程、维修性工程、测试性工程在装备全系统设计与研制过程中占据比较重要的地位,同时也与装备综合保障的核心工程需求联系更紧密,这里重点剖析此部分的信息接口交互关系。

1. 与设计工程间的信息交互

装备设计工程一般分为硬件设计、软件设计和系统综合设计三部分内容。装备保障性分

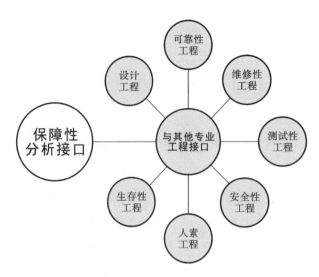

图 3-6　保障性分析与其他专业工程间的接口关联

析与设计工程间的信息交互,如表 3-2 所示。

表 3-2　装备保障性分析与设计工程间的信息交互

序号	设计工程内容	设计工程对保障性分析的输出	保障性分析对设计工程的输出
1	硬件设计	装备硬件的结构组成、材质选择、组部件间耦合关系以及固有可靠性等是开展硬件故障模式、影响及危害性分析(FMECA)和以可靠性为中心的维修分析(RCMA)的重要输入信息	硬件故障模式、影响及危害性分析(FMECA)给出的设计改进补偿措施,是优化完善装备硬件设计方案的重要反馈信息; 以可靠性为中心的维修分析(RCMA)给出的需要定期报废的装备可更换单元,是开展装备硬件可达性结构设计所需关注的重要参考信息
2	软件设计	装备软件的功能定位和设计构架是开展软件故障模式、影响及危害性分析(SFMECA)的重要输入信息	软件故障模式、影响及危害性分析(SFMECA)给出的软件改进补偿措施,是优化完善装备配套软件设计的重要反馈信息; 以可靠性为中心的维修分析(RCMA)给出的需要实时或定期开展在线操作人员监控的重点部位,及其技术状态自动化监控频率与实时发送显示需求,是开展装备嵌入式状态监测软件架构设计和代码设计的重要参考信息
3	系统综合设计	装备功能、性能和效能的总体预期是开展装备备选方案评价与权衡以及寿命周期费用估算的重要约束条件	备选方案评价与权衡的各类保障因素对比信息和最终决策结果,是新研装备确定设计方案和保障方案的重要输入信息; 装备寿命周期费用分析(LCC)的经济性决策结果,是直接影响新研装备最终定型状态的重要参考信息

2. 与可靠性工程间的信息交互

与可靠性工程间的信息交互接口,是装备保障性分析与其他专业工程接口中最为重要的一类接口,它直接作用于新研装备配套保障资源的规划与研制,对装备交付用户使用后的状态完好和任务成功影响最大。装备保障性分析与可靠性工程间的信息交互,如表 3-3 所示。鉴于书中篇幅所限,这里仅节选第 2 章表 2-6 中的部分可靠性工作项目进行示例说明。

表 3-3　装备保障性分析与可靠性工程间的信息交互

序号	可靠性工程内容	可靠性工程对保障性分析的输出	保障性分析对可靠性工程的输出
1	可靠性建模、分配与预计	可靠性建模绘制的可靠性框图与任务剖面,确定的设备、组部件或单元编码,明确的不同功能定位要求,是开展保障性故障模式、影响及危害性分析的重要基础信息;可靠性分配预计给出的设备、组部件或单元的故障概率或故障率量值,是开展保障性故障模式危害度解算的重要依据信息	保障性故障模式、影响及危害性分析确定的严酷度等级较高或危害度较大的关键功能产品,是验证可靠性分配算法与分配结果是否合理的重要反馈信息,也是进一步改进和提升装备固有可靠性的关键技术关注点
2	面向可靠性的故障模式、影响及危害性分析(FMECA)	面向可靠性的故障模式、影响及危害性分析,与面向保障性的故障模式、影响及危害性分析的主体分析内容类似,仅在分析侧重点上有所不同,两者可同步开展,互为信息输入与输出关系	面向保障性的故障模式、影响及危害性分析,与面向可靠性的故障模式、影响及危害性分析的主体分析内容类似,仅在分析侧重点上有所不同,两者可同步开展,互为信息输入与输出关系
3	确定可靠性关键产品	可靠性工程确定的可靠性关键产品,是保障性分析开展故障模式、影响及危害性分析(FMECA),损伤模式及影响分析(DMEA),以可靠性为中心的维修分析(RCMA),修理级别分析(LORA),使用任务分析(OTA),维修工作分析(MTA),早期现场分析,停产后保障分析,寿命周期费用分析(LCC)等的最小分析对象子集	面向保障性的故障模式、影响及危害性分析(FMECA)中关于重要组部件、零部件、元器件的严酷度等级和危害度判别,以可靠性为中心的维修分析(RCMA)中确定的重要功能产品,以及寿命周期费用分析(LCC)中确定的需要关注的重要经济性产品,均是优化确定装备可靠性关键产品最终集合的重要判据信息

3. 与维修性工程间的信息交互

与维修性工程间的信息交互接口,也是装备保障性分析与其他专业工程间的信息交互接口中较为重要的一类接口,它直接用于确定新研装备潜在的各类维修活动需求和维修保障资源约束条件。装备保障性分析与维修性工程间的信息交互,如表 3-4 所示。鉴于书中篇幅所限,这里仅节选第 2 章表 2-7 中的部分维修性工作项目进行示例说明。

表 3-4　装备保障性分析与维修性工程间的信息交互

序号	维修性工程内容	维修性工程对保障性分析的输出	保障性分析对维修性工程的输出
1	面向维修性的损伤模式及影响分析(DMEA)	面向维修性的损伤模式及影响分析,与面向保障性的损伤模式及影响分析的主体分析内容类似,仅在分析侧重点上有所不同,两者可同步开展,互为信息输入与输出关系	面向保障性的损伤模式及影响分析,与面向维修性的损伤模式及影响分析的主体分析内容类似,仅在分析侧重点上有所不同,两者可同步开展,互为信息输入与输出关系

续表

序号	维修性工程内容	维修性工程对保障性分析的输出	保障性分析对维修性工程的输出
2	维修性分析	维修性工程中维修性分析明确的维修性要求及相关维修过程约束条件,是保障性分析中开展维修工作分析(MTA)、确定维修技术步骤和维修资源保障条件的重要输入信息	保障性分析中维修工作分析(MTA)的最终结果,是验证维修性工程中维修性分析工作是否准确,以及进一步优化新研装备维修性设计的重要反馈信息
3	维修性建模、分配与预计	维修性工程中面向不同维修级别的维修性建模与分配结果,是保障性分析中开展维修工作分析(MTA)、确定维修人力类别、技能、数量以及维修配套保障资源所必须满足的目标约束条件	保障性分析中维修工作分析(MTA)最终给出的工程可实现的详细维修工艺步骤与维修保障资源要求,是验证维修性分配算法与分配结果是否合理的重要反馈信息,也是进一步优化新研装备维修性设计的重要反馈信息

4. 与测试性工程间的信息交互

装备测试性工程是对装备维修性工程的有效补充,因此装备保障性分析与测试性工程间的信息交互关系,类似于装备保障性分析与维修性工程间的信息交互关系。装备保障性分析与测试性工程间的信息交互,如表 3-5 所示。鉴于书中篇幅所限,这里仅节选第 2 章表 2-8 中的部分测试性工作项目进行示例说明。

表 3-5　装备保障性分析与测试性工程间的信息交互

序号	测试性工程内容	测试性工程对保障性分析的输出	保障性分析对测试性工程的输出
1	面向测试性的扩展故障模式、影响及危害性分析(扩展 FMECA)	面向测试性的扩展故障模式、影响及危害性分析(扩展 FMECA),是在常规保障性故障模式、影响及危害性分析基础上,进一步面向故障现象、故障测试点参数、测试手段、测试阈值、监测频率、监测数据传输方式、故障判据等测试性特征量开展的进阶层次的故障模式、影响及危害性分析,其分析的结论是对常规保障性故障模式、影响及危害性分析中测试性结论内容的考查与印证,也是修订和完善常规保障性故障模式、影响及危害性分析内容与分析结论的重要信息反馈	面向保障性的故障模式、影响及危害性分析的测试性结论输出内容,如故障模式的检测方法、定期实施状态监(检)测的使用补偿要求等,是进一步开展面向测试性的扩展故障模式、影响及危害性分析的基础信息输入
2	测试性分析	测试性工程中测试性分析明确的测试性要求及相关测试过程约束条件,是保障性分析中开展维修工作分析(MTA)、确定维修技术步骤和维修资源保障条件的重要输入信息	保障性分析中维修工作分析(MTA)的最终结果,是验证测试性工程中测试性分析工作是否准确,以及进一步优化新研装备测试性设计的重要反馈信息

续表

序号	测试性工程内容	测试性工程对保障性分析的输出	保障性分析对测试性工程的输出
3	测试性建模、分配与预计	测试性工程中面向不同维修级别的测试性建模与分配结果,是保障性分析中开展维修工作分析(MTA)、确定维修人力类别、技能、数量以及维修配套保障资源所必须满足的目标约束条件	保障性分析中维修工作分析(MTA)最终给出的工程可实现的详细维修测试工艺步骤与维修保障资源要求,是验证测试性分配算法与分配结果是否合理的重要反馈信息,也是进一步优化新研装备测试性设计的重要反馈信息

3.4.2 综合保障工程内部各关键要素间的交互接口

如图 3-7 所示,装备保障性分析中综合保障工程内部各关键要素间的信息交互接口主要体现为与人力和人员、技术资料、供应保障、工具设备、保障设施、计算机资源、训练资源等要素间的信息交互接口。鉴于书中篇幅所限,这里以新研装备某一潜在故障排查诊断活动中的各类综合保障工程要素间的信息交互关系为例,进行示例说明。

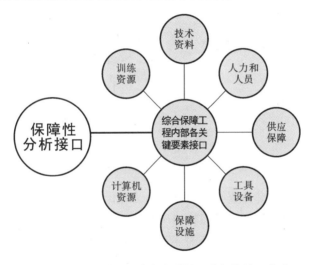

图 3-7 综合保障工程内部各关键要素间的接口关联

如图 3-8 所示,装备故障后实施故障排查诊断活动需要人力和人员、工具(仪器仪表)设备、技术资料、训练资源、供应保障、保障设施等保障资源,其中每一类保障资源都对应一类综合保障工程要素活动,且不同工程要素活动间互相耦合关联,存有信息交互关系。图 3-8 中,"实线"箭头标识代表存有单向信息交互关系,"虚线"箭头标识代表存有双向信息交互关系,具体的信息交互关系如下。

(1) 实施故障排查诊断活动需要不同技能等级的人力和人员,而人力和人员要素并不能孤立地实现故障排查诊断活动。首先,不同技能等级人力和人员的技能发挥往往依赖于其所能支配的工装具、仪器仪表、修理设备等;其次,为确保不同技能等级人力和人员的故障排查诊断活动高效实施,往往还需配备与人力和人员技能等级相匹配的具有足够深度与指导性的技

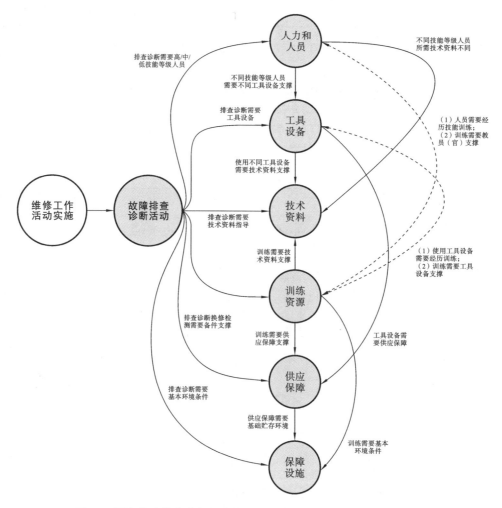

图 3-8　面向故障排查诊断活动的综合保障工程要素间的内部交互接口

术资料，如故障排查手册、故障排查规程等；此外，为确保不同技能等级人力和人员的故障排查诊断活动规范、熟练，相关人力和人员还需经历具有足够强度的类似故障排查技能训练。

（2）实施故障排查诊断活动需要具有不同功能的工装具、仪器仪表、修理设备支撑，而仅孤立地拥有工装具、仪器仪表、修理设备，并不能有效实施故障排查诊断活动。首先，为确保不同工装具、仪器仪表、修理设备能够充分发挥其预期技术功效，必须配有便于指导正确操作使用的技术资料，如技术说明书、使用说明书、使用手册、维护保养指南等；其次，工装具、仪器仪表、修理设备的正确使用与熟练使用，需要经历一定时间的基础训练积累和专业训练积累；此外，为确保实施故障排查诊断活动时能够及时获得类型充足与数量充足的工装具、仪器仪表、修理设备，必须在供应保障工程要素中充分考虑其筹、储、供工作。

（3）实施故障排查诊断活动需要历经必要的基础训练和专业训练，过分依赖个人主观经验的单次排查诊断探索模式，并不具备普遍推广价值。首先，为确保训练工作的规范性和专业化，需要编制配套的技术资料作为培训教材或训练大纲；其次，为确保训练工作的高质量实施，需要配备与实际故障排查诊断过程相一致的训练用工装具、仪器仪表、修理设备以及供应保障资源；然后，为确保训练工作过程充分可控，需要配备在相关领域具有充足技术经验与管理经验的教员或教官队伍;最后,训练工作还需要场地、教室、特殊厂房、特殊训练室等基础设施环境条件。

(4) 实施故障排查诊断活动还可能需要换修备件、辅助耗材、基础能源(电、水、油、气)等必要的供应保障,相关供应保障资源也需要为其提供必要的基础贮存环境,如仓库、货架、移动式转运设备等。

注意,考虑到实施故障排查诊断活动中的技术资料、保障设施两项综合保障要素的信息交互关系,已在人力和人员、工具设备等其他综合保障要素的信息交互关系中得以全面体现,为此本书不再单独赘述。

3.4.3 保障性分析与装备承制方内部各执行部门间的交互接口

如图 3-9 所示,装备保障性分析与装备承制方内部各执行部门间的信息交互接口主要体现为与装备技术状态管理、生产工程、制造工程及质量工程间的信息交互接口。

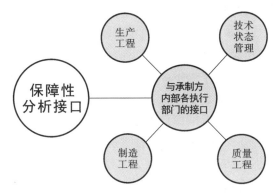

图 3-9 装备保障性分析与装备承制方内部各执行部门间的接口关联

装备保障性分析工作具备系统工程过程的典型渐进式迭代特征,需要反复多次在装备硬件设计、软件设计、系统综合设计、配套保障资源设计、研制进度、研制费用等因素间进行综合权衡,进而备选确定最终的优化设计方案(包括装备设计方案和装备保障方案)。这其中,有关装备硬件设计、软件设计和系统综合设计的综合权衡内容是实施装备技术状态管理的重要核心内容。同时,装备技术状态管理中对于装备功能、性能的目标状态管控内容,又是装备不同阶段开展保障性分析权衡优化工作所必须满足的重要约束条件。

装备生产工程要求通过一系列技术与管理活动将装备设计方案成功转换为易于生产实现的诸多技术细节。虽然在设计工程向生产工程转换过程中,大都不会更改装备原有设计的功能特性,但受限于生产技术手段与生产工艺水准的可实现性,往往可能会在局部小范围内视情调整装备的硬件设计方案。此时,如果涉及硬件结构框架、元器件布局、不同组部件耦合关联以及材料选配等的变化,应将相关技术状态变更信息及时反馈,并作为生产阶段再次开展保障性分析工作的重要分析对象。

装备制造工程的核心技术活动是明确装备不同组部件、机械/电气/电子单元的逐级装配与组合顺序,而这一系列装配与组合技术活动,在工程上也可视为装备维修保障工程中拆卸、分解、排查、定位装备故障部位等相关技术活动的"逆"过程。为此,装备制造工程中对于装备装配与组合工艺的分析与优化,与装备保障性分析中对于装备维修工艺的分解与剖析实际上互为"同频"工作,可互为信息输入与输出。

装备保障性分析作为装备通用质量工程中的一项重要质量保证工作项目,遵照装备全系统设计、研制与质量管理要求,必须纳入装备质量工程管理,并作为至关重要的一项质量管控技术手段。此外,在装备研制质量检验过程中,如果发现部分装备组部件质量不达标、不满足综合保障顶层要求的情况,应及时记录反馈(例如某关键组部件的故障率 λ 过高或平均故障间隔时间过短等),并针对部分质量不达标组部件,再次开展相应的保障性分析工作,进而依据最新的保障性分析结果,调整优化其设计补偿措施、使用补偿措施、预防性维修类型与维修间隔期、年备件储备数量等。

3.4.4 装备承制方与装备订购方间各类管理形式的信息交互接口

装备保障性分析工作与装备订购方和装备承制方均密切相关,并在两者之间起到关键的"保障信息桥梁"作用。具体表现为:装备订购方论证提出的综合保障顶层要求,是装备承制方在装备研制的各个阶段开展保障性分析工作的重要输入信息;装备承制方开展保障性分析工作的关键输出结果,如装备保障方案、保障计划、保障资源要求、定型技术状态等,必须经过装备订购方的审查,确保相关技术内容充分满足装备综合保障顶层要求和装备交付用户使用后的现实保障要求。综上,装备承制方与装备订购方间的信息交互,主要通过各类保障性分析工作项目的信息交互实现。工程上,为确保此类信息交互内容在不同责任主体间能够保持"认知"与"实施"上的一致性,往往又需要将这些"技术层次"的信息交互,转化为"管理层次"的信息交互。如图 3-10 所示,装备保障性分析在装备承制方和装备订购方间的管理形式信息交互手段,主要以技术合同、工作会议和指令文件等形式体现。但无论采用哪种管理形式的信息交互手段,都应保证发布的装备保障性分析信息及时、准确、有效、可随时溯源。

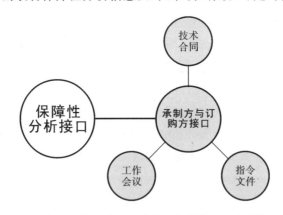

图 3-10 装备承制方和装备订购方间各类管理形式的接口关联

3.5 保障性分析的核心技术

如表 3-1 所示,装备全寿命周期内的保障性分析工作项目众多,共有五类 28 种,均或多或少地与提出装备综合保障顶层要求、备选权衡装备保障方案、确定保障资源要求、评估改进装备保障性等综合保障工程的核心输出内容相关。鉴于本书篇幅所限,后续章节内容仅节选在综合保障工程领域内价值大且对装备保障能力建设影响深远的保障性分析核心技术进行重点阐述,具体包括故障模式、影响及危害性分析技术,以可靠性为中心的维修分析技术,损伤模式、影响及危害性分析技术,修理级别分析技术,使用与维修工作分析技术,寿命周期费用分析技术等。这里,仅就这些保障性分析核心技术的基本内涵、分析用途、工程逻辑关联等内容进行概要说明,以便读者能够在较短的时间内,迅速把握这一系列保障性分析技术的"知识主线",进而为后续研读、理解、消化各章节保障性分析技术的核心理念与应用方法,奠定必要的工程知识基础。

1. 故障模式、影响及危害性分析技术

1) 基本内涵

故障模式、影响及危害性分析(FMECA)是"在装备设计过程中,通过对装备组成单元潜在的各种故障模式及其对装备功能的影响进行分析,并将每一个潜在故障模式按其故障影响的严酷程度和危害性分类,提出可以采取的改进与补偿措施,以实现装备可靠性增长"的一种保障性分析技术。

2) 分析用途

故障模式、影响及危害性分析可应用于可靠性工程、维修性工程、测试性工程、保障性工程等不同的专业工程中,并在不同专业工程中有不同的分析用途。在装备可靠性工程中,故障模式、影响及危害性分析被作为一种可靠性设计增长方法使用,其目的在于通过全面剖析新研装备使用过程可能潜在的故障模式、故障原因、故障影响及其严酷度、危害度后果等,找出新研装备设计研制过程中存在的技术薄弱环节,并给出针对性的设计补偿措施,以实现新研装备固有可靠性的持续不断增长。在装备维修性工程中,故障模式、影响及危害性分析用于从诸多可能的故障模式及其对装备的影响中,确定所需的维修性设计特征信息,例如故障物理位置确认、故障隔离要求、故障检测方法选择与检测点布置以及拆装修理的可达性与便捷性要求等。在装备测试性工程中,通过开展面向在线测试需求的扩展故障模式、影响及危害性分析,在可靠性工程和维修性工程基础上,进一步确定测点参数、测试方法、测试仪器、传感器类型、测试阈值、故障报警判据、监测频率、测试数据传输方式等关键测试性设计与评估信息。在装备保障性工程中,故障模式、影响及危害性分析主要用于确定新研装备使用过程可能潜在的全部修复性维修工作项目和重要预防性维修工作项目,进而为后续合理确定新研装备的维修保障资源要求和维修保障方案,提供翔实的基础保障信息输入。

此外,故障模式、影响及危害性分析还是高质量开展以可靠性为中心的维修分析、修理级别分析、使用与维修工作分析等其他保障性分析工作的必要技术基础,必须给予高度的重视和充足的耐心。

2. 以可靠性为中心的维修分析技术

1) 基本内涵

以可靠性为中心的维修分析(RCMA)是"按照以最少的维修资源消耗保持装备固有可靠性和安全性的原则,应用逻辑决断的方法确定装备预防性维修要求"的一种保障性分析技术。

2) 分析用途

与故障模式、影响及危害性分析不同,以可靠性为中心的维修分析主要关注装备交付使用后，为维持或恢复其固有可靠性所需开展的预防性维修活动（故障前修理活动）。以可靠性为中心的维修分析通过针对新研装备重要功能产品（故障后有安全影响、任务影响、重大经济性影响的装备单元）的潜在故障模式，开展逻辑决断分析和基于故障演变规律的量化特征解算，明确适用且有效的预防性维修工作类型、维修工作项目、维修间隔期和修理级别建议，旨在实现以最少的维修资源消耗持续保持或及时恢复装备的固有可靠性和安全性。此外，以可靠性为中心的维修分析还是后续制定新研装备预防性维修大纲、维修工作指导卡、维修技术规程等维修保障技术文件的重要信息依据。

3. 损伤模式、影响及危害性分析技术

1）基本内涵

损伤模式、影响及危害性分析（DMECA）是"确定装备在使用过程中所有可能的损伤模式，以及每一损伤模式的原因及其对装备损坏程度影响，并提出可以采取的改进与补偿措施，以提升装备抗损伤性和任务生存性"的一种保障性分析技术。

2）分析用途

装备除了在发生故障时需要实施修复性维修以恢复技术状态、在使用一段时间后需要实施预防性维修以维持良好技术状态以外，还可能因外界诸多不期因素作用导致的意外损伤而需要实施应急性的抢修。损伤模式、影响及危害性分析通过分析明确新研装备在特殊任务环境作用下可能潜在的损伤模式、损伤影响和损伤危害程度，以及为抵抗不期因素损伤所需的特殊生存性设计和应急修复举措，力求尽可能全面预测新研装备在特殊任务环境下抵抗不期因素影响的特殊生存性设计要求和特殊保障资源要求。

鉴于损伤模式、影响及危害性分析的技术内核和分析逻辑与故障模式、影响及危害性分析的类似，且不是装备交付用户使用后日常保障工作的主线内容，为此，本书后续并未安排相关独立章节专题论述该种保障性分析技术。

4. 修理级别分析技术

1）基本内涵

修理级别分析（LORA）是"在装备的全寿命周期内，对预计有故障的设备、组部件、零部件或元器件等进行经济性或非经济性分析，以确定可行的最佳修理或报废修理级别"的一种保障性分析技术。

2）分析用途

前述故障模式、影响及危害性分析输出的修复性维修工作项目，以可靠性为中心的维修分析输出的预防性维修工作项目，损伤模式、影响及危害性分析输出的应急性抢修工作项目，均需在新研装备保障方案中为其明确最为经济有效的修理级别。修理级别分析通过详细剖析影响或限制不同修理级别（一般分为基层级、中继级、基地级）工作活动开展的诸项关键约束因素（一般分为非经济性因素和经济性因素），用以在装备研制早期影响装备保障特性设计，权衡确定最为经济有效的装备维修保障方案；同时，用以在装备使用阶段修订完善现行维修保障制度，提出改进建议，降低装备的使用与保障费用。

5. 使用与维修工作分析技术

1）基本内涵

使用与维修工作分析（O&MTA）是"对装备使用保障工作要求、修复性维修工作要求、预防性维修工作要求和损坏维修工作要求进行系统分析,详细确定与装备使用保障和维修保障作业密切相关的保障资源要求"的一种保障性分析技术。

2) 分析用途

使用与维修工作分析通过针对新研装备的每一类型使用工作(一般分为正常使用、异常处置、应急使用)和维修工作(一般分为修复性维修、预防性维修、应急抢修)的每一工作项目,开展内容详尽、工序明晰的技术步骤描述,以期满足如下几项用途:

(1) 确定新研装备的保障资源要求,尤其是关键的、新的保障资源要求;

(2) 为合理评价新研装备的备选保障方案(含使用保障方案和维修保障方案),提供保障资源方面的基础信息;

(3) 为合理评价新研装备的备选设计方案(按照装备全系统设计理论,装备及其配套保障系统应同步论证、同步设计、同步研制生产、同步交付用户使用,为此备选装备设计方案的评价与备选装备保障方案的评价应是同步进行的),提供使用保障和维修保障方面的基础信息;

(4) 为科学编制新研装备的使用手册、维修手册、修理技术要求、调试细则、培训教材等各类保障技术文件,提供内容全面、信息详尽的使用与维修技术指导;

(5) 为科学实施新研装备的修理级别分析,提供颗粒度足够的经济性和非经济性方面的比较分析信息。

6. 寿命周期费用分析技术

1) 基本内涵

寿命周期费用分析(LCC)是"遵循装备全系统全寿命全费用保障质量观,综合权衡、预计装备论证、研制、生产、使用和退役处理所需的直接费用、间接费用、一次性费用、重复性费用和其他费用"的一种保障性分析技术。

2) 分析用途

装备寿命周期费用是装备全系统、全寿命、全费用研制与管理工作的重要组成部分。装备寿命周期费用分析通过明确装备在全寿命周期内的费用分解结构,并基于不同模型估算装备费用,分析装备费用的敏感性和不确定性,以期满足如下几项用途:

(1) 为合理评价新研装备的备选保障方案和备选设计方案,提供全系统研制费用(含装备及其保障系统的研制费用)和全寿命周期保障费用(含立项论证、方案设计、工程研制、定型生产、交付部署、使用与保障、退役再利用等各阶段的保障费用)方面的基础信息;

(2) 为装备交付用户使用后的设计性能改进与保障方案改进决策,提供费用效能方面的综合评判信息;

(3) 为装备研制管理与装备财务管理,提供必要的关键费用交互信息。

由于费用问题在装备综合保障工程中,往往作为修理级别分析及使用与维修工作分析的一类工程约束条件处理,且相关费用分解结构和费用建模、分析与估算方法在前述两类保障性分析技术中均有涉及,因此,本书后续也并未再安排相关独立章节专题论述该种保障性分析技术。

7. 六类保障性分析核心技术间的逻辑关联

前述六类保障性分析核心技术间的逻辑关联,如图 3-11 所示。图 3-11 中,不同保障性分析工作间的信息交互关联,使用"虚线"箭头标识;不同保障性分析工作的实际分析输出,使用"实线"箭头标识。

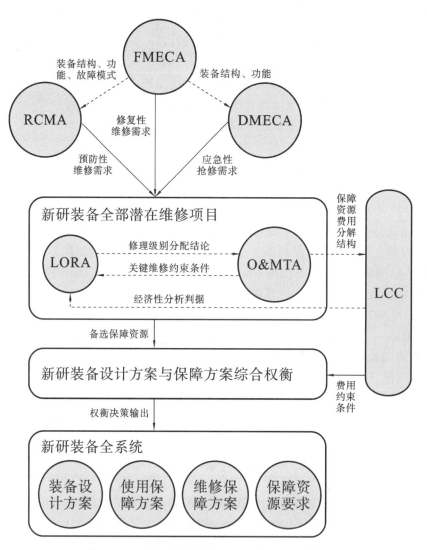

图 3-11 六类保障性分析核心技术间的逻辑关联

第4章 装备故障模式、影响及危害性分析

由第3章的论述内容可知,无论是论证装备综合保障顶层要求,还是权衡优选装备保障方案、确定装备保障资源要求,都与装备保障性分析工作密切相关。为此,从本章起,陆续安排独立章节,专题论述装备故障模式、影响及危害性分析(FMECA),装备以可靠性为中心的维修分析(RCMA),装备修理级别分析(LORA),装备使用与维修工作分析(O&MTA)等装备综合保障工程中最为核心的四类保障性分析技术。四类保障性分析技术在装备保障性分析实施全过程中的时序与交互关系,如图4-1所示。工程上,一般习惯把这四类保障性分析技术简称为"4A"分析技术。

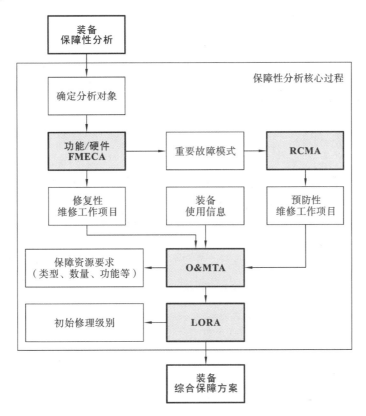

图 4-1 四类保障性分析的时序与交互关系

其中,FMECA 是后续开展 RCMA、O&MTA 和 LORA 的技术基础,用于分析明确装备全寿命周期内潜在的修复性维修项目全集;RCMA 在 FMECA 的基础上,进一步分析明确装备全寿命周期内需要实施的预防性维修项目全集;O&MTA 针对修复性维修项目全集和预防性维修项目全集,分析明确每一维修项目的实施工艺步骤与配套保障资源要求;LORA 则在前述三项保障性分析工作基础上,综合经济性和非经济性约束因素,分析明确每一维修项目具

体实施的最优责任主体。"4A"分析的最终结果,将直接服务于装备综合保障方案(计划)的制定,并同步指导装备配套保障资源的研制与建设工作。

鉴于故障模式、影响及危害性分析(FMECA)是四类保障性分析技术中最为基础的源头性分析工作,本章首先对其进行专题论述。具体论述内容涵盖故障模式、影响及危害性分析的基础知识和实施步骤,面向功能的故障模式、影响及危害性分析,面向硬件的故障模式、影响及危害性分析,面向测试性设计的扩展故障模式、影响及危害性分析,以及工程上实施故障模式、影响及危害性分析常见的几类技术问题。

4.1 故障模式、影响及危害性分析的基础知识

4.1.1 功能

功能指"人或物所必须完成的事项"。对于装备而言,装备的功能指"装备完成预期任务的功用或用途"[12-13]。装备功能又可分为基本功能和辅助功能。基本功能一般指"装备完成预期任务所必不可少的功用或用途",例如手表能够持续准确地计时,就是手表的基本功能;辅助功能一般指"在不影响装备基本功能的前提下,其他非必要的功用或用途",例如手表能够防水、能够夜光显示,就是手表的辅助功能。在装备故障模式、影响及危害性分析中,我们主要关注装备的基本功能。

4.1.2 任务剖面

任务剖面指"装备在完成规定任务时间内所经历事件时序和环境时序的总体描述"。它是评判装备任务期间通用质量特性的前提基准条件,通常以"任务剖面图"的形式表现。图 4-2 所示为一类典型的任务剖面图,其中"事件1—事件2—事件3—事件4"是事件时序,"工况1—工况2—工况3—工况4"是环境时序,"T_1—T_2—T_3—T_4"是不同工况的时序跃迁节点。

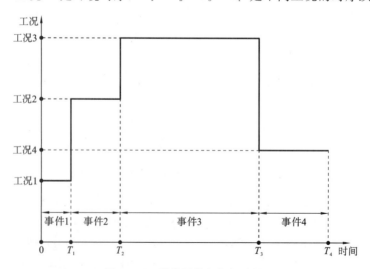

图 4-2 一类典型的任务剖面图

注意：(1) 任务剖面图中所示的事件单元,应与装备的功能作用发挥直接或间接相关；(2) 一个装备可以存有多个任务剖面,但如果装备存有多个任务剖面,则必须就不同的任务剖面,分别进行事件时序和环境时序的总体描述。

4.1.3 约定层次

约定层次指"实施分析的具体约束对象"。对于一个复杂的装备系统而言,约定层次可以是装备总体、分系统、设备、组部件、元器件(零部件)等。不同约定层次的故障模式、故障原因和故障影响的表述方法和表述内容可能并不尽相同。

在装备故障模式、影响及危害性分析中,一般将约定层次分为四类,分别为初始约定层次、既定约定层次(简称"约定层次")、最低约定层次和其他约定层次。其中：

(1) 初始约定层次指开展装备故障模式、影响及危害性分析的最高约束对象层级,一般为装备系统的总体；

(2) 既定约定层次指开展装备故障模式、影响及危害性分析的直接约束对象层级,一般根据装备的功能关系、耦合结构、复杂程度以及研制进度视情确定；

(3) 最低约定层次指实施装备故障模式、影响及危害性分析的最小可辨析对象层级,它视装备不同研制阶段的技术设计深度确定,可以是组部件,也可以是元器件(零部件)；

(4) 其他约定层次指处于"既定约定层次"和"最低约定层次"之间的装备故障模式、影响及危害性分析约束对象层级,可以是一级或多级,也可以没有。

注意：给出明确的初始约定层次、既定约定层次和最低约定层次定义,是科学开展装备全寿命周期不同阶段故障模式、影响及危害性分析的必备前提。

4.1.4 编码

编码指"用于唯一辨识装备不同约定层次分析对象的结构化符号(包含数字、字母、图形等)序列"。装备故障模式、影响及危害性分析中,编码的编定应充分考虑装备的功能划分、结构组成、耦合关联以及不同约定层次间的逻辑关联等因素,成体系成标准的规范化编定。编定装备编码体系选用的符号序列结构,应至少满足如下技术要求：

(1) 必须符合装备功能与结构特点,且便于使用和管理；

(2) 必须能够体现不同约定层次间的上下级关系；

(3) 必须具备唯一辨识属性,且便于装备日常的信息化管理；

(4) 必须具备一定的信息拓展性,能够确保装备改进升级后仍能沿用同样的编码结构。

不同装备行业的编码体系一般各不相同,这里给出比较常见的一类装备编码体系示例,如图 4-3 所示。

图 4-3 中："×"代表数字"0~9"和字母"A~Z"中的任一符号标识；对于装备下属一级系统、二级分系统、设备、组件、部件,分别采用两位"××"符号标识(但不含"00"符号标识)；对于装备部件下属元器件(零部件),采用四位"××××"符号标识；对于跨层级的装备耦合结构关系,如设备直接下属零部件的情况,相关被跨结构层级使用"00"符号标识补齐。

注意：(1) 装备的编码体系一旦确定,不能轻易更改,因此在装备研制的初期必须谨慎对待,并给予充分的技术关注度；(2) 装备的编码体系和编码信息是实施故障模式、影响及危害

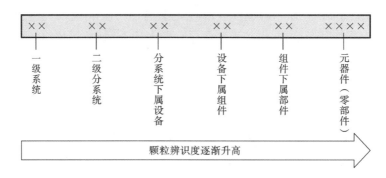

图 4-3 一类装备编码体系示例

性分析，以可靠性为中心的维修分析，修理级别分析，使用与维修工作分析等各类保障性分析工作的"基础性""关键性"和"桥梁性"信息，在装备综合保障工程的信息化管理与精准化溯源工作中意义重大。

4.1.5 故障

故障指"装备或其一部分不能或将不能完成预定功能的事件或状态"。其中：不能完成预定功能的事件，一般称为"功能故障"；将不能完成预定功能的可鉴别状态，一般称为"潜在故障"。清晰的故障判据，是评判装备是否处于故障状态的直接依据，否则，空谈故障意义不大。工程上，装备的故障判据通常与装备的功能定位、任务要求和使用环境密切相关。常见的几类故障判据如下：

（1）在规定的任务条件下，装备不能完成规定的任务功能；

（2）在规定的任务条件下，装备部分参数指标不能或不能按要求持续保持在规定的量值范围内；

（3）在规定的任务条件下，受到任务环境应力作用，装备产生了不可接受的物理或化学形式的劣变状态，例如应力裂纹、疲劳形变、腐蚀损伤等。

4.1.6 故障模式

故障模式指"故障的具体表现形式"。研究故障模式通常从故障现象入手，为此在一定程度上故障模式也可视为对于故障现象的规范化的抽象表述。以变压器为例，"变压器输出端无电压信号输出"是故障现象，"变压器输出端失电"是故障模式。与装备编码一样，装备故障模式也是实施各类保障性分析工作的"基础性""关键性"和"桥梁性"信息，在装备研制的初期也必须给予充分的技术关注度。国家军用标准中对大量机械类、电子类产品，以及部分专用装备（例如航空发动机、装甲车等）的故障模式，给出了规范的表述，可供装备通用质量工程技术人员直接查询使用。这里给出几类机械零件的常见故障模式[14-15]，如表 4-1 所示。

表 4-1 几类机械零件的常见故障模式

序号	机械零件	常见故障模式	备 注
1	齿轮	表面疲劳损伤	
2	齿轮	弯曲断裂	

续表

序号	机械零件	常见故障模式	备注
3	齿轮	磨损	
4	齿轮	表面塑性变形	
5	轴	异常变形	
6	轴	断裂	包括静载断裂、冲击断裂、应力腐蚀断裂、疲劳断裂等
7	轴	表面损伤	包括表面磨损、表面腐蚀、表面接触疲劳等
8	弹簧	断裂	包括脆性断裂、疲劳断裂、应力腐蚀断裂、疲劳断裂、氢脆、镉脆等
9	弹簧	松弛	
10	弹簧	变形	
11	弹簧	磨损	
12	紧固件	断裂	包括脆性断裂、延滞破坏断裂、腐蚀断裂、高温应力断裂等
13	紧固件	变形	
14	紧固件	滑扣	

注意：故障模式通常采用"主语＋故障状态"的简洁表述方式，不建议将过于细致的关于故障现象的表述作为故障模式使用。例如，建议采用"机械轴弯曲变形"这种故障模式表述方式，不建议将"机械轴弯曲偏离正常轴中心线接近45度"这类故障现象表述内容直接作为故障模式使用。

4.1.7 故障原因

故障原因指"引起装备各类故障模式发生的直接或间接因素"。其中：直接因素也称为"故障机理"，一般指"引起装备故障模式发生的物理、化学、生物或其他过程"；间接因素一般指"人为操作失误、设计缺陷、错误装配等"。

注意：(1) 一个故障模式可能存有多个故障原因，每一故障原因均可单独导致故障模式的发生，此种情况应逐一进行故障原因说明；(2) 一个故障模式也可能由多个故障原因共同耦合作用所致，此时只有多个故障原因共同作用才能导致故障模式的发生；(3) 当前约定层次分析单元的故障模式对应的故障原因，往往就是紧邻下一约定层次分析单元的故障模式；例如，当前约定层次分析单元"弹簧部件"的故障模式为"弹力丧失"，故障原因为"弹簧部件内弹簧疲劳断裂"，其紧邻下一约定层次分析单元"弹簧部件内弹簧"的故障模式为"弹簧疲劳断裂"，则此时紧邻下一约定层次分析单元的故障模式，恰好就是当前约定层次分析单元的故障原因；(4) 对于部分约定层次分析单元为"零部件或元器件"的情形，故障模式可能就是故障原因；例如，约定层次分析单元为"弹簧部件内弹簧"，其故障模式为"弹簧疲劳断裂"，其故障原因也可为"弹簧疲劳断裂"。

4.1.8 故障影响

故障影响指"故障模式对装备使用、功能或状态导致的直接或间接后果"，相关后果是评判装备故障模式严酷度等级和危害度等级的重要依据。装备故障模式、影响及危害性分析中对于故障影响的分析,一般分为局部影响、高一层次影响和最终影响三个层级。

其中:局部影响指"故障模式对当前约定层次分析单元的使用、功能或状态导致的直接后果",高一层次影响指"故障模式对当前约定层次的紧邻上一约定层次分析单元的使用、功能或状态导致的间接后果",最终影响指"故障模式对初始约定层次分析单元的使用、功能或状态导致的间接后果"。

注意:(1)一个故障模式可能导致多个局部影响,进而导致多个高一层次影响和最终影响,此种情况应逐一进行故障影响说明;(2)多个故障模式也可能必须同时作用才能导致某一层级的故障影响发生;(3)当前约定层次分析单元的故障模式对高一层次的故障影响,往往就是紧邻上一约定层次分析单元的某一故障模式;例如,当前约定层次分析单元为"弹簧部件内弹簧",故障模式为"弹簧疲劳断裂",对高一层次影响为"弹簧部件弹力丧失",其紧邻上一约定层次分析单元为"弹簧部件",故障模式为"弹力丧失",则此时当前约定层次分析单元的故障模式对高一层次的故障影响,恰好就是紧邻上一约定层次分析单元的故障模式。

故障模式、影响及危害性分析中,不同约定层次分析单元的故障模式、故障原因和故障影响间的逻辑关联,如图4-4所示。

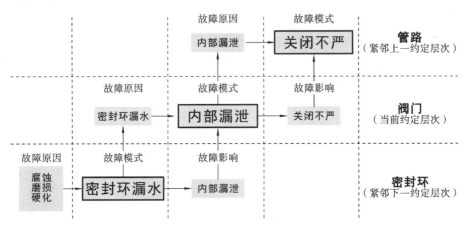

图4-4 不同约定层次分析单元的故障模式、故障原因和故障影响间的逻辑关联

图4-4中,当前约定层次定位为管路的"阀门",其紧邻上一约定层次定位为"管路(含管路本体、阀门、法兰等)",紧邻下一约定层次定位为阀门的"密封环"。对于当前约定层次阀门而言,由于其故障模式"阀门内部漏泄"对于紧邻上一约定层次的故障影响为"管路关闭不严",因此当前约定层次故障模式"阀门内部漏泄"实际上就是其紧邻上一约定层次管路故障模式"管路关闭不严"的故障原因;类似地,由于当前约定层次阀门故障模式"阀门内部漏泄"的故障原因为"阀门密封环漏水",因此当前约定层次阀门故障原因"阀门密封环漏水"就是其紧邻下一约定层次密封环的某一故障模式,且该故障模式对于紧邻上一约定层次的故障影响就是"阀门内部漏泄"。

4.1.9 严酷度

严酷度指"故障模式所产生故障影响的严重程度",通常以"严酷度类别"体现。装备综合保障工程中,一般以故障模式导致的"最终影响"来评判相关故障模式的严酷度类别。评判严酷度类别时,应重点考虑人员伤亡、系统(装备、设备)损坏、经济损失等可能出现的诸多故障最终影响。

有关严酷度类别的具体评判方法存有多种,这里仅给出一类最为常见的评判方法,如表4-2所示。

表 4-2 一类常见的严酷度类别评判方法

严酷度类别	故障影响程度	评 判 依 据
Ⅰ	灾难性	故障模式发生后,最终会导致人员死亡或系统(装备、设备)毁坏(已不具备修复可能)的灾难性故障影响
Ⅱ	致命性	故障模式发生后,最终会导致人员严重伤害或系统(装备、设备)重要任务功能丧失(短期不具备修复可能,影响任务执行)或重大经济损失的致命性故障影响
Ⅲ	中等	故障模式发生后,最终会导致人员轻度伤害或系统(装备、设备)部分任务功能丧失(短期具备修复可能,但会导致任务延误)或一定经济损失的中等故障影响
Ⅳ	轻度	故障模式发生后,不足以导致人员伤害或系统(装备、设备)任务功能丧失或一定经济损失的轻度故障影响,但会导致非计划性维护或修理

注意:(1)此处所述故障模式的"最终影响"是面向"初始约定层次"的,为此,严酷度类别判据也应是面向"初始约定层次"的;(2)表4-2中所列严酷度类别评判方法,仅为一类示例评判方法,在实际的综合保障工程实践中,装备通用质量工程技术人员应结合所研装备的具体任务功能特点,视情调整完善;(3)对于部分可能导致自然环境重大污染的故障模式,例如海洋核污染、地下水化学污染等,均应纳为灾难性或致命性严酷度类别。

4.1.10 危害度

危害度指"故障模式所产生故障影响的危害程度",用于更为全面的评价各种故障影响的综合后果,通常以"危害度类别"体现。工程上,"危害度类别"的评判方法一般与"严酷度类别"评判和"故障模式发生概率等级"评判密切相关,且往往以两者综合评判的排序结果,作为故障模式危害度类别排序的重要依据。鉴于"严酷度类别"的评判方法已在上一小节给出详细阐述,这里仅就"故障模式发生概率等级"的评判方法,给出一类评判说明,如表4-3所示。

表 4-3 一类常见的故障模式发生概率等级评判方法

概率等级	概率特征	评判依据(在任务工作时间内)
A	经常发生	故障模式发生概率处于十分之一级别,或每工作几十小时、几十次便可能故障一次
B	有时发生	故障模式发生概率处于百分之一级别,或每工作几百小时、几百次便可能故障一次
C	偶然发生	故障模式发生概率处于千分之一级别,或每工作几千小时、几千次便可能故障一次

续表

概率等级	概率特征	评判依据(在任务工作时间内)
D	很少发生	故障模式发生概率处于万分之一级别,或每工作几万小时、几万次便可能故障一次
E	极少发生	故障模式发生概率处于十万分之一级别,或每工作几十万小时、几十万次便可能故障一次

注意:(1) 故障模式危害度与故障模式严酷度和故障模式发生概率等级间的逻辑耦合关系是多样的,可能是简单的"叠乘"关系,也可能是"比例加权"关系,还可能是其他类型的数学关联关系;(2) 危害度类别较高的故障模式集合,通常是严酷度类别较高的故障模式集合(Ⅰ类、Ⅱ类)的子集;(3) 危害度类别较高的故障模式,通常应尽可能通过更改设计或其他有效抑制举措完全消除;(4) 工程上,发生概率等级处于 F 级的故障模式(故障模式发生概率处于百万分之一级别),一般在装备故障模式、影响及危害性分析中不予考虑,为此,表 4-3 中并未就此类故障模式发生概率等级进行说明。

4.2 故障模式、影响及危害性分析的实施步骤

如图 4-5 所示,装备综合保障工程中实施故障模式、影响及危害性分析,主要包括技术准备、系统定义、故障模式及影响分析、故障模式危害性分析、故障模式检测方法分析、设计改进和使用补偿措施分析、维修项目分析与确定、分析报告输出八个技术步骤。

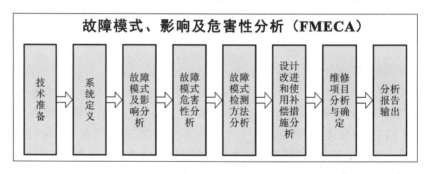

图 4-5 故障模式、影响及危害性分析实施的全过程

4.2.1 技术准备

与故障模式、影响及危害性分析相关的技术准备工作,主要包括基础信息收集和分析计划制定。

1. 基础信息收集

在实施装备的故障模式、影响及危害性分析前,应首先收集以下基础信息。

1) 技术规范与研制方案

技术规范与研制方案用于掌握装备的功能要求、使用环境条件、使用任务剖面,以及其他与装备使用和维修相关的技术说明信息。

2）设计图样

设计图样用于掌握装备内部设备、组部件、元器件、零部件的结构组成、几何尺寸、材料与工艺、耦合关联、交互接口等信息。

3）可靠性维修性测试性设计、分析及试验信息

可靠性维修性测试性设计、分析及试验信息用于掌握装备的故障模式、故障率、故障现象、故障原因、故障影响、故障监测、故障隔离、故障定位、故障诊断、维修历程等可靠性维修性测试性的设计、分析及试验信息。如果确无相关信息来源，则应收集相关可靠性、维修性、测试性的标准规范信息或计算机模拟仿真信息。

4）类似装备的故障模式、影响及危害性信息

类似装备的故障模式、影响及危害性信息用于掌握与新研装备结构类似装备的故障模式、故障影响、严酷度和危害度判别、设计改进措施、使用补偿措施等故障模式、影响及危害性信息。如果确无相关信息来源，则应收集与新研装备局部类似装备的相关故障模式、影响及危害性信息。

上述这些基础信息，在新研装备设计研制的初期往往并不能一次性全部掌握。为此，开展装备研制初期的故障模式、影响及危害性分析工作，一般只能通过部分合理假设，确定一些比较明显的故障模式及其相关分析信息。但随着新研装备设计、研制过程的不断深入推进，可利用的信息不断增多，故障模式、影响及危害性分析工作应重复多轮次进行，并根据需要，将分析工作不断扩展到更为具体的约定层次。

2. 分析计划制定

为确保新研装备故障模式、影响及危害性分析工作的高效顺畅实施，必须在装备设计研制的早期制定详细周密的故障模式、影响及危害性分析工作计划，并将其纳为装备承制方实施故障模式、影响及危害性分析工作的强制性指令技术文件，作为新研装备通用质量过程管控工作的重要组成部分。一般来说，制定的装备故障模式、影响及危害性分析工作计划，应至少包括以下技术约束内容：

（1）新研装备在寿命周期不同阶段开展故障模式、影响及危害性分析工作所应选用的分析方法、分析约定层次和分析内容格式；

（2）新研装备故障模式、影响及危害性分析的基础编码体系；

（3）新研装备故障模式、影响及危害性分析的任务功能定位和故障触发判据；

（4）新研装备故障模式、故障原因、故障影响和故障检测的规范化表述方法；

（5）新研装备严酷度类别、危害度类别以及故障模式发生概率等级的划分原则；

（6）新研装备故障模式、影响及危害性分析不同基础输入信息的规范来源及其信息提供责任方；

（7）新研装备故障模式、影响及危害性分析输出报告的基础内容纲目；

（8）其他与新研装备故障模式、影响及危害性分析具体实施、过程管控、质量管控、进度管控等相关的系列工作要求。

4.2.2 系统定义

完成装备故障模式、影响及危害性分析的技术准备工作后，在实施故障模式、影响及危害性分析前，还应对新研装备给出全面详细的系统定义。系统定义内容应至少涵盖结构组成及编码体系、任务剖面及功能要求、任务可靠性框图、约定层次及分析方法、装备故障判据、严酷度类别划分原则和危害度排序规则等。

1. 结构组成及编码体系

如表 4-4 所示,推荐以"表格"形式明确新研装备的结构组成及编码体系。其中:结构组成通过"表格中的各行结构属性信息"具体展现,应尽可能按序分解至新研装备的各监视与操控部件(或部位)和最小可更换单元(或需检修部位);编码体系通过表格中"组成编码"列的编码信息序列具体展现,相关编码规则与编码量值应能直接体现不同层级分析单元(设备、组部件、元器件、零部件)间的交互与接口关系,并便于实现工程上的信息化处理。

表 4-4 结构组成及编码体系表

组成编码	名称	标准号/型号/图号	单机数量	计量单位	特别标识	可靠性与维修性信息	备注
01	装备						
0101	设备						
010102	组件						
01010201	部件						
010102010104	元器件/零部件						

(1)组成编码:按故障模式、影响及危害性分析工作计划中明确的编码体系编写分析单元的编码序列,并由编码位数体现不同分析单元间的逻辑关系。例如,"01"代表新研装备本体,"0101"代表新研装备下属某设备,"010102"代表某设备下属某组件,"01010201"代表某组件下属某部件,依此类推,直至装备各监视与操控部件(或部位)和最小可更换单元(或需检修部位)。

(2)名称:填写分析单元在装备技术规格书内统一规范的汉字全称,不能用缩写字母、代号、图号、简称等替代。

(3)标准号/型号/图号:按照"标准号→型号→图号"的先后顺序,依次选择并填写。如果分析单元为标准件,填写相关国家标准号、军用标准号、行业标准号;如果分析单元为非标准件,但已生产定型,则填写相关规格型号;如果分析单元为非标准件,且并未生产定型,则填写相关研制图号。

(4)单机数量:填写相关分析单元在单台(套)装备中的装配数量。

(5)计量单位:填写相关分析单元的具体计量单位,例如个、只、台、套、组等。

(6)特别标识:填写 K、L、O、R、I、S、C 等特别标识字母。其中,字母 K 代表关重件,字母 L 代表有寿件,字母 O 代表需要监视与操控的部件,字母 R 代表基层级可更换单元,字母 I 代表中继级可更换单元,字母 S 代表基地级可更换单元,字母 C 代表需要检修的部位。若分析单元同时具备上述几类特征,例如,基层级可更换关重有寿件,则与其相关的特殊标识应填写为"KLR"。

(7)可靠性与维修性信息:对于具备"可更换单元 R/I/S 或需要检修的部位 C"特征的分析单元,必须填写相关可靠性与维修性信息;如果是可更换有寿件,必须给出寿命时间和平均更换时间;如果是可更换非有寿件,必须给出平均故障间隔时间和平均更换时间;如果是需要检修的部位,必须给出定期检查间隔时间。

(8)备注:填写其他针对分析单元需要特殊说明的信息。

一类新研装备的结构组成及编码体系样例,如表 4-5 所示。

表 4-5 一类新研装备的结构组成及编码体系样例

组成编码	名称	标准号/型号/图号	单机数量	计量单位	特别标识	可靠性与维修性信息	备注
⋮							
010103010102	接触器	GB 14048.4—2003	6	个	R	平均故障间隔时间 8600 h,基层级更换时间 0.5 h	
⋮							
050101080102	密封圈	ZAHX8.671.009	4	个	LS	使用寿命 2 a,基地级更换时间 2 h	
⋮							
11020118	球阀	KHNVN-G1	1	个	OR	平均故障间隔时间 12000 h,基层级更换时间 0.5 h	手动操控
⋮							
150102	减振器	FGFH600	1	套	C	定期检查间隔时间 6 m	
⋮							

注意:表 4-5 中,符号 h 代表"小时",符号 m 代表"月",符号 a 代表"年"。

2. 任务剖面及功能要求

明确装备的任务剖面和功能要求,是合理评判装备不同故障模式影响后果的前提。有关装备任务剖面的刻画,已在 4.1.2 节给出了详细的图示说明,此处不再赘述。有关装备任务功能的刻画,最为理想的表现形式是在表 4-4 的基础上,增加一列"功能要求"说明列,如表 4-6 所示。表 4-6 所示为以某型定向强声驱鸟装置为例,给出的附加"功能要求"说明的定向强声驱鸟装置结构组成及编码体系表,相关功能要求明确至"重要组件"层级。

表 4-6 附加"功能要求"说明的定向强声驱鸟装置结构组成及编码体系表

组成编码	名称	标准号/型号/图号	单机数量	计量单位	功能要求	特别标识	可靠性与维修性信息	备注
0501	定向强声驱鸟装置	×××A03	1	台	发出驱鸟声音,驱离附近鸟类			
050101	扩音器	×××A03-KY	1	个	实现电声转化,发射指向性高分贝声波			
050102	功率放大器	×××A03-GF	1	个	为扩音器提供放大的音频信号			
050103	转台	×××A03-ZT	1	个	带动扩音器实现水平和俯仰方向转动			
050104	摄像系统	×××A03-SX	1	台	实现监控区域鸟类目标的跟踪与显示,以及远距离目标的图像定位与放大			

3. 任务可靠性框图

为更直观地协助装备通用质量工程技术人员理解装备的结构组成与任务功能的关联,工程上一般还会绘制装备的任务可靠性框图。仍以定向强声驱鸟装置为例,其任务可靠性框图如图 4-6 所示。

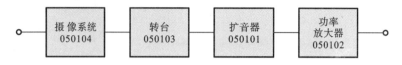

图 4-6　定向强声驱鸟装置的任务可靠性框图

注意,装备任务可靠性框图与常规的装备物理结构框图不同。任务可靠性框图主要关注装备完成预期任务所需不同功能单元的无故障状态保持情况,而物理结构框图则更注重展现装备各组部件间的实际物理结构与信息交互关联。这里,以某振荡电路组件为例,说明两者的区别。

假设某振荡电路组件(S)由两个电感元件(L_1、L_2)和一个电容元件(C)组成,则其物理结构框图和任务可靠性框图分别如图 4-7、图 4-8 所示。

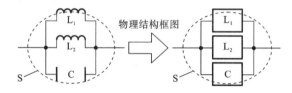

图 4-7　某振荡电路组件的物理结构框图

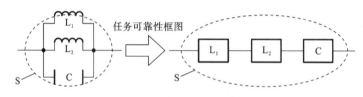

图 4-8　某振荡电路组件的任务可靠性框图

通过比较图 4-7、图 4-8 可知:

(1) 该型振荡电路组件的物理结构框图是"并联"结构,反映电路组件中电感元件和电容元件间是物理并联联接构型;

(2) 该型振荡电路组件的任务可靠性框图是"串联"结构,反映电路组件中任意元器件的功能丧失都将直接导致整个振荡电路组件的任务功能丧失;

(3) 对于该型振荡电路组件,两类框图的拓扑结构完全不同,在实施装备故障模式、影响及危害性分析的过程中,尤其是在确定不同故障模式的局部影响、高一层次影响和最终影响时,务必应选择"任务可靠性框图"作为分析依据。

4. 约定层次及分析方法

不同约定层次对应不同的分析单元,进而分析明确的故障模式、故障原因和故障影响也各不相同。为此,在实施新研装备的故障模式、影响及危害性分析前,还应清晰确定分析实施的具体约定层次。一般来说,在新研装备的方案设计阶段(或方案设计早期),可搜集和利用的设计信息极其有限,此时分析的约定层次应定位在装备的较高层级;对于大型装备复杂系统,一般定位在分系统层级;对于独立的装备,一般定位在设备层级。随着新研装备设计工作的持续深入开展,可搜集和利用的设计信息逐步丰富,设计状态也逐步固化,此时分析的约定层次应定位在装备的较低层级;对于大型装备复杂系统,一般定位在设备层级;对于独立的装备,一般定位在组件层级。

需要说明的是,不同的分析约定层次,适用的故障模式、影响及危害性分析方法也不尽相同。在方案设计阶段(或方案设计早期),分析约定层次定位于装备的较高层级,相关故障模式、影响及危害性分析方法通常采用"功能分析法"。在技术设计阶段(或深化方案设计末期),分析约定层次定位于装备的较低层级,相关故障模式、影响及危害性分析方法通常采用"硬件分析法"。其中,"功能分析法"主要围绕新研装备的各项预期功能及其功能丧失后的故障影响开展分析,并不过多关注装备具体硬件结构层次的保障问题;而"硬件分析法"直接面向新研装备所属各设备、组部件、元器件、零部件的故障模式、故障原因和故障影响开展分析,分析结果将直接影响新研装备的设计结果及其配套保障资源建设需求。

此外,分析约定层次的选择与任务可靠性框图的绘制也密切相关。很明显的是,任务可靠性框图绘制的最小构图对象,应是新研装备故障模式、影响及危害性分析的当前约定层次分析单元,否则任务可靠性框图的任务功能分析功用将大大降低。这里,以大型装备复杂系统为例,其不同分析约定层次的任务可靠性框图,如图 4-9、图 4-10 所示。图 4-9、图 4-10 中,符号 n、x、y、z 代表用于确定大型装备复杂系统物理构型的数学变量。

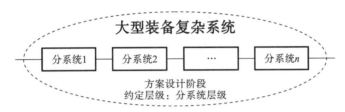

图 4-9　大型装备复杂系统方案设计阶段的任务可靠性框图

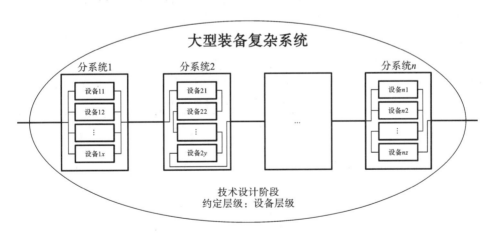

图 4-10　大型装备复杂系统技术设计阶段的任务可靠性框图

5. 装备故障判据

装备是否处于故障状态,以及处于故障状态后的系列"连锁反应",是实施装备故障模式、影响及危害性分析的"源发"性问题。如果装备使用过程没有故障发生,自然也无须开展相关故障模式、影响及危害性分析工作。为此,系统定义中必须就所研装备对象是否处于故障状态,给出清晰明确的故障判据,以供装备通用质量工程技术人员在实施故障模式、影响及危害性分析中,核定具体故障模式时引用与参考。

这里,以某型电能调节控制系统为例,相关故障判据如表4-7所示。

表 4-7 某型电能调节控制系统的故障判据

名称	功能	故障判据	故障后果
电能调节控制系统	将A型电机输出的电能,变换为频率和幅值协调变化的电能,并加至B型电机,以实现对电力推进轨迹的精确控制	调节控制系统停止运行,无法实现电能变换; 在输入和控制正常的情况下,输出电能的频率和幅值不满足要求	降低B型电机储能,无法实现电力推进轨迹的精确控制

注意:(1) 不能满足预期任务功能要求,是判别装备故障状态的基本前提,为此,在制定装备故障判据前,必须首先明确装备的具体任务功能;(2) 有关装备故障判据的表述,应尽量具体、详细,并包含各种可能故障状况,不建议采用"不能工作""功能丧失"此类不具任何指导价值的过于宽泛的表述方式;(3) 通常在给出装备故障判据的同时,还应就相关故障可能导致的故障后果给出同步表述,这是后续确定装备故障严酷度类别的重要"接口"信息;(4) 系统定义中,装备故障判据的颗粒度通常应控制在重要设备层级(大型复杂装备系统可控制在分系统层级或装备层级),过于细致的关于装备硬件层级(组部件、元器件、零部件等)的故障判据,应是具体实施装备故障模式、影响及危害性分析过程中关注的技术内容,此处不做过多表述。

6. 严酷度类别划分原则

明确新研装备的主要故障判据后,还应就不同故障后果导致的严重程度等级,给出划分原则,即给出装备故障严酷度类别划分的基本原则。4.1.9节中,已提供了一类常见的严酷度类别划分方法,该方法将装备的严酷度类别划分为灾难性(Ⅰ)、致命性(Ⅱ)、中等(Ⅲ)和轻度(Ⅳ)四类,并分别给出了不同严酷度类别的基本评判依据。而系统定义中的严酷度类别划分,则是在此基础上结合新研装备自身特点给出的更为具体的严酷度类别划分约束准则。例如,表4-2中"致命性"故障所述"导致重要任务功能丧失,短期不具备修复可能",在此处就应进一步明确"短期"的具体时长,究竟是4个小时,还是2个小时,以供装备通用质量工程技术人员核定新研装备相关故障模式的严酷度类别时选择判断。

这里,以某型制动装置为例,相关故障严酷度类别的具体划分原则,如表4-8所示。

表 4-8 某型制动装置的严酷度类别评判原则

严酷度类别	故障影响程度	评判原则
Ⅰ	灾难性	故障模式发生后,会直接或间接导致装备制动末速过高(>10 m/s)或制动距离过长(>10 m),进而影响人员人身安全
Ⅱ	致命性	故障模式发生后,会直接或间接导致人员严重伤害或制动任务功能完全丧失,且在2个小时内不具备修复可能
Ⅲ	中等	故障模式发生后,会直接或间接导致人员轻度伤害或制动任务功能部分丧失,但在2个小时内具备修复可能
Ⅳ	轻度	故障模式发生后,不足以导致人员伤害或制动任务功能丧失,但会导致非计划性维护或修理

注意:(1)系统定义中明确的严酷度类别划分原则,是针对相关故障模式导致的最终故障影响而言的,因此在进行严酷度类别判定时,一定不能将故障模式的局部影响和高一层次影响,混淆为故障模式的最终影响;(2)鉴于严酷度类别判定中的经济性约束条件(例如重大经济性损失、一定经济损失等),通常与装备自身特征的关联性不大,为此表4-8中没有再就其单独设置评判约束条件;实际综合保障工程实践中,一般直接沿用表4-2中所述经济性约束条件,实施严酷度类别的评判;(3)表4-8中给出的2个小时内故障修复要求,在工程上并不具备普适意义,不同装备在进行系统定义时,应根据自身的使用任务与保障约束要求,视情调整恰当量值。

7. 危害度排序规则

在明确了装备不同故障模式的严酷度类别划分原则的基础上,还应进一步明确不同故障模式的危害度排序规则,以供装备设计研制人员权衡确定相关设计改进(或使用补偿)措施的优先级时选用。

工程上,常用的危害度排序规则主要有风险优先数排序、危害度矩阵排序和危害度概率建模排序三种。

1) 风险优先数排序

如式(4-1)所示,风险优先数排序是按照风险优先数(risk priority number,RPN)的量值大小,确定装备故障模式危害度排序规则的一种方法[16]。相关故障模式的风险优先数的量值越大,危害度越大,排序越靠前。

$$RPN = ESR \times OPR \times DDR \quad (4-1)$$

式中:ESR(effect severity ranking)代表装备故障模式的严酷度类别评分,相关评分换算准则如表4-9所示;OPR(occurrence probability ranking)代表装备故障模式的发生概率等级评分,相关评分换算准则如表4-10所示;DDR(detection difficulty ranking)代表装备故障模式的检测难易程度等级评分,相关评分换算准则如表4-11所示。

表4-9 故障模式严酷度类别(ESR)评分准则

严酷度类别	故障影响程度	评判依据	评分
Ⅰ	灾难性	故障模式发生后,最终会导致人员死亡或系统(装备、设备)毁坏(已不具备修复可能)的灾难性故障影响	9,10
Ⅱ	致命性	故障模式发生后,最终会导致人员严重伤害或系统(装备、设备)重要任务功能丧失(短期不具备修复可能,影响任务执行)或重大经济损失的致命性故障影响	7,8
Ⅲ	中等	故障模式发生后,最终会导致人员轻度伤害或系统(装备、设备)部分任务功能丧失(短期具备修复可能,但会导致任务延误)或一定经济损失的中等故障影响	4,5,6
Ⅳ	轻度	故障模式发生后,不足以导致人员伤害或系统(装备、设备)任务功能丧失或一定经济损失的轻度故障影响,但会导致非计划性维护或修理	1,2,3

表 4-10　故障模式发生概率等级(OPR)评分准则

概率等级	概率特征	评判依据(在任务工作时间内)	评分
A	经常发生	故障模式发生概率处于十分之一级别,或每工作几十小时、几十次便可能故障一次	9,10
B	有时发生	故障模式发生概率处于百分之一级别,或每工作几百小时、几百次便可能故障一次	7,8
C	偶然发生	故障模式发生概率处于千分之一级别,或每工作几千小时、几千次便可能故障一次	4,5,6
D	很少发生	故障模式发生概率处于万分之一级别,或每工作几万小时、几万次便可能故障一次	2,3
E	极少发生	故障模式发生概率处于十万分之一级别,或每工作几十万小时、几十万次便可能故障一次	1

表 4-11　故障模式检测难易程度等级(DDR)评分准则

检测难易程度等级	评判依据(检测保障资源配备充足)	评分
完全不能	故障模式不能检测或不可能进行检测	7
很难	相关故障模式很难检测,例如打开机体槽盖板后,仍需执行进一步的拆解、定位等复杂操作并需经专业检测后才可发现	6
难	相关故障模式较难检测,例如打开机体槽盖板后,仍需执行进一步的拆解、定位等复杂操作后才可检测发现	5
中	相关故障模式难以检测,例如打开机体槽盖板后,仍需使用专用工具进行检测或测量后才能发现	4
容易	相关故障模式较易检测,例如打开机体槽盖板后即可立即发现	3
很容易	相关故障模式易于检测,只需使用常用工具检测或测量即可发现	2
极其容易	相关故障模式极易检测,故障发生后无须测量即可发现	1

2）危害度矩阵排序

如图 4-11 所示,危害度矩阵排序是按照不同故障模式在"危害度矩阵图"中所处不同坐标位置,确定装备故障模式危害度排序规则的一种方法。其具体排序规则为：自危害度矩阵中的故障模式分布点向危害度矩阵的对角线作垂线,该垂线与对角线交点距危害度矩阵圆点 O 越远,危害度越大,排序越靠前。例如,图 4-11 中的故障模式分布点 M_1 和 M_2,由于线段 $O1$ 的长度大于线段 $O2$ 的长度,因此故障模式 M_1 的危害度排序高于故障模式 M_2 的。

需要说明的是,前述风险优先数排序方法和危害度矩阵排序方法,究其本质而言,仍是一种"定性"分析方法,并存在一定的工程应用局限性,具体表现为针对部分故障模式子集的危害度"分辨率"不足、排序"优先级"失真。这里举一例说明。

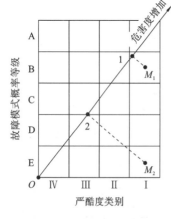

图 4-11　危害度矩阵图

假设装备存有两类故障模式 M_1 和 M_2，其中 M_1 为第一类故障模式（严酷度类别Ⅰ、故障模式发生概率等级 C），M_2 为第二类故障模式（严酷度类别Ⅲ、故障模式发生概率等级 B），且检测难易程度等级均为"极其容易"，则基于式(4-1)分别计算两类故障模式的风险优先数：

$$RPN_1 = ESR_1 \times OPR_1 \times DDR_1 = 9 \times 5 \times 1 = 45 \quad (4-2)$$

$$RPN_2 = ESR_2 \times OPR_2 \times DDR_2 = 6 \times 8 \times 1 = 48 \quad (4-3)$$

式中：RPN_i、ESR_i、OPR_i、DDR_i 分别代表第 i 类故障模式的风险优先数评分、严酷度类别评分、发生概率等级评分和检测难易程度等级评分，$i=1,2$。

通过比较 RPN_1 和 RPN_2 的分值可知，$RPN_1 < RPN_2$，按照风险优先数排序规则，第二类故障模式的危害度优先于第一类故障模式的危害度。但事实上，在装备综合保障工程中，偶然发生的Ⅰ类严酷度故障模式的危害度排序，显然应优于有时发生的Ⅲ类严酷度故障模式的才更合理，也更贴近装备设计改进的工程急需。为克服上述危害度排序方法的应用局限性，工程上引入一类危害度"分辨率"较高且排序"优先级"失真较低的方法，即危害度概率建模排序方法。

3）危害度概率建模排序

危害度概率建模排序是一种基于装备故障统计特征的危害度"定量"分析方法。其具体排序规则为：在给定严酷度类别下，基于式(4-4)分别计算相关故障模式的危害度定量取值，之后结合改进的危害度矩阵图（见图 4-12）实现排序。

$$C_j(k) = \alpha_j \beta_j \lambda_e T_m \quad (4-4)$$

式中：k 为严酷度类别标识变量，可取Ⅰ、Ⅱ、Ⅲ、Ⅳ；j 为第 j 类故障模式标识变量，可取 $1, 2, \cdots, N_k$，N_k 为第 k 类严酷度类别的故障模式总数；$C_j(k)$ 为第 j 类故障模式在第 k 类严酷度类别的故障模式子集中的危害度；α_j 为第 j 类故障模式在装备全部故障模式总数中的发生频次比；β_j 为第 j 类故障模式发生后产生预期最终影响的概率；λ_e 为新研装备在预期任务剖面中的总体故障率；T_m 为新研装备任务阶段的预期平均工作时间。

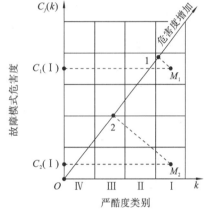

图 4-12 改进的危害度矩阵图

需要说明的是：鉴于本书定位为介绍装备综合保障工程的基础知识，为此，其他更为复杂的"分辨率"更高的装备故障模式危害度排序规则，例如融合模糊集理论的风险优先数排序、考虑局部备份设计的危害度概率建模排序等，均未在本书中提及；此外，危害度概率建模排序方法虽然"分辨率"较高，但必须建立在能够获取较为准确的装备故障统计规律基础上，而这又往往成为选用该类危害度排序规则的技术瓶颈。在装备综合保障实际工程实践中，装备通用质量工程技术人员应结合装备设计研制的具体技术支撑条件，视情择优选择前述三种危害度排序规则。

4.2.3 故障模式及影响分析

故障模式及影响分析是故障模式、影响及危害性分析中最为核心的分析工作，一般以"表格"形式完成分析，具体如表 4-12 所示。根据新研装备设计研制所处的阶段不同，以及可掌握的技术准备信息不同，故障模式及影响分析又可分为面向"功能"的故障模式及影响分析和面向"硬件"的故障模式及影响分析。工程上，在装备方案设计阶段（或方案设计早期），通常开展面向"功能"的故障模式及影响分析；在装备技术设计阶段（或深化方案设计末期），则通常开展面向"硬件"的故障模式及影响分析。

表 4-12　故障模式及影响分析表(功能/硬件)

初始约定层次:(1)

约定层次:(2)

代码/组成编码	功能标志/产品	功能		故障模式		故障原因		任务阶段与工作方式	故障影响			严酷度类别
		编号	功能	编号	模式	编号	原因		局部影响	高一层次影响	最终影响	
(3)	(4)	(5)		(6)		(7)		(8)	(9)			(10)

（1）初始约定层次:填写当前故障模式及影响分析中"最终影响"定位的约束对象层级,可以是大型装备复杂系统、装备复杂系统中的分系统、独立装备等。

（2）约定层次:填写当前故障模式及影响分析的具体应用对象。在装备方案设计阶段,由于可获得的技术准备信息有限,约定层级通常定位为分系统层级或独立装备层级;在装备技术设计阶段,由于可获得的技术准备信息较多,约定层级通常定位为方案设计阶段约定层级的下一层级,例如分系统层级的下属独立装备层级或独立装备层级的下属独立设备层级。

（3）代码/组成编码:对于面向"功能"的故障模式及影响分析,取"代码"表述,并按逻辑升序填写相应代码,例如 01、02 等;对于面向"硬件"的故障模式及影响分析,取"组成编码"表述,严格参照系统定义中明确的结构组成及编码体系,填写相关组成编码信息,例如 010102、01010201 等。

（4）功能标志/产品:对于面向"功能"的故障模式及影响分析,取"功能标志"表述,填写相关功能模块的主要功用名称,通常与系统定义中任务可靠性框图的具体功能单元的主要功用相对应,如本振输出、放大器输出等;对于面向"硬件"的故障模式及影响分析,取"产品"表述,填写与组成编码对应的装备具体组成单元的名称,且名称信息务必与装备结构组成及编码体系表(见表 4-4)中明确的名称保持一致。

（5）功能:填写与"功能标志/产品"相对应的具体细致的功能内容描述。例如,对于面向"功能"的故障模式及影响分析,若"功能标志"为"本振输出",则"功能"描述为"为放大器和混频器提供稳定频率的源发信号输出";再如,对于面向"硬件"的故障模式及影响分析,若"产品"为"操纵组件",则"功能"描述为"操纵×××,实现×××运动"。注意,同一"功能标志/产品"可能具备多种任务功能要求,应分别编号并各自独立开展故障模式、故障原因和故障影响分析。

（6）故障模式:填写与"功能"相对应的关于故障表现形式的规范表述。对于面向"功能"的故障模式及影响分析,常见的故障模式包括在规定的工作时间内不工作、在规定的非工作时间工作、提前工作、间隙工作或工作不稳定等;对于面向"硬件"的故障模式及影响分析,常见的故障模式包括零部件断裂、磨损、变形、腐蚀,元器件开路、短路、参数漂移等。注意,同一"功能"可能存有多种故障模式,应分别编号并各自独立开展故障原因和故障影响分析。

（7）故障原因:填写与"故障模式"相对应的直接或间接诱发原因。其中,直接原因包括诱发装备故障模式发生的物理、化学、生物或其他过程,例如过载应力、电化学腐蚀、疲劳、氧化、脆化等;间接原因包括人为操作失误、设计缺陷、错误装配等。注意,同一"故障模式"可能存有多种故障原因,应分别编号并各自独立说明其相关诱发因素。

（8）任务阶段与工作方式:参照系统定义中的任务剖面,填写相关故障模式可能发生于哪一任务阶段,以及可能发生于装备的何种工作方式。其中,常见的任务阶段包括检查准备阶段、工作运行阶段、停机阶段、全任务阶段等,常见的工作方式包括常规运行方式、异常运行方式、应急运行方式等。

(9) 故障影响:分局部影响、高一层次影响、最终影响三个层级,填写相关故障模式发生后对装备使用、功能或状态导致的直接或间接后果。其中,局部影响填写故障模式对于当前行分析单元的使用、功能或状态影响后果,高一层次影响填写故障模式对于当前行分析单元的紧邻上一层级单元的使用、功能或状态影响后果,最终影响填写故障模式对初始约定层级的使用、功能或状态影响后果。

(10) 严酷度类别:严格参照系统定义中明确的严酷度类别划分原则,填写新研装备不同故障模式下的严酷度类别分析结果,类别范围定位为Ⅰ(灾难性)、Ⅱ(致命性)、Ⅲ(中等)和Ⅳ(轻度)四种。

4.2.4 故障模式危害性分析

故障模式危害性分析是建立在故障模式及影响分析基础上的一类面向故障模式综合影响后果的补充性分析。它通过综合考虑故障模式的严酷度类别和发生概率等级信息,实现不同故障模式间的危害度排序,以供装备设计研制人员权衡设计改进措施(或使用补偿措施)时参考使用。装备故障模式危害性分析一般也以"表格"形式完成,根据危害度排序规则的不同,可分为故障模式"定性"危害性分析和故障模式"定量"危害性分析。

其中,故障模式的"定性"危害性分析,如表 4-13 所示。表 4-13 中与表 4-12 重复的表格单元,直接引用表 4-12 中相关技术说明内容即可,此处不再赘述。本章后续类似表格,均采用此种方法处理。

表 4-13 故障模式危害性分析表(定性)

代码/组成编码	功能标志/产品	故障模式	故障影响	严酷度类别	ESR	发生概率等级	OPR	检测难易程度等级	DDR	RPN	危害度矩阵坐标
					(1)	(2)	(3)	(4)	(5)	(6)	(7)

(1) ESR:填写当前分析行的故障模式严酷度类别评分,不同严酷度类别的评分换算准则,参考 4.2.2 节系统定义中的表 4-9 执行。

(2) 发生概率等级:填写当前分析行的故障模式在装备任务工作时间内的发生概率等级,不同概率量值的概率等级评判,参考 4.2.2 节系统定义中的表 4-10 执行。

(3) OPR:填写当前分析行的故障模式发生概率等级评分,不同概率等级的评分换算准则,参考 4.2.2 节系统定义中的表 4-10 执行。

(4) 检测难易程度等级:填写当前分析行的故障模式在保障资源配备充足情况下的检测难易程度等级,不同检测难易程度等级的评判,参考 4.2.2 节系统定义中的表 4-11 执行。

(5) DDR:填写当前分析行的故障模式检测难易程度等级评分,不同检测难易程度等级的评分换算准则,参考 4.2.2 节系统定义中的表 4-11 执行。

(6) RPN:填写当前分析行的故障模式风险优先数计算量值,具体计算方法参考 4.2.2 节系统定义中的式(4-1)执行。

(7) 危害度矩阵坐标:填写由故障模式严酷度类别和发生概率等级联合确定的危害度矩阵坐标值,例如(Ⅰ,C)、(Ⅲ,B)等;相关坐标适用于 4.2.2 节系统定义中的危害度矩阵排序规则。

故障模式的"定量"危害性分析,如表 4-14 所示。

表 4-14 故障模式危害性分析表(定量)

代码/ 组成编码	功能标志/ 产品	故障 模式	故障 影响	严酷度 类别	λ_e	T_m	α	β	$C(k)$	改进危害度 矩阵坐标
					(1)	(2)	(3)	(4)	(5)	(6)

(1) λ_e:填写新研装备在预期任务剖面中的总体故障率。

(2) T_m:填写新研装备任务阶段的预期平均工作时间。

(3) α:填写当前分析行的故障模式在装备全部故障模式总数中的发生频次比。

(4) β:填写当前分析行的故障模式发生后产生预期最终影响的概率。

(5) $C(k)$:填写当前分析行的故障模式在第 k 类严酷度类别的故障模式子集中的危害度,其中 k 的类别取值,由当前分析行的"严酷度类别"取值决定。

(6) 改进危害度矩阵坐标:填写由故障模式严酷度类别和 $C(k)$ 联合确定的改进危害度矩阵坐标值,例如(Ⅰ,C(Ⅰ))、(Ⅲ,C(Ⅲ))等;相关坐标适用于 4.2.2 节系统定义中的危害度概率建模排序规则。

4.2.5 故障模式检测方法分析

前述故障模式及影响分析和故障模式危害性分析,主要针对装备可能潜在的各类故障模式及其故障发生后可能导致的不同后果,开展集中细致的分析工作。而故障模式检测方法分析则是在此基础上,进一步针对可能导致装备各类故障模式发生的不同诱因,开展集中面向故障状态检(监)测的应对举措分析,力求装备的全部潜在故障模式在其任务使用期间,状态可测、风险可控。装备故障模式检测方法分析一般也以"表格"形式完成,根据检测分析的技术深度不同,可分为常规故障模式检测方法分析和面向测试性的扩展故障模式检测方法分析。

其中,常规故障模式检测方法分析,如表 4-15 所示。

表 4-15 故障模式检测方法分析表(常规)

代码/ 组成编码	功能标志/ 产品	功能		故障模式		故障原因		故障影响			严酷度 类别	检测 方法
		编号	功能	编号	模式	编号	原因	局部 影响	高一层 次影响	最终 影响		
												(*)

(*)检测方法:填写可用于发现或预测相关故障模式以及隔离或定位相关故障部位的,适用且有效的故障检测具体方式,一般包括监测系统故障报警、人工检测、人工+专用设备检测等。

面向测试性的扩展故障模式检测方法分析[17-18],如表 4-16 所示。

表 4-16 故障模式检测方法分析表(扩展)

代码/ 组成编码	功能标志/ 产品	故障 模式	故障 原因	严酷度 类别	检测 方法	检测 参数	检测 功能	参数 类型	隔离 方法	测点 位置	传感器 类型	报警 判据
					(1)	(2)	(3)	(4)	(5)	(6)	(7)	(8)

(1) 检测方法:填写内容同表 4-15 中检测方法。

(2) 检测参数:填写检测参数的具体名称,例如电压、电流、电阻、温度、湿度、盐度、位置、位移、速度、加速度、压力、流量等。

(3) 检测功用:填写检测参数在发现或预测装备故障模式以及隔离或定位故障部位中的具体物理功用,例如压力参数的物理功用是"均压管路内压力是否正常检测",位置参数的物理功用是"引水管水位是否到位检测"等。

(4) 参数类型:填写检测参数的具体指标表现形式,一般分为模拟量、数字量和逻辑量三种。

(5) 隔离方法:填写依托检测参数状态实施故障隔离或定位的具体方法,一般包括监控设备报警并自动隔离、人工观测并现场排查隔离、人工观测并结合外部测试设备隔离等。

(6) 测点位置:填写为实现当前分析行的参数检测,在装备硬件结构中的测试点设置具体位置,例如引水管尾部、压力油缸底部等。

(7) 传感器类型:填写为实现当前分析行的参数检测,选用的检测传感器实体类型,例如压力传感器、加速度传感器、温度传感器、光电传感器、行程开关等。

(8) 报警判据:填写基于检测参数判断装备是否处于故障状态的基本依据,例如压力值高于 4 MPa、温度高于 60 ℃、无反馈信号等。

注意:前述面向测试性的扩展故障模式检测方法分析,还可在其基础上附加一些其他的检测参数特征属性说明内容,例如检测数据传输方式、交互接口、隔离分辨率、隔离部件等。在装备综合保障工程实践过程中,通用质量工程技术人员应根据装备测试性设计要求的技术深度不同,视情裁剪或补充后使用。

4.2.6 设计改进和使用补偿措施分析

故障模式、影响及危害性分析除了对新研装备的潜在故障模式、故障原因、故障影响及其影响严重程度进行分析以外,还应就如何有效规避故障模式的发生,或降低故障模式发生的概率,或降低故障模式发生后的影响严重程度等,给出针对性的工程应对举措。工程上,一般将此类应对举措分为设计改进措施和使用补偿措施两类。相关设计改进和使用补偿措施分析表,如表 4-17 所示。

表 4-17 设计改进和使用补偿措施分析表

代码/组成编码	功能标志/产品	功能		故障模式		故障原因		故障影响			严酷度类别	设计改进措施	使用补偿措施
		编号	功能	编号	模式	编号	原因	局部影响	高一层次影响	最终影响			
												(1)	(2)

(1) 设计改进措施:填写可用于有效规避当前分析行的故障模式的发生,或降低故障模式发生的概率,或降低故障模式发生后的影响严重程度的设计改进措施,比较常见的设计改进措施包括冗余设计、降额设计、热设计、安全或替换旁路设计、选择高品质的基础材料、引入高品质的生产制造工艺等。

(2) 使用补偿措施:填写可用于有效规避当前分析行的故障模式的发生,或降低故障模式发生的概率,或降低故障模式发生后的影响严重程度的使用补偿措施,比较常见的使用补偿包括强制执行的分析单元最大持续运行时间(达到或接近极限运行时间时,必须强制停机休整)、强制执行的分析单元应急操作处置流程(纳入装备操作使用日常训练范围)、强制执行的装备现场人员应急撤离要求等。

需要说明的是,表 4-17 中明确的诸项设计改进措施,应务必在新研装备开展定型试验前完成工程闭环,并就改进后的故障模式消除情况和风险抑制情况给出评估,确保充分满足装备综合保障工程的预期改进目标;表 4-17 中明确的诸项使用补偿措施,例如相关强制停机休整时间、应急操作处置流程、现场人员应急撤离要求等,应务必在装备的"操作使用手册"中得以充分体现,并在相关使用保障的技术要求上保持严格一致。

4.2.7 维修项目分析与确定

1. 维修项目分析

传统的装备可靠性工程中的故障模式、影响及危害性分析,主要用于在新研装备设计研制的不同阶段实现装备固有可靠性的逐步增长,以满足订购方的合同指标要求;而装备综合保障工程中的故障模式、影响及危害性分析则与之不同,其分析的目的在于明确新研装备交付订购方使用后可能面临的诸项装备使用保障和维修保障需求,以及实施相应保障活动所需的各项保障资源要求。为此,装备综合保障工程中的故障模式、影响及危害性分析在完成传统可靠性工程中的系列分析项目后,还应就新研装备的保障需求和保障资源确定附加相关分析项目。鉴于本书篇幅所限,此处所述附加分析项目仅定位为面向装备不同故障模式的"维修项目"分析,详见表 4-18。

表 4-18 装备维修项目分析表

代码/组成编码	功能标志/产品	功能		故障模式		故障原因		故障影响			严酷度类别	维修项目
		编号	功能	编号	模式	编号	原因	局部影响	高一层次影响	最终影响		
												(＊)

(＊)维修项目:填写当前分析行的故障模式发生后,为恢复或保持装备的良好工作状态需要开展的相关维修项目工作内容。

需要说明以下几点。

(1)此处所述维修项目工作内容,既包含故障模式发生(功能故障)后用于消除故障模式的修复性维修项目工作内容,又包含出现可鉴别的故障模式发展趋势(潜在故障)后用于预防故障模式发生的预防性维修项目工作内容,因此,表 4-18 分析输出的维修项目应是新研装备交付用户使用后可能遭遇的维修项目需求"全集",而不是部分"子集"。如果分析输出的仅仅是装备全部维修项目的部分"子集",则说明相关装备维修项目分析工作还没有见"底",相应装备的故障模式、影响及危害性分析的颗粒度不够,还需进一步增补足够颗粒度的新研装备故障模式信息,并重新开展故障模式、影响及危害性分析工作。

(2)此处所述修复性和预防性维修项目类型的划分,仅是初步建议,最终哪些维修项目应在装备保障方案中纳为修复性维修项目类型,哪些维修项目纳为预防性维修项目类型,还应以装备"以可靠性为中心的维修分析(第 5 章内容)"的输出结论为准。

(3)此处分析明确的新研装备维修项目需求,是后续章节实施"以可靠性为中心的维修分析""修理级别分析"和"使用与维修工作分析"的重要基础输入信息,在装备保障性分析的系列工程技术工作中,会被多频次引用,为此相关技术分析输出内容,务必给予高度的耐心与重视。

2. 维修项目确定

在表 4-18 的分析基础上,最终确定新研装备的各类维修项目内容,应遵循以下原则。

(1) 对于"无须"或"不能"通过预先检查和维护来发现或避免的故障模式,相关维修项目工作内容应定位为"更换失效的×××组件/部件/零部件/元器件";所谓"无须",通常指故障后果轻微、有冗余、故障后能被立刻检测到并且修复时间很短的故障;所谓"不能",通常指无法通过实时在线监测系统或人工检测发现的隐蔽故障或潜在故障。

(2) 对于实时在线监测系统无法发现但人工检测可以发现的危害度较大的故障模式,必须设置定期检查和基于检查结果的修理或更换项目,相关维修项目工作内容应定位为"定期检查×××组件/部件/零部件/元器件的技术状态并视情维修"。

(3) 对于通过定期检查和维护可以延缓的故障模式,通常应设置定期维护保养类的预防性维修项目,相关维修项目工作内容应定位为"定期检查维护×××组件/部件/零部件/元器件的技术状态"。

(4) 对于具有明确寿命周期要求的各类分析单元,必须设置定期拆修或定期更换类的预防性维修项目,相关维修项目工作内容应定位为"定期拆修或定期更换×××组件/部件/零部件/元器件"。

4.2.8 分析报告输出

装备的故障模式、影响及危害性分析最终应以"分析报告"的形式输出分析结论。分析报告中,应至少涵盖以下核心分析结论。

1) 面向功能/硬件的故障模式、影响及危害性分析表格

应给出一张能够全面反映装备故障模式及影响分析、故障模式危害性分析、故障模式检测方法分析、设计改进与使用补偿措施分析、维修项目分析与确定等技术分析内容的综合性分析表格,具体表格样式详见表 4-19、表 4-20、表 4-21。

2) 可靠性关键产品清单

应基于故障模式、影响及危害性分析表格中的故障影响信息,梳理明确可能对装备交付用户使用后的使用安全、任务功能和经济性有重大影响的装备组成单元清单,即装备的可靠性关键产品清单,这是后续开展装备以可靠性为中心的维修分析的主要分析对象。

3) Ⅰ、Ⅱ类严酷度故障模式清单

应基于故障模式、影响及危害性分析表格中的严酷度类别信息,梳理明确装备交付用户使用后可能潜在的Ⅰ、Ⅱ类严酷度故障模式清单,这是装备设计研制过程中需要重点实施设计改进与引入使用补偿措施的应用对象。

4) 不易检测故障模式清单

应基于故障模式、影响及危害性分析表格中的检测难易程度等级信息,梳理明确装备交付用户使用后最不易被检测发现的故障模式清单(一定意义上可以将其视为隐蔽故障模式),这是实施装备故障模式最终危害度排序的一类重要参考测度信息,也是评价装备最终工程设计风险是否可控的一类关键技术信息。

表 4-19 面向功能的故障模式、影响及危害性分析表格（样例）

初始约定层次：××通信系统
约定层次：××通信接收装置

代码	功能标志	功能编号	故障模式编号	故障模式	故障原因编号	故障原因	任务阶段	局部影响	高一层次影响	最终影响	故障检测方法	严酷度类别(ESR)	发生概率等级(OPR)	检测难易程度等级(DDR)	风险优先数(RPN)	危害度矩阵坐标	设计改进	使用补偿	维修项目
OX	放大中频信号	1	1A	无放大信号输出	1A1	核心功能器件损坏	全任务阶段	丢失输入中频信号	××通信接收装置中频信号接收功能丧失	××通信系统与中心站失联,遂行任务能力下降	在线监测系统故障报警	II(8)	E(1)	很容易(2)	16	(II,E)	优选质量品级高的核心功能元器件	无	更换失效的元器件
			1B	放大的增益不足	1B1	核心功能器件性能下降	全任务阶段	中频信号放大增益不足	××通信接收装置中频信号接收功能下降	××通信系统与中心站失联,遂行任务能力下降	在线监测系统故障报警	IV(3)	D(2)	很容易(2)	12	(IV,D)	优选质量品级高的核心功能元器件	无	定期检查并视情维修核心功能元器件
			1C	调能力失真	1C1	核心功能器件性能下降	全任务阶段	中频信号放大后失真	××通信接收装置中频信号接收功能下降	××通信系统与中心站失联,遂行任务能力下降	在线监测系统故障报警	IV(3)	D(2)	很容易(2)	12	(IV,D)	优选质量品级高的核心功能元器件	无	定期检查并视情维修核心功能元器件

功能标志补充：由混频器产生的中频信号放大

注：(1) 功能故障模式、影响及危害性分析一般在装备方案设计阶段实施。在该阶段诸多硬件作层级的设计状态信息暂未固化。因此,有关故障原因的表述,仅在仅定位于一类较低约定层级的功能单元,并不就功能单元所指硬件实体（例如电阻、电容、接触器、继电器等）进行具体说明。
(2) 由于在方案设计阶段层级的研判硬件层级的技术设计信息缺失,且各类硬件单元的故障率和故障模式频次信息难以真实取得。因此,工程上通常选择"定性"方法实施新研装备的故障模式危害性分析。

第4章 装备故障模式、影响及危害性分析

表4-20 面向硬件的故障模式、影响及危害性分析表格(样例)

初始约定层次：××推进系统
约定层次：××推进装置

组成编码	产品单元	功能编号	功能	故障模式编号	故障模式	故障原因编号	故障原因	任务阶段	故障影响-局部影响	故障影响-高一层次影响	故障影响-最终影响	故障检测方法	严酷度类别	检测难易程度等级	$\lambda_c/(\times 10^{-3})$	T_m/h	α	β	$C(k)/(\times 10^{-3})$	改进危害矩阵坐标	设计改进	使用补偿	维修项目
××.30.0301	注疏水切换阀	1	控制注水或疏水流动	1A	不能接通注水管路	1A1	驱动油缸及传动机构卡死在关闭位置	推进任务阶段	不能为引水管注水	必须采用人工手段辅助打开引水管注水或启用替代管路	不能及时完成动力推进任务	在线监测系统故障报警	Ⅲ	容易	25	40	0.20	1	0.2	(Ⅲ,0.2)	设计冗余备份管路	设置应急手动操作模式	更换驱动油缸或切换阀
				1B	不能截断注水管路	1B1	驱动油缸及传动机构卡死在非注水位置	推进任务阶段	不能实施均压	必须采用人工手段辅助截断注水管路或启用替代阀门	不能及时完成动力推进任务	人工检测	Ⅲ	中			0.15	1	0.15	(Ⅲ,0.15)	设计冗余备份阀门	设置应急手动操作模式	更换驱动油缸或切换阀
				1C	不能接通疏水管路																		

注：(1) 硬件故障模式、影响及危害性分析一般在装备的技术设计阶段实施；在该阶段诸多硬件层级的设计状态信息均已固化，因此，与功能故障模式、影响及危害性分析不同，其有关故障原因的表述，应定位于较低约定层级的故障原因实体。例如表4-20中的油缸、传动机构等。
(2) 由于技术阶段大量硬件层级的故障模式预计信息可获得，因此，工程上通常选择"定量"定量方法实施新研装备的故障模式影响及危害性分析。
(3) 表4-20中故障率参数λ_c和任务时间参数T_m是针对××推进装置整体的，而故障模式发生频次参数α和故障模式影响概率参数β是针对××推进装置的某一待分析故障模式的。

初始约定层次：×× 电力调节系统

约定层次：×× 储能逆变装置

表 4-21　面向测试性的扩展故障模式、影响及危害性分析表格（样例）

组成编码	产品单元	功能编号	功能	故障模式编号	故障模式	故障原因编号	故障原因	故障检测方法	检测参数	检测功用	参数类型	隔离方法	测点位置	传感器类型	报警判据 上限	报警判据 下限	监测频率	数据传输方式	隔离分辨率 LRU	隔离分辨率 SRU
××.30.0301	直流接触器	1	控制预充电回路通断	1A	接触器动作失效	1A1	接触器线圈过热损坏	在线监测系统故障报警	接触器线圈电压	评判接触器线圈功能状态	模拟	监控设备报警并自动隔离	接触器线圈引脚	电压传感器	4400 V	3600 V	1次/s	电信号传输	1	—
						1A2	接触头老化粘连	在线监测系统故障报警	接触点状态	评判接触器触点动作功能是否正常	逻辑	监控设备报警并自动隔离	接触器触点旁	接触器触点	触点是否动作到位		1次/s	位置信号传输	1	—
						……														

注：（1）实施面向测试性的扩展故障模式、影响及危害性分析，影响及危害性分析与装备的技术设计工作密切关联，可作为验证装备测试性设计参数指标是否达标的重要依据。

（2）面向测试性的扩展故障模式、影响及危害性分析装备的技术设计工作密切关联，可作为验证装备测试性设计参数指标是否达标的重要依据。

（3）表 4-21 中，LRU 代表"线上可更换单元"，SRU 代表"车间可更换单元"，"隔离分辨率取'1'代表通过检测可将装备故障隔离至 1 个"线上可更换单元"或 1 个"车间可更换单元"。

（4）表 4-21 中明确的故障检测方法、检测参数、检测功用、参数类型、隔离方法、测点位置、传感器类型、报警判据、监测频率、数据传输方式、隔离分辨率等技术信息，是研发装备配套"故障预测与健康管理"系统的重要基础。

5）高危害度故障模式清单

应基于故障模式、影响及危害性分析表格中的严酷度类别、发生概率等级、检测难易程度等级、危害度矩阵坐标或改进危害度矩阵坐标等信息,梳理明确装备交付用户使用后可能潜在的危害度较大或危害度排序靠前的故障模式清单,这是装备设计研制过程中实施设计改进和使用补偿措施所需关注的首要对象,也是装备不同阶段实施多轮次故障模式、影响及危害性分析所需重点迭代和逐步优化的分析对象。

6）单点故障模式清单

应基于故障模式、影响及危害性分析表格中的结构组成和设计改进信息,梳理明确装备交付用户使用后可能潜在的单点故障模式清单;对于潜在的严酷度类别较高或危害度较大的单点故障模式,在装备设计研制过程中必须予以消除,并重新设置足够安全的冗余备份。

7）风险管控举措说明

应就装备设计研制过程中,为应对潜在高危害度故障模式而采取的有效工程风险抑制措施,给出专项说明,内容应包括设计方面和使用方面采用的风险抑制措施。同时,还应对采用风险抑制措施后装备仍残留的工程风险等级进行评估,并给出残留风险是否可控、是否可接受的说明。

4.3 故障模式、影响及危害性分析的几类常见问题

前面介绍了实施装备故障模式、影响及危害性分析的具体步骤,下面结合笔者多年来从事装备综合保障工程的实践经验,介绍在实施装备故障模式、影响及危害性分析过程中几类常见的技术问题。

1. 忽视或不重视系统定义,盲目开展分析工作

清晰明确的系统定义,是实施装备故障模式、影响及危害性分析的基本前提。一旦系统定义的内容模糊或错误,将直接导致后续故障模式、影响及危害性分析输出结果的失真。但遗憾的是,大量未经专业培训的装备通用质量工程技术人员往往很容易犯这种低级错误。最常见的表现为:没有把故障模式、影响及危害性分析工作作为一项技术严谨的系统性分析工作看待,而是将其视为一项普通的信息表格采集工作。例如,不定义分析的约定层次,不明确装备的任务功能剖面和故障判据,不统一规范装备故障模式的严酷度等级、发生概率等级、检测难易程度等级、危害度排序规则等,或定义大量模棱两可、不具清晰判别度的技术判据,在具体实施故障模式、影响及危害性分析时,直接按照个人的主观经验随意确定装备各项故障模式的严酷度等级和危害度排序。这一系列类似做法,直接破坏了科学实施装备故障模式、影响及危害性分析的基本前提,得出的分析结论已完全丧失其工程借鉴价值。

2. 混淆各类综合保障工程术语概念,分析工作质量不高

实施装备故障模式、影响及危害性分析时,涉及诸多装备综合保障工程领域的术语概念,如故障、功能故障、潜在故障、故障模式、故障原因、故障影响、严酷度、危害度等。这些综合保障工程术语,在名称上相似、含义上相近,如果不能充分理解其技术内涵与相互关系,很可能致使故障模式、影响及危害性分析表格中的信息填写错误或失准,进而导致最终分析输出结论失真。最常见的表现为:对故障模式、故障原因和故障影响的工程涵义分辨不清,相关内容表述过于宽泛,或不做任何区分就填写完全一致的技术内容(虽然部分特殊情况可以采用此种处理方法,但不应大范围出现)。例如,将故障模式的表述写成"×××故障",而故障模式本身应是

"对故障具体表现形式的规范描述","×××故障"此类没有反映任何故障表现形式信息的"完美废话",填写在这里毫无任何分析价值,且严格意义上此种过于宽泛的表述就不是"故障模式"。再如,将故障模式、故障原因、故障影响的表述均写为"×××失电",而实际上如果将"×××失电"作为故障模式,则其相应的故障原因应就具体如何导致此类故障模式发生给出说明,如写成"××线圈温度过高烧毁";同样地,其相应的故障影响应就具体会产生何种预期后果给出说明,如写成"××变电功能丧失"。

3. 不同阶段、不同层级的分析缺乏逻辑自洽,分析结果自相矛盾

装备故障模式、影响及危害性分析看似是一项孤立的保障性分析工作,但其在装备设计研制的各个阶段,乃至生产使用的各个阶段(本书并未涉及),均需多轮次反复开展,且不同阶段的故障模式、影响及危害性分析工作又往往互为逻辑支撑。但在装备综合保障工程实践中,部分装备通用质量工程技术人员由于缺乏实施故障模式、影响及危害性分析的成熟经验,往往将不同阶段、不同层级的故障模式、影响及危害性分析工作,视为完全割裂的分析工作,致使早期的分析工作输出不足以支撑后期的分析工作输入需求,或早期的分析工作结论与后期的分析工作结论不能互相印证、不能实现逻辑自洽。具体表现如下。

(1)不同设计研制阶段的分析对象定位失准。例如,在方案设计阶段选用了面向硬件的故障模式、影响及危害性分析方式,但由于该阶段缺乏大量翔实的硬件单元分析技术准备信息,分析过程被迫使用大量未知的可能失实的硬件单元状态信息,导致最终分析输出结论的可信性大打折扣。

(2)不同约定层级间的故障模式、故障原因和故障影响分析逻辑关联错位。例如,在方案设计阶段面向某一约定层级的功能故障模式、影响及危害性分析中,针对某一故障模式明确其故障原因是"×××器件腐蚀断裂",但在技术设计阶段相应的紧邻下一约定层级的硬件故障模式、影响及危害性分析中,却没有出现"×××器件腐蚀断裂"这一故障模式,致使前后两个阶段的故障模式、影响及危害性分析工作相互脱节、存在技术分析矛盾。

(3)故障模式的严酷度、危害度与故障影响间的逻辑关联错位。例如,在确定某一故障模式的严酷度类别时,没有依据故障模式的最终影响(针对初始约定层次的影响)判别其故障后果的严重程度,而是盲目地选用故障模式的局部影响(针对当前分析约定层次的影响)判别其故障后果的严重程度,导致故障模式的严酷度类别评判失真,进而导致故障模式的危害度评判失真、潜在风险失控。

(4)故障模式的概率特征指标与分析单元的可靠性参数指标关联错位。例如,没有考虑每一故障模式在分析单元全部故障模式总数中的发生频次比,误将分析单元的可靠性参数指标(如故障率、平均故障间隔时间、故障发生概率等)直接作为其故障模式的发生概率特征值处理,导致故障模式发生概率等级评判失真,进而导致故障模式的危害度评判失真。

(5)不同设计研制阶段的分析结论缺乏继承性。例如,在装备方案设计阶段的故障模式、影响及危害性分析中,针对部分严酷度类别较高的故障模式给出了采用冗余设计来降低故障影响后果的改进建议,但在装备技术设计的全过程中并未给予落实,相关故障模式仍以单点故障模式形态存在,故障潜在风险并未得到有效抑制,致使保障性分析工作用于"影响装备设计工作"的核心工程价值丧失。再如,在装备技术设计阶段的故障模式、影响及危害性分析中,明确了大量新研装备交付用户使用后潜在的各项修复性维修工作项目和预防性维修工作项目,但在制定装备保障方案、保障计划和保障资源要求时,并未给予充分考虑,仍完全依据以往类似装备维修保障的主观经验开展相关技术保障工作,致使保障性分析工作用于"备选装备保障方案和确定保障资源要求"的另一项核心工程价值丧失。

4. 分析的目标主线过于发散,输出结论的工程应用价值欠佳

实施故障模式、影响及危害性分析的主要目的在于明确装备潜在的全部故障模式和维修需求,并就部分故障后果严重的关键故障模式给予特别关注,力求在状态监测、设计改进、使用方式等方面实现有效补偿,进而为提升装备的通用质量设计水平,以及同步开展装备的配套保障系统研制与建设工作,提供翔实的工程技术借鉴。为此,在完成装备的故障模式、影响及危害性分析后,输出的分析结论应以装备潜在的可靠性关键产品、Ⅰ类(Ⅱ类)严酷度故障模式、单点故障模式,以及为降低故障模式严重影响后果而采取的有效设计改进与使用补偿措施为主。但从笔者参与审查过的部分故障模式、影响及危害性分析输出报告来看,有的装备通用质量工程技术人员喜欢"眉毛胡子一把抓",把大量的分析过程内容作为分析结论输出,而真正需要重点关注和集中输出的可靠性关键产品、Ⅰ类(Ⅱ类)严酷度故障模式、单点故障模式,以及针对性设计改进与使用补偿措施等,却在分析输出报告中只字未提,最终导致新研装备故障模式、影响及危害性分析工作的工程应用价值大大降低。

5. 分析对象的覆盖广度不足,接口性质的分析单元多被遗失

在装备设计研制中,不同分析约定层次下面向的故障模式、影响及危害性分析对象不同,可以是装备总体、设备,也可以是组件、部件、零部件或元器件。需要注意与强调的是,无论分析定位的约定层次如何,分析对象均应是该约定层次下的全部组成单元。但从以往的综合保障工程实践来看,很多装备通用质量工程技术人员容易将连接不同设备(组件、部件)间的管路、线缆、阀门等接口性质的组成单元遗漏,忽视其任务功能、潜在故障模式以及故障影响后果。显然,如果相关接口单元在装备总体任务功能的实现过程中,发挥着重要指令信息传导与任务执行功用,上述处理方法就很有待商榷,且极可能形成新研装备故障模式、影响及危害性分析的技术"死角",进而导致最终保障决策失误和潜在的高风险故障模式失控。

第 5 章　装备以可靠性为中心的维修分析

在第 4 章中,我们通过针对装备的不同约定层次,开展全面系统的故障模式、影响及危害性分析,可以获得装备交付用户使用后可能潜在的全部维修工作需求,这其中既包括修复性维修工作需求,又包括预防性维修工作需求。对于修复性维修工作,由于其是在装备故障发生后开展的维修工作活动,因此有关修复性维修工作的研究内容,主要集中在用于支持修复活动开展的配套保障资源配置和配套保障力量建设工作。而对于预防性维修工作,由于其是在装备故障发生前视情开展的维修工作活动,因此有关预防性维修工作的研究与修复性维修工作的相比,内容更广泛、问题解集更丰富、技术难度也更大。除了包括常规的与修复性维修工作一致的配套保障资源配置和配套保障力量建设研究内容以外,预防性维修工作的研究内容还包括预防性维修需求决断、预防性维修工作类型优选以及预防性维修间隔和维修级别确定,等等。

本章将围绕这些与装备预防性维修工作密切相关的诸多工程技术问题,详细介绍一类能够有效解决这一系列问题的装备保障性分析技术——以可靠性为中心的维修分析(RCMA)技术。以可靠性为中心的维修分析技术对于装备交付用户使用后,以最低的保障资源消耗,持续保持或及时恢复装备的固有可靠性和安全性,具有重要的工程价值和经济价值。装备综合保障工程实践中,以可靠性为中心的维修分析技术也可分为很多种,比较常见的包括面向装备和设备硬件单元的以可靠性为中心的维修分析、面向区域检查的以可靠性为中心的维修分析和面向结构校核的以可靠性为中心的维修分析。鉴于本书篇幅所限,本章重点介绍面向装备和设备硬件单元的以可靠性为中心的维修分析。后续阐述内容,如无特别说明,所述以可靠性为中心的维修分析均指"面向装备和设备硬件单元的以可靠性为中心的维修分析"。

5.1　以可靠性为中心的维修分析的基础知识

5.1.1　功能故障与潜在故障

装备故障按照"表现形式"可划分为功能故障和潜在故障[19]。其中,功能故障指装备不能完成规定功能的事件或状态。对于以可靠性为中心的维修分析而言,此处所述"规定功能",为本书在 4.2.2 节系统定义中明确的"任务剖面及功能要求";此处所述"不能完成规定功能的事件或状态",为"不能在规定的任务剖面内,完成预期任务功能要求的事件或状态"。潜在故障指装备将不能完成规定功能的可鉴别状态。与功能故障的定义不同,潜在故障强调的是"将不能完成规定功能",即就当前评价来说,装备还是能够完成规定功能的,但就长远来看,基于"可鉴别的状态评估结果",装备很可能马上就会丧失其在规定任务剖面内执行预期任务功能的能力。

这里需要特别说明的是:

（1）潜在故障是一类"即将"发生故障的状态，而不是已发生故障的状态，更不是一个具体发生的故障事件；

（2）潜在故障定义中所述的"可鉴别状态"，必须是通过工程上的某种可实现的技术手段能够观测或检测到的，并能依据观测或检测结果做出明确的状态风险评判，否则相关状态就是"不可鉴别状态"；

（3）装备将不能完成规定功能的不可鉴别状态，属于装备偶发故障或随机故障范畴，不应纳为装备的潜在故障范畴；

（4）潜在故障虽然并不是装备已发故障状态，但工程上如果不能及时就相关故障风险实施应对性举措，装备的潜在故障很可能在较短的时间内，进一步转化为装备的功能故障。

5.1.2 明显故障与隐蔽故障

装备故障按照"观测的可能性"可划分为明显故障和隐蔽故障。其中，明显故障指发生后正在使用装备的操作人员，能够通过正常的感官或借助在线监测仪表，及时或立即发现的故障。此处所述"感官"主要包括人体的嗅觉、视觉、听觉、味觉、触觉等，所述"在线监测仪表"主要指装备正常运行中用于在线监控其关键状态参数并实施健康状态管理的一系列仪表。隐蔽故障指发生后正在使用装备的操作人员，不能通过正常的感官或借助在线监测仪表，及时或立即发现的故障，通常必须等待装备停止使用后，实施专项检查或测试才能发现。常见的隐蔽故障大致可分为以下两种类型：

（1）正常状态下需要工作的功能单元，但其功能状态中断后对于正常使用装备的操作人员而言是不明显的；

（2）正常状态下不工作的功能单元，当需要工作时，其功能状态是否完好对于正常使用装备的操作人员而言是不明显的。

5.1.3 单个故障与多重故障

装备故障按照"诱发事件的个数"可划分为单个故障和多重故障。其中，单个故障指由装备的一个独立故障模式作用形成的故障事件或状态。多重故障指由两个或两个以上独立故障模式同时作用形成的故障事件或状态，且能够造成其中任一独立故障模式所不能单独引起的故障后果。

多重故障通常与隐蔽故障关联密切。一般来说，隐蔽故障如果不能被及时发现或排除，很可能最终导致多重故障。例如，某管路系统为确保其任务功能足够可靠，在主控制阀门的基础上，又补充设计了应急控制阀门。由于应急控制阀门平时并不使用，并未就其单独设置在线状态监测点，因此，应急控制阀门的各类故障模式，对于管路系统的操作使用人员而言，应归为隐蔽故障。而管路系统的控制功能失效在主控制阀门和应急控制阀门同时发生失效的前提下才可能发生。显然，此时"管路系统的控制功能失效"就是一类多重故障，且是由"应急控制阀门失效"此类隐蔽故障发生后导致的多重故障。注意，工程上多重故障发生后，往往会导致比较严重的故障后果。因此，及时发现并排除可能形成多重故障的隐蔽故障，是预防多重故障导致的严重后果所必须关注的重要工程技术问题。

5.1.4 重要功能产品

重要功能产品是装备实施以可靠性为中心的维修分析的主要对象,一般指故障发生后会对装备的安全性、任务性和经济性产生不良影响后果的重要组成单元。

注意:(1)此处所述"故障",既包括装备某个组成单元自身的独立故障,又包括装备多个组成单元一起构成的多重故障;(2)此处所述"安全性"影响故障,主要指发生后可能造成操作使用人员伤亡的故障;(3)此处所述"任务性"影响故障,主要指发生后可能导致装备执行任务功能在可接受的延误时限内完全丧失的故障;(4)此处所述"经济性"影响故障,主要指发生后以其为初始诱因可能最终造成不可接受的重大经济损失的故障。

综上所述,装备重要功能产品发生故障后产生的系列不良后果,往往是装备综合保障工程实践中所不能接受的。因此,必须在装备重要功能产品的故障状态具备一定潜在发生苗头时,就通过恰当的预防性维修工作手段,及早发现和彻底排除,这也是实施装备以可靠性为中心的维修分析的技术主旨所在。

除了重要功能产品以外,装备中的其他组成单元为非重要功能产品。非重要功能产品虽然不是以可靠性为中心的维修分析的主要对象,但并不说明这些装备组成单元无须开展任意形式的预防性维修工作,只是它们所需开展的预防性维修工作类型大都比较简单,主要为目视检查、通电检视等例行工作。为此,无须再依托专项保障性分析工作确定其具体工作内容,直接参照以往类似装备的保障经验酌情实施即可。

5.1.5 维修

维修指为使装备保持或恢复到规定状态所进行的全部活动,既包括润滑、加油、紧固、调整、清洁等维护类活动,又包括故障定位、故障隔离、分解、更换、组装、调校、检测等修理类活动。

维修按照"实施的时机"划分,可分为修复性维修和预防性维修。其中,修复性维修在装备发生故障后实施,也称为"事后"维修;而预防性维修在装备发生故障前实施,也称为"事前"维修。装备以可靠性为中心的维修分析主要研究与装备故障演变规律相匹配的预防性维修需求问题,具体包括预防性维修工作类型、工作周期、工作内容和工作资源调配等。

维修按照"实施的安排"划分,可分为计划性维修和非计划性维修。其中,计划性维修指装备按照预定的安排所进行的维修,例如汽车每间隔××月或每行驶××千米安排的定期保养,就属于典型的计划性维修;非计划性维修指不按照预定的安排所进行的维修,例如汽车日常行驶中偶然擦碰导致的修理工作活动,就属于典型的非计划性维修。装备以可靠性为中心的维修分析主要研究与装备故障演变规律相匹配的计划性维修结构(船舶行业也将其称为"等级修理结构")安排问题,通过科学分析装备所属核心任务功能组件在不同时间间隔节点上的预防性维修需求,总结归纳与装备使用任务要求相契合的计划性维修结构安排。

5.1.6 预防性维修

预防性维修指通过系统检查、检测和消除故障征兆,使装备保持在规定状态所进行的全部活动,通常包括预先维修、定时维修、视情维修、故障检查等维修内容。工程上,一般主要针对影响装备安全使用、任务功能实现和重大经济性的重要功能产品,考虑实施预防性维修。

预防性维修按照"实施的间隔期"不同,又可分为事前"定期"开展的预防性维修和事前"不定期"开展的预测性维修。其中,事前"定期"开展的预防性维修主要指传统意义上的预防性维修工作,一般包括装备日常维护保养(例如通电、上油、除尘等,通常在基层级完成)、间隔周期适中的定期预防性修理(例如功能检测、寿命件更换等,通常在基层级或中继级完成)以及间隔周期较长的定期高等级修理(例如船舶坞修、小修、中修、大修等计划性修理,通常在基地级完成)。而事前"不定期"开展的预测性维修主要指基于状态的视情维修工作,建立于装备在线状态监测、故障隔离与诊断以及健康管理等技术基础上,其通过"准确"的状态劣变趋势实时预判,替代传统的装备定期检查、修理或更换模式,在事前维修的及时性和经济性上技术优势更明显,但实施的工程技术难度也更大。

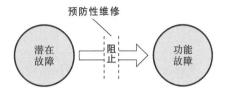

图 5-1 预防性维修工作的主要功用

如图 5-1 所示,工程上实施预防性维修工作的主要功用在于阻止装备由"潜在故障"状态发展至"功能故障"状态,即在装备的"潜在故障"状态阶段就将相关故障"萌芽"排除,进而及时调整或恢复至装备原有的完好技术状态。

5.1.7 预防性维修工作类型

装备综合保障工程中,预防性维修最终通过不同类型的预防性维修工作项目来实现。预防性维修工作类型指工程上实施预防性维修工作的具体样式,一般包括保养、操作人员监控、使用检查、功能检测、定时拆修、定时报废、综合工作、基于状态监控的视情维修等。其中,保养、操作人员监控、使用检查、功能检测、定时拆修、定时报废、综合工作属于"定期"的预防性维修工作类型,基于状态监控的视情维修属于"不定期"的预测性维修工作类型。相关预防性维修工作类型的具体技术内容如下[19]。

(1)保养:为保持装备的固有设计性能而进行的表面清洗、擦拭、通风、添加油液或润滑剂、充气等作业,但不包括功能检测和使用检查等工作。

(2)操作人员监控:操作人员在正常使用装备时对其状态进行的监控,其目的在于发现装备的潜在故障。操作人员监控内容一般包括装备使用前的基础检查、对装备各类仪表的监控、通过感觉辨认异常现象或潜在故障等。

(3)使用检查:按计划进行的定性检查或观察,以确定装备所属组成单元能否执行规定功能,其目的在于发现隐蔽的功能故障。

(4)功能检测:按计划进行的定量检查,以确定装备所属组成单元功能参数是否在规定限度内,其目的在于发现潜在故障。

(5)定时拆修:装备所属组成单元使用到规定的时间予以拆解、检修,使其恢复到规定的技术状态。

(6)定时报废:装备所属组成单元使用到规定的时间予以废弃,更换新单元后使其恢复到规定的技术状态。

(7)综合工作:实施上述两种或多种类型的预防性维修工作。

(8)基于状态监控的视情维修:基于装备日常使用过程的技术状态监测数据,结合装备自身的故障演变特点和行业认可的功能失效判据,实时预测装备未来可能出现的功能故障风险,并酌情实施装备的故障前修理,以此将装备及时恢复到规定的技术状态。

针对装备的不同预防性维修工作需求,具体采用哪一种预防性维修工作类型,主要取决于装备的实际故障模式特性,以及相关预防性维修工作类型对装备故障后果的消除程度。在装备综合保障工程实践中,优选决策预防性维修工作类型的具体技术过程,一般通过面向装备的不同故障模式绘制逻辑决断图,并实施不同预防性维修工作类型的"有效性"和"适用性"逻辑决断来实现。

5.1.8 逻辑决断图

逻辑决断图是一类用于权衡确定最优"定期"预防性维修工作类型的逻辑分析流程图[20],由一系列方框和矢线组成,如图5-2所示。图5-2所示为一类面向明显功能故障的逻辑决断图,面向隐蔽功能故障模式的逻辑决断图与其基本类似,仅将图中"操作人员监控"方框置换为"使用检查"方框即可。图5-2中,逻辑决断的触发流程始于逻辑决断图的顶部,之后依据相关问题答案的"是"或"否",确定决断流程的递进方向。

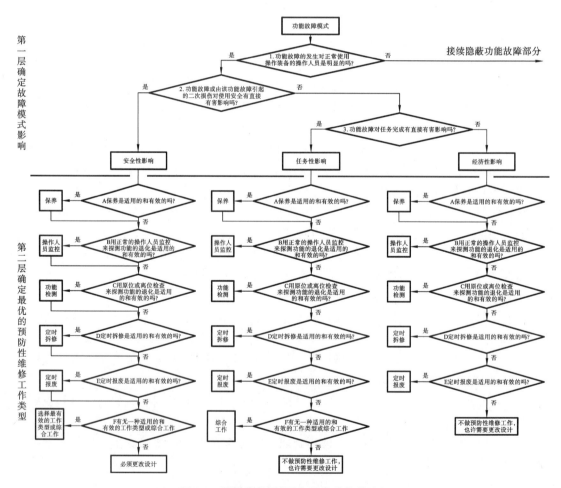

图 5-2 逻辑决断图(面向明显功能故障)

逻辑决断图一般分为两层，第一层用于确定故障模式影响，第二层用于确定最优的预防性维修工作类型。

1. 第一层逻辑决断，用于确定故障模式影响

该层逻辑决断通过分别回答问题1、2、3，确定相关功能故障对于装备的操作人员而言，是否是明显的，以及故障发生后可能产生的故障影响，包括安全性影响、任务性影响和经济性影响。不同的故障影响，将在第二层逻辑决断中对应不同的预防性维修工作类型优选逻辑。例如，图5-2中的安全性影响优选逻辑明显与任务性影响优选逻辑不同。

2. 第二层逻辑决断，用于确定最优的预防性维修工作类型

该层逻辑决断通过分别回答问题 A、B、C、D、E、F，确定相关故障影响属性下可供选择的既适用又有效的最优预防性维修工作类型，包括保养、操作人员监控、使用检查、功能检测、定时拆修、定时报废、综合工作等。需要重点说明如下。

（1）鉴于逻辑决断图主要用于权衡确定最优"定期"预防性维修工作类型，为此，基于状态监控的视情维修，并不在此处逻辑决断分析考虑范围内。

（2）对于明显的功能故障，可供选择的预防性维修工作类型为保养、操作人员监控、功能检测、定时拆修、定时报废和综合工作；对于隐蔽的功能故障，可供选择的预防性维修工作类型为保养、使用检查、功能检测、定时拆修、定时报废和综合工作。

（3）图5-2中所列的逻辑决断优选排序 A→B→C→D→E→F，是按照预防性维修工作的资源消耗和技术要求由低到高，以及工作保守程度由小到大的顺序排列的。

（4）实施此层逻辑决断的基本技术要求是：按照 A→B→C→D→E→F 的顺序，逐次进行相关预防性维修工作类型的适用性和有效性问答；一旦出现既适用又有效的预防性维修工作类型，则终止逻辑决断，并将当前定位的预防性维修工作类型作为最优预防性维修工作类型输出。

（5）注意：保养工作只能延缓功能故障的发生，而不能彻底阻止功能故障的发生，为此即便保养工作是适用和有效的，也一般不作为最终优选的预防性维修工作类型。

（6）注意：安全性影响带来的最终后果往往是人员伤亡，因此，安全性影响的逻辑决断需要将全部适用和有效的预防性维修工作类型放在一起考虑（与前述逻辑决断的基本技术要求不同），并从中选择最适用和最有效的预防性维修工作类型；此种情况下，有时最终优选的预防性维修工作类型可能资源消耗较大，但这对于充分降低装备的安全风险而言，相关工程代价是完全可以接受的。

（7）经过逻辑决断分析，如果未发现既适用又有效的预防性维修工作类型可供选择，则对于有安全性影响的功能故障，必须通过更改装备设计，及时消除；对于有任务性影响的功能故障，原则上也应更改装备设计，但如果更改设计所需花费的费用较高，则应在任务损失和经济性间进行综合权衡，确定最终是否更改装备设计；对于有经济性影响的功能故障，则应在经济损失和更改装备设计间进行综合权衡，确定最终保障对策。

5.1.9 维修间隔期

维修间隔期指前后两次开展同类型预防性维修工作的间隔日历时间（或间隔频次）。对于使用检查、功能检测、定时拆修、定时报废等"定期"类型的预防性维修工作，一般具有固定的维修间隔期。常见的维修间隔期计量单位包括年、月、周、小时、使用次数等。在装备以可靠性为中心的维修分析中,计量单位"年"通常使用符号"A"或"a"标识,"月"通常使用符号"M"或"m"标识,"周"通常使用符号"W"或"w"标识,"小时"通常使用符号"H"或"h"标识。此外,对于确实无固定维修间隔期的预防性维修工作,例如基于状态监控的视情维修工作等,相关维修间隔期使用符号"U"或"u"标识。本书后续阐述内容,如无特殊说明,均采用此处所述计量单位的符号标识方法。

5.2 以可靠性为中心的维修分析的基本原则

装备综合保障工程中,实施以可靠性为中心的维修分析,应遵循以下基本原则。

1. 关于分析对象的定位

虽然以可靠性为中心的维修分析是建立在装备故障模式、影响及危害性分析基础上的,但两者分析的对象并不完全一致。故障模式、影响及危害性分析面向装备的"全部独立组成单元",而以可靠性为中心的维修分析主要面向装备内含的"重要功能产品单元"。显然,这里所述"重要功能产品单元"仅是"全部独立组成单元"的一个内嵌子集。针对装备的重要功能产品单元,开展以可靠性为中心的维修分析,明确需要提前开展的系列预防性维修活动,并筹划建设配套保障资源,能够以最低的保障资源消耗,抑制装备发生故障后可能导致的安全、任务和经济风险,进而持续保持或及时恢复装备的固有可靠性和安全性。

当然,部分"思维懒惰"的装备通用质量工程技术人员,也常常将内嵌子集无限扩大为独立组成单元全集。而此举实际上已经违背了实施预防性维修工作的初衷。这种通过耗费大量非必要的保障资源,来维持装备长期运行良好状态的非经济做法,在装备综合保障工程实践中并不可取。

2. 关于分析工作的有效性

以可靠性为中心的维修分析的目的是明确适用和有效的预防性维修工作类型,以期最大限度规避装备实际使用过程中潜在的安全、任务和经济风险。这里实际上潜藏着两个技术问题。

一是对于装备重要功能产品的全部故障模式,是否一定可以找出与之对应的既适用又有效的预防性维修工作类型?长期的综合保障工程实践表明,这一问题的答案是否定的。通常只有具备明显耗损特征的故障模式,才能通过恰当的预防性维修工作,充分消除其潜在的各类工程风险。这也从另一个侧面印证了预防性维修的主要功用在于阻止装备的"潜在故障"逐步劣化为装备的"功能故障"。需要补充说明的是,对于根本不存在"潜在故障"阶段的故障模式,是不能够通过开展特定类型的预防性维修工作,予以充分有效抑制的。为此,对于新研装备的早期故障模式和偶然故障模式,无须开展以可靠性为中心的维修分析工作。

二是对于装备重要功能产品的故障模式,即便能够找出与其对应的既适用又有效的预防性维修工作类型,在装备综合工程保障实践中,是否实施相应的预防性维修工作就一定是最优的保障决策?答案也是否定的。很明显,对于固有可靠性差、故障率过高的装备重要功能产品,过于频繁地安排预防性维修工作,已经失去了其工程经济性价值,及时改进设计,才是更为明智的保障决策选择。此时,再开展与之相关的以可靠性为中心的维修分析工作,也丧失了其技术分析意义。

3. 关于分析内容的核心主线

实施以可靠性为中心的维修分析,主要关注何时采用何种恰当的预防性维修工作手段,可以有效规避装备在日常使用过程可能潜在的各类工程风险。为此,恰当的预防性维修工作类型和维修间隔期,是装备以可靠性为中心的维修分析的主要技术输出内容,也是本章需要掌握的核心技术内容。考虑到装备以可靠性为中心的维修分析的技术输出内容,通常还是装备开展修理级别分析及使用与维修工作分析的必备输入内容,为此,除了分析输出装备所需的预防性维修工作类型和维修间隔期以外,装备以可靠性为中心的维修分析还会关注具体实施相关预防性维修工作活动的技术难度和保障资源要求,以及实施预防性维修工作的最佳修理级别。

4. 关于分析结论的具体应用

装备综合保障工程中,以可靠性为中心的维修分析的输出结论通常以"装备预防性维修大纲"的形式体现,并随着装备一并交付用户使用。装备预防性维修大纲一般包括装备交付用户使用后每天、每周、每月、每季度、每年、每重大任务前以及每若干次使用后,所需开展的各类预防性维修工作项目及其相关技术工作内容。需要特别说明的是,预防性维修大纲还仅是装备研制人员狭隘地从装备理想使用角度,给出的预防性维修工作技术建议。而在大多数情况下,由于受到装备实际用户的不同使用环境和现实管理制度的限制,不可能一成不变地完全按照研制部门提交的预防性维修大纲实施相关预防性维修工作。通常,装备用户还应根据装备的现实使用要求与管理需求,恰当地调整预防性维修大纲内不同维修工作项目的维修间隔期,例如视情提前修理或视情归并多个维修时间相近的类似维修工作项目等。但无论如何处理,调整后的预防性维修工作安排,应务必保证相关预防性维修工作在装备相应功能故障发生前完成。

5. 与其他保障性分析的接口关联

装备综合保障工程中,不同保障性分析工作之间大都存有交互接口关联,以可靠性为中心的维修分析也不例外。首先,重要功能产品的确定,需要借鉴装备故障模式、影响及危害性分析中有关故障影响、严酷度和危害度的技术分析结论;其次,重要功能产品的故障模式集合是装备故障模式、影响及危害性分析输出的故障模式全集的一个子集;然后,以可靠性为中心的维修分析输出的"预防性维修项目"和故障模式、影响及危害性分析输出的"修复性维修项目",共同构成了装备全寿命周期保障的"维修项目"全集,它是实施装备修理级别分析、使用与维修工作分析以及寿命周期费用分析的具体分析对象;最后,以可靠性为中心的维修分析输出的"装备预防性维修大纲",可为装备交付用户使用后科学制定装备保障方案和保障资源要求,提供重要的技术信息借鉴。

5.3 以可靠性为中心的维修分析的实施步骤

如图 5-3 所示,装备综合保障工程中实施以可靠性为中心的维修分析,主要包括技术准备、重要功能产品分析、逻辑决断及预防性维修工作类型分析、预防性维修间隔分析、预防性维修级别分析、确定预防性维修项目、输出分析报告七个技术步骤。

5.3.1 技术准备

与以可靠性为中心的维修分析相关的技术准备工作,主要包括基础信息收集和分析计划制定。

1. 基础信息收集

在实施装备以可靠性为中心的维修分析前,应首先收集以下基础信息。

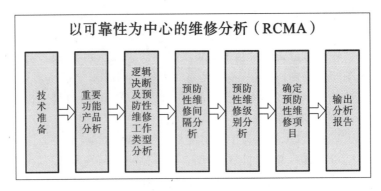

图 5-3　以可靠性为中心的维修分析实施的全过程

1）装备技术概况信息

装备技术概况信息应包括装备各组成单元的结构组成、耦合方式、功能设计、任务期间的使用关联、冷热冗余储备、在线或非在线工作模式以及实时状态监测点布局等信息。相关信息内容对于合理确定装备各组成单元的隐蔽故障、多重故障以及有效的预防性维修工作类型,具有重要参考价值。

2）装备故障模式、影响及危害性分析信息

装备故障模式、影响及危害性分析信息应包括装备各组成单元的规范名称、组成编码、故障模式、故障原因、故障影响、严酷度类别、故障发生概率等级、危害度类别等信息。相关信息内容主要集中体现在装备的《故障模式、影响及危害性分析报告》中,它是以可靠性为中心的维修分析确定重要功能产品的重要信息依据。

3）装备故障规律信息

装备故障规律信息应包括装备各组成单元潜在故障的表现形式、功能故障的演变规律、故障率曲线、潜在故障发展为功能故障的平均周期以及以往采取的有效修理措施等信息。相关信息内容对于科学评判装备以可靠性为中心的维修分析工作的适用性和有效性,以及恰当确定装备的预防性维修工作类型和维修间隔期,起到重要技术信息支撑作用。

4）类似装备的费用信息

类似装备的费用信息应包括类似装备更改设计方案、研发新型功能单元、优化物理结构组成、维修核心功能部位以及购置关键功能单元、组部件、零部件、元器件等可能导致的费用消耗信息。相关信息内容是以可靠性为中心的维修分析中实施逻辑决断最终决策的重要信息判据。

2. 分析计划制定

为确保装备以可靠性为中心的维修分析工作的高效顺畅实施,与装备的故障模式、影响及危害性分析工作类似,也必须在装备设计研制的早期制定详细周密的以可靠性为中心的维修分析工作计划,并将其纳为装备承制方实施以可靠性为中心的维修分析工作的强制性指令技术文件。一般来说,制定的装备以可靠性为中心的维修分析工作计划,应至少包括以下技术约束内容:

(1) 新研装备在寿命周期不同阶段开展的以可靠性为中心的维修分析,所应选用的技术分析方法和面向的分析对象;

(2) 新研装备重要功能产品的安全性影响、任务性影响和经济性影响判据;

(3) 新研装备实施多层级逻辑决断分析的基础决策规则;

(4) 新研装备逻辑决断图的标准绘制形式;

(5) 新研装备逻辑决断表格的标准表现形式及其填写规范;

(6) 新研装备可供选择的预防性维修工作类型及其规范化表述方法；

(7) 面向新研装备功能故障的预防性维修工作类型适用性判据；

(8) 面向新研装备功能故障的预防性维修工作类型有效性判据；

(9) 新研装备不同类型预防性维修工作的维修间隔期规范化估算方法；

(10) 新研装备非重要功能产品的预防性维修工作实施基本原则；

(11) 新研装备以可靠性为中心的维修分析不同分析输入信息的规范来源及其信息提供责任方；

(12) 新研装备以可靠性为中心的维修分析输出报告的基础内容纲目；

(13) 其他与新研装备以可靠性为中心的维修分析具体实施、过程管控、质量管控、进度管控等相关的系列工作要求。

5.3.2 重要功能产品分析

重要功能产品分析是装备以可靠性为中心的维修分析的首要分析工作，也是基础分析工作。相关分析结论用于筛除那些发生故障后对装备的安全性、任务性和经济性影响不大的组成单元。这些单元的故障修理工作，完全可以放到"事后"进行，没有必要花费大量的保障资源预先开展相关"事前"维修工作，为此也完全没有必要针对这些非重要功能产品，开展以可靠性为中心的维修分析工作。

确定装备的重要功能产品，通常需要评判相关组成单元发生故障后会对装备的安全性、任务性和经济性产生的不良影响。与之相关的故障影响判据，一般首先引用装备《故障模式、影响及危害性分析报告》中的相关技术分析结论，然后依据装备保障工程任务的实际需求，视情调整完善。

装备综合保障工程中，实现重要功能产品分析的方法有很多种，这里采用"表格"形式完成分析，具体如表 5-1 所示。

表 5-1 重要功能产品分析表

组成编码	产品单元	功能		故障模式		严酷度类别	风险优先数	安全性影响(Y/N)	任务性影响(Y/N)	经济性影响(Y/N)	重要功能产品(Y/N)	备注
		编号	功能	编号	模式							
(1)	(2)	(3)		(4)		(5)	(6)	(7)	(8)	(9)	(10)	(11)

(1) 组成编码：填写装备结构组成及编码体系中明确的具有唯一标识特征的组成编码信息。为保证装备保障性分析工作的系统性和一致性，一般直接引用装备《故障模式、影响及危害性分析报告》中的组成编码信息。

(2) 产品单元：填写相关分析单元在装备技术规格书内统一规范的汉字全称，不能用缩写字母、代号、图号、简称等替代。为保证装备保障性分析工作的系统性和一致性，一般直接引用装备《故障模式、影响及危害性分析报告》中有关分析单元的名称信息。

(3) 功能：填写与产品单元相对应的具体细致的功能内容描述。对于同一产品单元具有多种任务功能要求的情况，应分别编号并各自独立表述其任务功能。为保证装备保障性分析工作的系统性和一致性，一般直接引用装备《故障模式、影响及危害性分析报告》中有关分析单元的任务功能信息。

(4) 故障模式：填写与功能相对应的关于故障表现形式的规范表述。对于同一功能存有多种故障模式的情况,应分别编号并各自独立表述其故障模式。为保证装备保障性分析工作的系统性和一致性,一般直接引用装备《故障模式、影响及危害性分析报告》中有关分析单元的故障模式信息。

(5) 严酷度类别:严格参照装备系统定义中明确的严酷度类别划分原则,填写装备不同故障模式下的严酷度类别分析结果,类别范围定位为Ⅰ(灾难性)、Ⅱ(致命性)、Ⅲ(中等)和Ⅳ(轻度)四种。为保证装备保障性分析工作的系统性和一致性,一般直接引用装备《故障模式、影响及危害性分析报告》中有关分析单元故障模式的严酷度类别信息。如果相关分析单元已经过设计改进,相关故障模式的严酷度类别已发生变更,应在表5-1中的备注列里就设计改进情况进行详细说明。

(6) 风险优先数:填写当前分析行故障模式的风险优先数计算量值。为保证装备保障性分析工作的系统性和一致性,一般直接引用装备《故障模式、影响及危害性分析报告》中有关分析单元故障模式的风险优先数信息。综合保障工程上,根据危害度表现需求的不同,也可将"风险优先数"列,更换为"危害度矩阵坐标"列,或使两列同时并存。

(7) 安全性影响:填写当前分析行故障模式发生后,是否导致安全性影响的逻辑判别结果,使用符号"Y"或"N"标识。原则上,《故障模式、影响及危害性分析报告》中严酷度类别划分为"Ⅰ"的故障模式,均应列入安全性影响范畴,如果未列入,应在备注列里详细说明未列入的具体原因;《故障模式、影响及危害性分析报告》中严酷度类别划分为"Ⅱ"的故障模式,可视情列入安全性影响范畴(参考危害度评判信息),如果列入,应在备注列里详细说明列入的具体原因;《故障模式、影响及危害性分析报告》中严酷度类别划分为"Ⅲ"和"Ⅳ"的故障模式,不应列入安全性影响范畴。重要功能产品分析中,安全性影响的逻辑评判优先级优于任务性影响和经济性影响的,列入安全性影响的故障模式,不再考虑是否存在任务性影响和经济性影响。

(8) 任务性影响:填写当前分析行故障模式发生后,是否导致任务性影响的逻辑判别结果,使用符号"Y"或"N"标识。原则上,《故障模式、影响及危害性分析报告》中严酷度类别划分为"Ⅱ"的故障模式,均应列入任务性影响范畴,如果未列入,应在备注列里详细说明未列入的具体原因;《故障模式、影响及危害性分析报告》中严酷度类别划分为"Ⅲ"的故障模式,可视情列入任务性影响范畴(一般指导致的任务延误不可接受的情形),如果列入,应在备注列里详细说明列入的具体原因;《故障模式、影响及危害性分析报告》中严酷度类别划分为"Ⅳ"的故障模式,不应列入任务性影响范畴。重要功能产品分析中,任务性影响的逻辑评判优先级优于经济性影响的,但低于安全性影响的,列入任务性影响的故障模式,不再考虑是否存在经济性影响。

(9) 经济性影响:填写当前分析行故障模式发生后,是否导致经济性影响的逻辑判别结果,使用符号"Y"或"N"标识。此处所述经济性影响指当前分析行的故障模式发生后,会直接或间接导致重大经济性影响,产生的相关费用消耗,往往远大于实施"事前"换件维修的费用消耗。重要功能产品分析中,经济性影响的逻辑评判优先级最低,仅在故障模式无安全性影响和任务性影响时考虑。

(10) 重要功能产品:填写当前分析行的组成单元是否纳为装备重要功能产品的逻辑判别结果,使用符号"Y"或"N"标识。纳为重要功能产品的装备组成单元,其故障模式影响应至少符合安全性影响、任务性影响和经济性影响中的一项。纳为重要功能产品的装备组成单元,将作为装备实施以可靠性为中心的维修分析对象,专题开展逻辑决断及预防性维修工作类型分析,并力求与其相关的系列故障模式在发生前,通过恰当地安排各类预防性维修工作,尽可能避免发生。未纳为重要功能产品的装备组成单元,将不作为装备实施以可靠性为中心的维修分析对象。

（11）备注：填写与当前分析行实施重要功能产品分析相关的必要说明信息，一般包括装备组成单元的功能结构备份情况、特殊材质选用及加工工艺情况、特殊任务功能要求情况、已完成的设计改进情况以及以往的保障工程实践经验情况等。

5.3.3 逻辑决断及预防性维修工作类型分析

明确了装备的重要功能产品之后，下一步需针对重要功能产品开展逻辑决断及预防性维修工作类型分析，逐项确定用于保持或恢复每一重要功能产品良好技术状态的恰当预防性维修工作类型。逻辑决断及预防性维修工作类型分析以"逻辑决断图"为基础，是装备以可靠性为中心的维修分析的核心主线工作，将直接影响装备交付用户使用后的预防性维修保障工作决策。装备综合保障工程实践中，经常使用的逻辑决断图如图5-4和图5-5所示。其中，图5-4用于装备明显功能故障的逻辑决断及预防性维修工作类型分析，图5-5用于装备隐蔽功能故障的逻辑决断及预防性维修工作类型分析。

基于图5-4和图5-5中给出的逻辑决断算法（详细的逻辑决断说明，见5.1.8节），并以"表格"形式记录不同层级的逻辑决断分析过程以及相应的预防性维修工作类型分析结果，如表5-2所示。

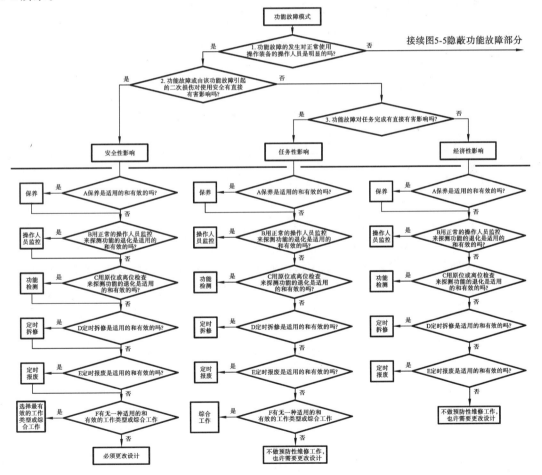

图 5-4 面向明显功能故障的逻辑决断图

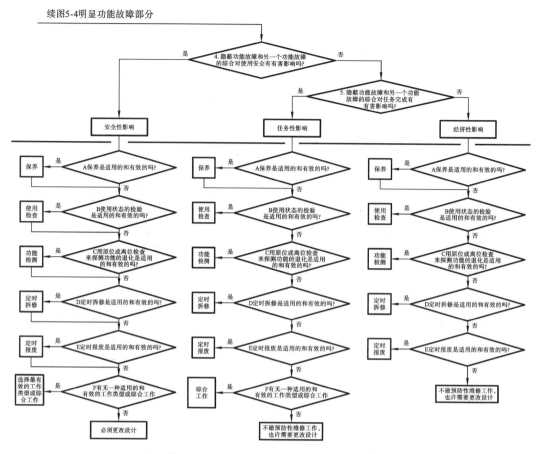

图 5-5 面向隐蔽功能故障的逻辑决断图

表 5-2 逻辑决断及预防性维修工作类型分析表

组成编码	产品单元	故障原因	逻辑决断回答（Y 或 N）																					预防性维修工作类型
			故障影响					安全性影响						任务性影响						经济性影响						
||| 1	2	3	4	5	A	B	C	D	E	F	A	B	C	D	E	F	A	B	C	D	E	
(1)	(2)	(3)	(4)					(5)						(6)						(7)						(8)

（1）组成编码。（2）产品单元。（3）故障原因：直接引用装备《故障模式、影响及危害性分析报告》中有关分析单元的相关技术信息。

（4）故障影响：填写相关功能故障的故障影响逻辑决断过程记录，以"五位逻辑编码"形式表现。不同逻辑编码的信息释义，如表 5-3 所示。

表 5-3 故障影响的逻辑决断编码释义

序号	逻辑决断编码				逻辑决断信息释义	备注
	1	2	3	4	5		
1	Y	Y				当前分析单元的故障模式属于明显功能故障类别，故障发生后将会对装备使用产生安全性影响	
2	Y	N	Y			当前分析单元的故障模式属于明显功能故障类别，故障发生后不会对装备使用产生安全性影响，但会产生任务性影响	

续表

序号	逻辑决断编码 1	2	3	4	5	逻辑决断信息释义	备注
3	Y	N	N			当前分析单元的故障模式属于明显功能故障类别,故障发生后不会对装备使用产生安全性和任务性影响,但会产生经济性影响	
4	N			Y		当前分析单元的故障模式属于隐蔽功能故障类别,故障发生后将会对装备使用产生安全性影响	
5	N			N	Y	当前分析单元的故障模式属于隐蔽功能故障类别,故障发生后不会对装备使用产生安全性影响,但会产生任务性影响	
6	N			N	N	当前分析单元的故障模式属于隐蔽功能故障类别,故障发生后不会对装备使用产生安全性和任务性影响,但会产生经济性影响	

注意:表 5-3 中的逻辑决断编码,如果第 1 位编码取"Y",则后续仅填写第 2、3 位编码,不填写第 4、5 位编码;如果第 1 位编码取"N",则直接跳过第 2、3 位编码,填写第 4、5 位编码。

(5)安全性影响:填写相关功能故障的安全性影响逻辑决断过程记录,以"六位逻辑编码"形式表现。不同逻辑编码的信息释义,如表 5-4 所示。

表 5-4 安全性影响的逻辑决断编码释义

序号	逻辑决断编码 A	B	C	D	E	F	逻辑决断信息释义	备注
1	Y	N	N	N	N	N	对于预防当前分析的具有安全性影响的功能故障而言,仅"保养"工作是既适用又有效的	
2	Y	Y	N	N	N	N	对于预防当前分析的具有安全性影响的功能故障而言,"保养"工作和"操作人员监控(使用检查)"工作是既适用又有效的	
3	Y	N	Y	N	N	N	对于预防当前分析的具有安全性影响的功能故障而言,"保养"工作和"功能检测"工作是既适用又有效的	
4	Y	N	N	Y	N	N	对于预防当前分析的具有安全性影响的功能故障而言,"保养"工作和"定时拆修"工作是既适用又有效的	
5	Y	N	N	N	Y	N	对于预防当前分析的具有安全性影响的功能故障而言,"保养"工作和"定时报废"工作是既适用又有效的	
6	Y	N	N	N	N	Y	对于预防当前分析的具有安全性影响的功能故障而言,"保养"工作和"综合工作"是既适用又有效的	
7	Y	Y	Y	N	N	N	对于预防当前分析的具有安全性影响的功能故障而言,"保养"工作、"操作人员监控(使用检查)"工作和"功能检测"工作均是既适用又有效的	
8	Y	N	Y	Y	N	N	对于预防当前分析的具有安全性影响的功能故障而言,"保养"工作、"功能检测"工作和"定时拆修"工作均是既适用又有效的	
9								
10	Y	N	Y	N	Y	N	对于预防当前分析的具有安全性影响的功能故障而言,"保养"工作、"功能检测"工作和"定时报废"工作均是既适用又有效的	

续表

序号	逻辑决断编码						逻辑决断信息释义	备注
	A	B	C	D	E	F		
⋮								
32	Y	Y	Y	Y	Y	Y	对于预防当前分析的具有安全性影响的功能故障而言,"保养"工作、"操作人员监控(使用检查)"工作、"功能检测"工作、"定时拆修"工作、"定时报废"工作和"综合工作"均是既适用又有效的	

注意:鉴于保养工作一定是既适用又有效的,因此表 5-4 中逻辑决断编码的第 1 位编码一定取"Y",但保养工作只能延缓功能故障的发生,而不能彻底阻止功能故障的发生,且在众多可供选择的预防性维修工作类型中并不一定是最适用和最有效的,因此保养工作一般不作为逻辑决断的最终决策结论。由于安全性影响导致的故障后果(往往出现人员伤亡)在工程上是绝对不能接受的,因此安全性影响逻辑决断的优选策略以"最能降低安全风险"为唯一标准。这与后续论述的任务性影响和经济性影响逻辑决断策略不同,不会在按资源耗费顺序分析获得既适用又有效的预防性维修工作类型后,立即结束逻辑决断分析。鉴于书中篇幅所限,表 5-4 中仅列出了 10 类(一共 $2^5=32$ 类)具有代表性的安全性影响逻辑决断编码释义信息,对于其他剩余的安全性影响逻辑决断编码释义信息,读者可参照类似编码样例自行推理确定。

此外,表 5-4 中逻辑决断信息释义中的不同预防性维修工作类型的适用性和有效性具体评判准则,一般参照表 5-5 处理。

表 5-5 不同预防性维修工作类型的适用性和有效性评判准则

序号	预防性维修工作类型	适用性评判准则	有效性评判准则	备注
1	保养	保养工作内容必须是组成单元设计所要求的,且能降低组成单元任务功能状态的退化速率	只要是适用的,就是有效的	
2	操作人员监控	组成单元的功能退化必须是可探测的;组成单元必须具有一个可定义的潜在故障状态;组成单元从潜在故障状态发展到功能故障状态必须经历一定的可以预测的时间;监控的具体内容和技术操作必须是操作人员正常工作的组成部分	对于有安全性和任务性影响的功能故障,开展相关类型的预防性维修工作,必须能够将组成单元发生功能故障的概率降低到规定的可接受水平; 对于有经济性影响的功能故障,实施相关类型预防性维修工作导致的费用消耗,必须低于组成单元功能故障导致的费用消耗	
3	使用检查	组成单元的使用状态良好必须是能够通过定性检查确定的		
4	功能检测	组成单元的功能必须是可测的;组成单元必须具有一个可定义的潜在故障状态;组成单元从潜在故障状态发展到功能故障状态必须经历一定的可以预测的时间		
5	定时拆修	组成单元的任务功能状态必须具有可确定的耗损期;组成单元工作至该耗损期必须有较大的残存概率;组成单元必须具备可修性,且有可能通过牵连工程不大的拆修活动,将组成单元修复到规定功能状态		
6	定时报废	组成单元任务功能状态必须具有可确定的耗损期;组成单元工作至该耗损期必须有较大的残存概率		
7	综合工作	综合工作所综合的各类型预防性维修工作,必须全部是适用的		

(6) 任务性影响：填写相关功能故障的任务性影响逻辑决断过程记录，以"六位逻辑编码"形式表现。不同逻辑编码的信息释义，如表 5-6 所示。

表 5-6 任务性影响的逻辑决断编码释义

序号	逻辑决断编码						逻辑决断信息记录释义	备注
	A	B	C	D	E	F		
1	Y	N	N	N	N	N	对于预防当前分析的具有任务性影响的功能故障而言，仅"保养"工作是既适用又有效的	
2	Y	Y					对于预防当前分析的具有任务性影响的功能故障而言，"保养"工作和"操作人员监控（使用检查）"工作是既适用又有效的	
3	Y	N	Y				对于预防当前分析的具有任务性影响的功能故障而言，"保养"工作和"功能检测"工作是既适用又有效的	
4	Y	N	N	Y			对于预防当前分析的具有任务性影响的功能故障而言，"保养"工作和"定时拆修"工作是既适用又有效的	
5	Y	N	N	N	Y		对于预防当前分析的具有任务性影响的功能故障而言，"保养"工作和"定时报废"工作是既适用又有效的	
6	Y	N	N	N	N	Y	对于预防当前分析的具有任务性影响的功能故障而言，"保养"工作和"综合工作"是既适用又有效的	

注意：由于任务性影响的逻辑决断规则为"按备选预防性维修工作类型的资源耗费从小到大排序，按序依次实施面向功能故障的逻辑决断分析；如果分析获得既适用又有效的预防性维修工作类型，则立即结束逻辑决断分析，并将当前分析所获预防性维修工作类型，直接纳为本次逻辑决断分析的决策结论"，因此与安全性影响的逻辑决断编码具有 32 类不同，任务性影响的逻辑决断编码仅有 6 类。

部分任务性影响的逻辑决断编码与安全性影响的逻辑决断编码类似，但其内含的综合保障工程信息可能完全不同。例如，任务性影响逻辑决断编码（YNY 空空空）代表定期"保养"和"功能检测"对于预防当前分析单元的功能故障发生是适用且有效的，为此直接中断本次逻辑决断分析，不再针对"定时拆修""定时报废"和"综合工作"等其他预防性维修工作类型开展后续逻辑决断分析；而安全性影响逻辑决断编码（YNYNNN）则代表经过逻辑决断分析诸项筛查全部预防性维修工作类型的适用性和有效性后，仅定期"保养"和"功能检测"工作对于预防当前分析单元的功能故障发生是适用且有效的，"操作人员监控（使用检查）""定时拆修""定时报废"和"综合工作"等其他预防性维修工作并不适用或有效。

此外，有关"保养"工作对于任务性影响逻辑决断最终决策结论的影响，以及不同预防性维修工作类型的适用性和有效性评判准则，均与前述安全性影响的相同，此处不再赘述。

(7) 经济性影响：填写相关功能故障的经济性影响逻辑决断过程记录，以"五位逻辑编码"形式表现。不同逻辑编码的信息释义，如表 5-7 所示。

表 5-7 经济性影响的逻辑决断编码释义

序号	逻辑决断编码					逻辑决断信息释义	备注
	A	B	C	D	E		
1	Y	N	N	N	N	对于预防当前分析的具有经济性影响的功能故障而言，仅"保养"工作是既适用又有效的	

续表

序号	逻辑决断编码 A	B	C	D	E	逻辑决断信息释义	备注
2	Y	Y				对于预防当前分析的具有经济性影响的功能故障而言,"保养"工作和"操作人员监控(使用检查)"工作是既适用又有效的	
3	Y	N	Y			对于预防当前分析的具有经济性影响的功能故障而言,"保养"工作和"功能检测"工作是既适用又有效的	
4	Y	N	N	Y		对于预防当前分析的具有经济性影响的功能故障而言,"保养"工作和"定时拆修"工作是既适用又有效的	
5	Y	N	N	N	Y	对于预防当前分析的具有经济性影响的功能故障而言,"保养"工作和"定时报废"工作是既适用又有效的	

注意:对于具有经济性影响的功能故障,其逻辑决断分析可供选择的预防性维修工作类型不包含综合工作(工程上,实施综合工作往往意味着较大的费用消耗),为此经济性影响的逻辑决断编码仅有 5 类。经济性影响的逻辑决断规则、有关"保养"工作对于最终逻辑决断决策结论的影响,以及不同预防性维修工作类型的适用性和有效性评判准则,均与前述任务性影响的相同,此处不再赘述。

(8) 预防性维修工作类型:填写相关功能故障经逻辑决断分析后明确的既适用又有效的预防性维修工作类型。为便于读者理解消化,这里直接给出基于逻辑决断编码的预防性维修工作类型决策分析表,如表 5-8 所示。表 5-8 中,前 17 项为面向明显功能故障的逻辑决断分析编码及其预防性维修工作类型建议,后 17 项为面向隐蔽功能故障的逻辑决断分析编码及其预防性维修工作类型建议。鉴于篇幅所限,表 5-8 中的安全性影响部分,仅考虑了单一预防性维修工作类型的适用性和有效性情形。

基于逻辑决断分析的预防性维修工作类型决策建议,主要面向"定期"类型的预防性维修工作,但在逻辑决断分析不能给出有效结论时(例如,安全性影响的逻辑决断编码为"YNNNNN"),除了考虑更改分析单元的设计以外,还可视情选用"基于状态监控的视情维修"这一"不定期"类型的预防性维修工作。此外,"操作人员监控"这一预防性维修工作类型,也可依据监控状态参数和监控工作量,以及监控技术深度的具体要求(例如,监控的技术深度过深,远超过装备操作使用人员的基础能力范畴),视情将其替换为"基于状态监控的视情维修"。

表 5-8 基于逻辑决断编码的预防性维修工作类型决策分析表

序号	故障影响					安全性影响						任务性影响						经济性影响					预防性维修工作类型建议
	1	2	3	4	5	A	B	C	D	E	F	A	B	C	D	E	F	A	B	C	D	E	
1	Y	Y				Y	N	N	N	N	N												保养
2	Y	Y				Y	Y	N	N	N	N												操作人员监控
3	Y	Y				Y	N	Y	N	N	N												功能检测
4	Y	Y				Y	N	N	Y	N	N												定时拆修
5	Y	Y				Y	N	N	N	Y	N												定时报废

续表

序号	故障影响					安全性影响						任务性影响						经济性影响					预防性维修工作类型建议
	1	2	3	4	5	A	B	C	D	E	F	A	B	C	D	E	F	A	B	C	D	E	
6	Y	Y				Y	N	N	N	N	Y												综合工作
7	Y	N	Y									Y	N	N	N	N							保养
8	Y	N	Y									Y	Y										操作人员监控
9	Y	N	Y									Y	N	Y									功能检测
10	Y	N	Y									Y	N	N	Y								定时拆修
11	Y	N	Y									Y	N	N	N	Y							定时报废
12	Y	N	Y									Y	N	N	N	N	Y						综合工作
13	Y	N	N															Y	N	N	N	N	保养
14	Y	N	N															Y	Y				操作人员监控
15	Y	N	N															Y	N	Y			功能检测
16	Y	N	N															Y	N	N	Y		定时拆修
17	Y	N	N															Y	N	N	N	Y	定时报废
18	N		Y			Y	N	N	N	N													保养
19	N		Y			Y	Y	N	N	N													使用检查
20	N		Y			Y	N	Y	N	N													功能检测
21	N		Y			Y	N	N	Y	N													定时拆修
22	N		Y			Y	N	N	N	Y	N												定时报废
23	N		Y			Y	N	N	N	N	Y												综合工作
24	N			N	Y							Y	N	N	N	N							保养
25	N			N	Y							Y	Y										使用检查
26	N			N	Y							Y	N	Y									功能检测
27	N			N	Y							Y	N	N	Y								定时拆修
28	N			N	Y							Y	N	N	N	Y							定时报废
29	N			N	Y							Y	N	N	N	N	Y						综合工作
30	N			N	N													Y	N	N	N	N	保养
31	N			N	N													Y	Y				使用检查
32	N			N	N													Y	N	Y			功能检测
33	N			N	N													Y	N	N	Y		定时拆修
34	N			N	N													Y	N	N	N	Y	定时报废

5.3.4 预防性维修间隔分析

前述逻辑决断分析,明确了可用于有效预防各类装备功能故障发生的预防性维修工作类型,但实施各类型预防性维修工作后,是否一定能够达到预期的理想功效,还与各类型预防性维修工作的实施时机密切相关。装备综合保障工程中,一般将此类问题归为重要功能产品的预防性维修间隔分析问题。下面,针对保养、操作人员监控、使用检查、功能检测、定时拆修、定时报废六类常见的"定期"预防性维修工作类型,分别结合其工程实践的技术特点,给出相关预防性维修间隔的分析与估算方法。

1. 保养

保养工作是在装备设计研制过程中规定的,为保证装备长期正常运行所必须按要求开展的基础工作。因此,对于保养工作而言,直接按照装备承制方规定的技术要求实施保养工作即可,不必再另行分析与估算保养工作的实施时间间隔。

2. 操作人员监控

操作人员监控一般按照装备操作使用规程中的相关技术要求开展,不必再另行分析与估算其实施时间间隔。

3. 使用检查

使用检查用于预防装备组成单元的隐蔽功能故障。因此,实施使用检查工作,应能将装备组成单元隐蔽功能故障的发生概率控制在规定水平,以保证其使用安全和执行任务能力,否则就是无效的。此处所述"规定水平",一般采用装备组成单元在任务期间所需满足的平均可用度 A 衡量。假设装备组成单元实施使用检查的间隔期为 T_b,则 T_b 的取值应至少能确保在整个使用检查间隔期内装备组成单元的平均可用度水平(不考虑使用检查间隔期内的修理)不低于 A,如式(5-1)所示。

$$\frac{1}{T_b}\int_0^{T_b} R(t)\,\mathrm{d}t \geqslant A \tag{5-1}$$

式中:t 代表组成单元的故障时间;$R(t)$ 代表组成单元的可靠度函数。

进一步,假设故障时间 t 服从指数分布,且故障率为 λ,则有

$$\frac{1-\exp(-\lambda T_b)}{\lambda T_b} \geqslant A \tag{5-2}$$

式中:$\exp(\cdot)$ 代表指数函数。

给定任务期间装备组成单元的平均可用度要求后,装备通用质量工程技术人员应通过恰当地选择使用检查间隔期 T_b,确保式(5-2)成立。

注意,满足式(5-2)的可供选择的使用检查间隔期 T_b 有很多,工程上一般还应综合考量相关使用检查工作的经济性影响和实现的可行性,最终确定可供保障工程实践的使用检查间隔期。例如,如果将使用检查间隔期 T_b 定得过短,虽然可以满足装备组成单元任务期间的平均可用度要求,但这会导致装备日常例行工作内容的大量增加,以及配套使用检查保障资源的大量投入,实际上并不完全有利于装备的任务完好状态保持。

4. 功能检测

实施功能检测工作,应能将装备组成单元任务期间的功能故障发生概率控制在用户可接受水平,以保证其使用安全和执行任务能力,否则就是无效的。此处所述"可接受水平",一般

指装备组成单元在任务期间所能接受的最高故障风险概率 P_u。假设组成单元实施单次功能检测可检测出潜在故障的概率为 P，且历次故障检测工作满足独立同分布要求，则在任务期 T 内，为长期保持装备良好技术状态，至少应开展 n 次功能检测工作。工程上，n 的取值通常应满足式(5-3)和式(5-4)。

$$(1-P)^n \leqslant P_u \tag{5-3}$$

$$n \geqslant \frac{\lg(P_u)}{\lg(1-P)} \tag{5-4}$$

式中：$\lg(\cdot)$ 代表以 10 为底的对数函数。

进而，在任务期 T 内，装备组成单元的前后两次功能检测工作的间隔期 T_b 为

$$T_b = \frac{T}{n} \tag{5-5}$$

在给定任务期 T 和可接受的最高故障风险概率 P_u 后，装备通用质量工程技术人员应通过恰当地选择功能检测间隔期 T_b，确保式(5-4)成立。同样地，满足式(5-4)的可供选择的功能检测间隔期 T_b 有很多，工程上一般还应综合考量相关功能检测工作的经济性影响和实现的可行性，最终确定可供保障工程实践的功能检测间隔期。

5. 定时拆修

如图 5-6 所示，假设装备组成单元经过长期使用会有明显的耗损故障期出现，耗损故障期内装备组成单元的故障率 $\lambda(t)$ 会逐渐升高，且最高可接受的故障率水平为 $\lambda^*(t)$，对应的耗损周期为 T_w。

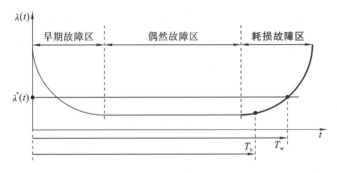

图 5-6 装备组成单元定时拆修间隔期 T_b 确定示意图

装备组成单元定时拆修间隔期 T_b 的确定，必须满足以下约束条件：

$$T_b \leqslant T_w \tag{5-6}$$

$$\Pr(T_L \geqslant T_b) \geqslant 1 - P_u \tag{5-7}$$

式中：$\Pr(\cdot)$ 代表绝对故障概率函数；T_b 代表定时拆修间隔期；T_L 代表组成单元预期寿命，具备随机变量统计特征；P_u 代表组成单元在任务期间所能接受的最高故障风险概率，对于有安全性影响的功能故障，取值通常应小于 0.001。

同样地，如图 5-6 所示，满足式(5-6)和式(5-7)的可供选择的定时拆修间隔期 T_b 有很多，工程上一般还应综合考量相关定时拆修工作的经济性影响和实现的可行性，最终确定可供保障工程实践的定时拆修间隔期。

6. 定时报废

由于定时报废工作与定时拆修工作对于装备组成单元故障风险的可接受评判依据一致，两者仅在具体修理样式上存在不同，因此，装备组成单元定时报废间隔期的分析与确定，可直

接利用定时拆修间隔期的相关分析与估算方法,此处不再赘述。

5.3.5 预防性维修级别分析

装备以可靠性为中心的维修分析,除了应明确为保持或及时恢复装备重要功能产品的良好技术状态而需开展的预防性维修工作类型及其维修间隔期以外,还应就具体实施相关预防性维修工作的恰当修理级别给出初步建议,以供后续专题开展装备修理级别分析参考借鉴。有关预防性维修工作修理级别确定的技术细节,将在第 6 章中详细介绍,这里重点阐述综合保障工程中合理划分装备预防性维修工作修理级别的几项基本原则。

1) 维修间隔期原则

维修工作间隔期较短,例如每天、每周、每月开展的预防性维修工作项目,一般建议纳为基层级修理级别范畴。而维修工作间隔期较长,例如每季度、每年、每几年开展的预防性维修工作项目,一般建议纳为基地级或中继级修理级别范畴。

2) 实施技术难度原则

维修实施技术难度较低的预防性维修工作项目,例如日常保养、操作人员监控、使用检查、功能检测、定期报废等,一般建议纳为基层级修理级别范畴。而维修实施技术难度较高的预防性维修工作项目,例如定期深度保养、定期深度拆修等,一般建议纳为基地级或中继级修理级别范畴。

3) 实施保障条件原则

实施维修所需的基础保障条件较易满足的预防性维修工作项目,例如普通日常保养、基础功能使用检查和状态检测等,一般建议纳为基层级修理级别范畴。而实施维修所需的基础保障条件较难满足的预防性维修工作项目,例如需要借助大量特殊的高精尖工具或仪器设备才能有效实施的专项检测、深度拆修等,一般建议纳为基地级或中继级修理级别范畴。

4) 常态任务功能原则

确保装备日常的基础任务功能状态长期持续保持的预防性维修工作项目,一般建议纳为基层级或中继级修理级别范畴。而能够大幅度高标准地全面恢复装备完好技术状态的预防性维修工作项目,一般建议纳为基地级修理级别范畴。

5) 保障经济性原则

如果有可能,应尽量安排各类预防性维修工作项目在基层级实施,以此避免在中继级或基地级实施相关预防性维修工作项目时,可能导致的物资储运、人员调配,以及专用工具、仪器仪表、特种修理设备调度等方面的过度费用消耗。

5.3.6 确定预防性维修项目

与故障模式、影响及危害性分析的维修项目确定相比,以可靠性为中心的维修分析的维修项目确定相对简单,一般采用"'定期'+'预防性维修工作类型'+'重要功能产品单元'+'补充说明(可有可无)'"的方式确定。例如定期保养锅炉、定期拆修轴瓦、定期检测调制解调器输出性能、定期报废橡胶密封垫片、定期检查安全阀安全保护功能等。工程上,通常在完成"重要功能产品分析"和"逻辑决断及预防性维修工作分析"工作后,按照前述预防性维修项目确定要求,裁剪、归并表 5-1 和表 5-2 中的相关维修属性信息,即可直接生成适用于不同重要功能产品单元的预防性维修工作项目。

5.3.7 输出分析报告

装备以可靠性为中心的维修分析最终应以"分析报告"的形式输出分析结论。分析报告中,应至少涵盖以下核心分析结论。

1) 重要功能产品分析表及其产品清单

应给出能够全面反映装备重要功能产品分析与确定过程的信息表格,表格样式见表 5-1;并应在此基础上,梳理明确装备的重要功能产品清单,具体清单样式见表 5-9。

表 5-9 重要功能产品清单

分析装备:×××控制驱动装置

组成编码	重要功能产品	产品功能	故障后影响类型			备注
			安全性	任务性	经济性	
X.××1	参数测试模块			√		
X.××2	操管控制模块			√		
X.××3	综合电源模块			√		
X.××4	主控电源模块			√		
X.××5	均压阀		√			
X.××6	密封圈			√		
⋮						

2) 逻辑决断及预防性维修工作类型分析表

应给出能够全面记录装备以可靠性为中心的逻辑决断分析过程,以及预防性维修工作类型决策结论的信息表格,具体表格样式见表 5-10。

表 5-10 逻辑决断及预防性维修工作类型分析表

分析装备:×××控制驱动装置

产品编码	产品名称	故障原因	逻辑决断回答(Y 或 N)																						预防性维修工作类型
			故障影响					安全性影响						任务性影响						经济性影响					
			1	2	3	4	5	A	B	C	D	E	F	A	B	C	D	E	F	A	B	C	D	E	
X.××1	参数测试模块		Y	N	Y									Y	N	Y									功能检测
X.××2	操管控制模块		Y	N	Y									Y	N	Y									功能检测
X.××3	综合电源模块		Y	N	Y									Y	N	Y									功能检测
X.××4	主控电源模块		Y	N	Y									Y	N	Y									功能检测
X.××5	均压阀		N			Y		Y	Y	N	N	N													使用检查

续表

产品编码	产品名称	故障原因	逻辑决断回答(Y 或 N)																	预防性维修工作类型
			故障影响					安全性影响					任务性影响					经济性影响				
			1	2	3	4	5	A	B	C	D	E	A	B	C	D	E	A	B	C	D	E	
×.××6	密封圈		Y	N	Y								Y	N	N	Y							定时报废
⋮																							

3）重要功能产品预防性维修大纲

应给出可用于直接指导装备日常预防性维修工作的重要功能产品预防性维修大纲。大纲内容应至少涵盖重要功能产品日常实施预防性维修的工作类型、工作项目、工作内容、间隔期、修理级别等关键技术内容。一类常见的重要功能产品预防性维修大纲，如表 5-11 所示。

表 5-11 重要功能产品预防性维修大纲

序号	产品单元	组成编码	维修工作类型	维修工作项目	维修工作内容	维修间隔期	修理级别	备注
1								
2	密封圈	×.××6	定时报废	定时报废更换密封圈	拆卸×××管密封圈，报废更换新密封圈，并实施压力密封完好性验证	a	基层级	
3								

4）非重要功能产品预防性维修工作建议

装备以可靠性为中心的维修分析报告中，除了给出重要功能产品的一系列预防性维修工作建议以外，还应给出可用于指导装备其他非重要功能产品开展日常预防性维修工作的原则性建议，内容一般涵盖日常例行检查、常规保养等基础技术内容。

5.4 以可靠性为中心的维修分析的几类常见问题

前面介绍了实施装备以可靠性为中心的维修分析的具体步骤，下面结合笔者多年来从事装备综合保障工程的实践经验，介绍在实施装备以可靠性为中心的维修分析过程中几类常见的技术问题。

1. 基础概念混淆，分析方向和分析方法失当

工程上，根据装备保障性分析工作的关注点不同，以可靠性为中心的维修分析存在多种分析形式，包括面向装备和设备硬件单元的以可靠性为中心的维修分析、面向区域检查的以可靠性为中心的维修分析、面向结构校核的以可靠性为中心的维修分析。不同形式的以可靠性为中心的维修分析工作，虽然最终的输出结论均是装备的预防性维修需求，但其基础分析逻辑并不尽相同，甚至可能采用的是两套完全截然不同的分析逻辑与评判标准。本章所述以可靠性为中心的维修分析内容，仅适用于面向装备和设备硬件单元的以可靠性为中心的维修分析，以及此类分析下的预防性维修工作类型和修理间隔期确定，并不适用于基于损伤及结构设计原理的重要结构项目评级与检查要求确定,也不适用于大型复杂装备的区域检查工作要求确定。为此,在正式实施装备以可靠性为中心的维修分析工作之前,必须首先弄清分析问题的核心诉求,并选择恰当的逻辑决断分析方法,而不是完全"沉浸"于面向装备和设备硬件单元的以可靠性为中心的维修分析这条单一技术途径。

2. 忽视或不重视重要功能产品分析,分析决断的"无用功"过多

就笔者多年的装备保障从业经历来看,"忽视或不重视重要功能产品分析"已成为装备以可靠性为中心的维修分析的技术"顽疾",究其原因主要还是相关通用质量工程技术人员没有吃透预防性维修工作在装备综合保障工程中的"源发"需求到底是什么。只是简单地认为,这是装备保障性分析工作中的一个例行环节,导致面向装备组成单元毫无区别地开展逻辑决断分析工作,耗费了大量的工作精力,获得的分析结论却并不理想。实际上,对于发生故障后没有安全性、任务性和重大经济性影响的装备功能单元,完全可待其故障发生后,再通过实施相关"事后"修理工作来恢复其任务功能状态。很明显,对于此类"三无"影响的装备功能单元,在"事前"实施预防性维修工作的工程意义不大,更无须针对其专题开展以可靠性为中心的逻辑决断分析。综上,重要功能产品分析可以看作装备以可靠性为中心的维修分析的"第一分析评判逻辑",通过"第一分析评判逻辑"的装备功能单元才有实施"第二分析评判逻辑(以可靠性为中心的逻辑决断分析)"的必要。

3. 逻辑决断分析欠规范,决断过程与决断输出不匹配

逻辑决断分析是以可靠性为中心的维修分析的核心技术工作,分析质量将直接决定着分析结果的适用成效,为此必须在分析的技术细节上给予充分关注。综合保障工程中,常见的逻辑决断分析问题主要体现为:

(1) 逻辑决断过程的分析编码不规范,没有严格按照表5-3、表5-4、表5-6、表5-7中的编码释义填写逻辑决断编码,导致决断编码携带的有效评判信息失真;

(2) 逻辑决断分析的评判原则失准,尤其是没有在技术细节上将安全性影响、任务性影响和经济性影响的逻辑决断分析进行细致区分,导致不同技术要求的逻辑决断评判原则互相混淆,进而输出不尽理想的预防性维修工作类型决策结论;

(3) 逻辑决断过程与决断输出结论不匹配,提交的逻辑决断分析编码信息与最终输出的预防性维修工作类型决策结论互相矛盾,导致以可靠性为中心的逻辑决断分析的技术可信性和工程应用价值大大降低。

4. 维修间隔期的确定不合理,难于付诸保障工程实践

如5.3.4节所述,保养、使用检查、功能检测、定时拆修、定时报废等预防性维修工作实施间隔期的分析与估算,应遵循相关装备组成单元的功能故障发展规律,并综合权衡装备交付用户后的实际使用管理要求和经济可承受性。为此,预防性维修间隔期的确定往往是一个需要综合多方面约束因素的权衡评判问题,既要符合特定组成单元功能故障的发展变迁特点,又要满足现实工程的可实现要求。过于依赖既定耗损规律的维修间隔期估算结果,很可能导致经济性欠佳或不具现实操作性的"理想"维修间隔期,这显然不是装备综合保障工程所期望获得的目标结论。装备综合保障工程中,对于军事特征明显的任务装备而言,重要功能产品的预防性维修间隔期确定,应以尽可能不间断地保持装备完好任务状态为首要目标,而对于普通民事任务装备而言,重要功能产品的预防性维修间隔期确定,则往往更看重其长期工程实现上的经济性影响。

第6章 装备修理级别分析

新研装备交付用户使用后,无论其设计性能和可靠性水准有多高,总会或多或少地发生故障,从而产生相应的维修保障需求。本书第4章,通过开展装备故障模式、影响及危害性分析,明确了装备交付用户使用后可能潜在的全部故障模式及其维修需求;第5章,则在其基础上,重点关注了部分发生故障后会影响装备安全性、任务性和经济性的重要功能产品,并就如何预防此类产品的故障发生,给出了以可靠性为中心的逻辑决断维修分析方法,明确了在不同时机实施不同类型预防性维修工作的现实需求。从本章起,将进一步承接前述研究内容与研究结论,围绕装备不同维修需求的具体工程实现过程,开展"装备修理级别分析""装备使用与维修工作分析"等专题论述,以期充分实现装备日常使用过程中的及时保障、高效保障和经济保障,进而确保历次任务期间装备完好状态的长期保持。

本章首先解决装备不同维修需求在具体工程实现过程中的责任主体确定问题。通过引入另一类装备保障性分析新技术——装备修理级别分析(LORA)技术,针对制约各类维修项目实施的技术瓶颈、资源瓶颈、经济瓶颈等问题,开展系统化的专题分析与工程决断评价,力求能够科学决策装备"事后"实施相关修复性维修活动和"事前"实施相关预防性维修活动的最佳修理级别,并在一定程度上影响装备研制阶段的维修性设计决策。

6.1 修理级别分析的基础知识

6.1.1 修理级别

修理级别也称维修级别,指装备在使用阶段承担特定维修工作活动的维修组织机构层级划分[21]。装备综合保障工程中,最为常见的维修组织机构层级划分为三级,分别为基层级、中继级和基地级。不同层级的维修组织机构,由于其承担的维修工作任务不同,配备的维修设备、设施、工具、仪器仪表、技术资料、备品备件、人力和人员等保障资源条件也不尽相同。

1) 基层级

基层级指依托装备使用人员或现场直属保障人员实施维修工作的特定维修组织机构,主要承担装备日常使用过程中能够在较短时间内完成的、技术难度较低且易于原位实施的相关维修工作活动,一般包括装备的日常保养、检查、功能测试,以及结构较简单组部件或功能单元发生故障后的整件更换等。

由于基层级维修组织机构的维修保障能力比较有限,为此相应维修保障资源的配置应满足以下特定要求:

(1) 操作使用技术要求较高的维修设备以及专用检测仪器仪表等不建议配置;

(2) 不具备现场储供或现场更换条件的备品备件不建议配置;

(3) 专业阅读能力要求较高的维修指导类技术资料不建议配置;

(4) 体积或重量过大的不便于现场移动或随行携带的特种维修设备、工具、仪器仪表、备品备件等不建议配置。

2) 中继级

中继级指依托装备本级管理单位下辖的专职保障人员实施维修工作的特定维修组织机构,主要承担装备日常使用过程中有一定技术难度要求或需借助有较高价值专用工具才能完成实施的相关维修工作活动,一般包括较复杂装备的深度保养、定期性能检测、标校、计量,以及基本功能状态的恢复性调整等。注意,上述关于中继级修理级别的技术内容定位,并不是一成不变的,综合保障工程实践中应根据不同中继级维修组织机构的具体维修保障能力建设情况视情调整。

与基层级相比,中继级维修组织机构的维修保障能力较高,相应维修保障资源的配置一般具有以下特点:

(1) 配有数量较多的维修设备、工具、仪器仪表、备品备件等;

(2) 配有一定数量维修技能较高的专职人员;

(3) 配有一定数量操作技术要求较高的专用维修设备、工具、仪器仪表;

(4) 配有一定数量的专业化维修设施,可供实现装备部分组部件、功能单元的深度拆解,及其内含零部件、元器件的更换或修复。

3) 基地级

基地级指依托装备研制、生产、保障等单位(例如科研院所、企事业工厂、区域保障中心等)的高技能专职保障人员实施维修工作的特定维修组织机构,主要承担装备日常使用过程中技术难度要求高,牵连工程多,耗时较长,需借助大量特殊设施、设备、工具、仪器仪表才能完成实施的相关维修工作活动,一般包括装备大修或返厂维修等高等级计划修理要求的相关维修工作活动,以及其他各类在基层级和中继级不能完成的相关维修工作活动。

与基层级和中继级相比,基地级维修组织机构的维修保障能力最高,需要承担的维修工作深度与技术难度也最高,相应维修保障资源的配置必须满足以下要求:

(1) 维修设备、设施、仪器仪表、工具、备品备件、技术资料等保障资源的总体配置,应以满足装备全寿命期潜在的全部维修保障需求为目标;

(2) 备品备件的筹、储、供,除了考虑实施本级维修保障活动的现实需求以外,还应综合考虑前出支援保障、年度周转保障以及阶段长周期保障的潜在需求;

(3) 技术资料的种类配备要齐全、技术深度要达标,应能满足装备全部维修活动细节的知识获取与技术导引需求;

(4) 人力和人员、维修设备、维修设施等的数量和规模配备,应能满足装备不同专业不同技术深度的维修保障工程实践要求。

6.1.2 修理原则

修理原则也称维修原则,指装备各组成单元实现具体维修活动的原则性策略,一般包括全部可修复、部分可修复和不可修复三类。对于要求"全部可修复"的装备组成单元,必须配备能够充分满足其各项维修活动需求的保障资源条件,包括物质资源条件、人员资源条件和信息资源条件等。显然,如果装备中此类组成单元较多,则相应装备保障工作的技术压力会较大。大多数情况下,需要设立专职的基地级维修组织机构,才能充分满足此类组成单元的维修保障需求。而对于"不可修复"的装备组成单元,仅要求配备必要的组成单元拆卸工装,并掌握基本的组成单元更换技能,即可完成相应"整件换修"活动。与前述"全部可修复"的维修原则相比,基于"不可修复—整件换修"的维修原则,无论是在保障资源条件准备上,还是在保障技能要求上,都大大降低了相关保障工作的技术压力,因此,非常适合基层级维修组织机构承担此类组成单元的维修。但"不可修复—整件换修"的维修原则,意味着需要有充足的备件储备,这会导致备件保障费用大大增加。

综上,装备不同组成单元的维修原则定位,在一定程度上决定着其维修工作活动实施的最佳修理级别,进而影响装备修理级别分析与评判的最终结果。同样地,装备修理级别分析的决策结论,也会反向约束装备相关组成单元的维修原则定位,进而影响装备研制阶段的维修性设计工作要求。两者互相作用、密不可分,在装备综合保障工程技术分析中,应综合权衡、协调处理。

6.1.3 非经济性分析

非经济性分析指不考虑实施维修活动所需的经费消耗,仅从安全性要求、技能要求、资源保障条件要求、包装运输要求等非经济性约束因素出发,评判装备各类维修工作项目的最佳修理级别的一种工程分析方法。非经济性分析的成效好坏,在很大程度上取决于用于权衡决策不同修理级别的非经济性约束因素是否恰当,以及对应的工程决策分辨率是否充分满足要求。装备综合保障工程中,往往将非经济性分析方法作为装备修理级别分析与评判的首选方法,只有在非经济性分析方法不能有效确定装备相关维修项目的最佳修理级别时,才需进一步考虑使用经济性分析方法。

6.1.4 经济性分析

经济性分析指通过比较分析装备各类维修项目在所有可行修理级别上的维修费用,并以最低费用消耗标准评判相关维修工作项目最佳修理级别的一种工程分析方法。经济性分析的成效好坏,在很大程度上取决于用于权衡决策不同修理级别的费用分解结构是否合理,以及相关费用单元的建模与计算方法是否准确。工程上比较常见的装备维修费用单元包括备件费用、耗材费用、能源供应费用、人力费用、设备费用、仪器仪表费用、工具费用、运输与包装费用、训练费用、设施费用、技术资料费用等。由于经济性分析方法需要准确计算装备不同维修项目的维修经费消耗,而有些费用单元信息在装备的研制早期不易准确确定,因此,在装备综合保障工程中,往往将经济性分析方法作为装备修理级别分析的辅助分析方法,并在装备研制阶段的中后期(此时,装备不同组成单元的技术状态已基本固化)使用。

6.1.5 敏感性分析

敏感性分析指通过改变部分数据单元的取值,并观察其对所研对象系统输出响应的影响,以验证所选计算模型和决策结论是否合理的一类工程分析方法。对于装备修理级别分析而言,敏感性分析主要用于经济性分析的辅助检验分析。具体为:通过改变部分维修费用单元的取值,并观察其对装备维修工作活动所需费用消耗的总体影响,检验装备基于经济性分析模型给出的最佳修理级别决策是否合理。

6.2 修理级别分析的基本原则

装备综合保障工程中,实施修理级别分析,应遵循以下基本原则。

1. 关于分析对象的定位

装备修理级别分析的分析对象是装备交付用户使用期间的全部潜在维修工作项目,既包括装备发生故障后实施的"修复性"维修项目,又包括装备发生故障前实施的"预防性"维修项目。关于"修复性"维修项目,一般以表4-20中输出的维修项目为准;关于"预防性"维修项目,一般以表5-11中输出的维修项目为准。需要特别说明的是,表4-20和表5-11中,部分维修工作内容完全一致的维修项目,例如"更换×××失效元器件"和"定期更换×××元器件",可视情归并为同一维修项目进行修理级别分析。但对于维修工作内容具有一定差别的维修项目,则一定要区别对待,不能混淆为同一维修项目。例如"拆修×××失效元器件"和"更换×××失效元器件",一定要视为不同维修项目进行处理,因为两者对于维修保障资源和维修技能的要求可能差别很大,进而相应的最佳修理级别决策结论可能也完全不同。

2. 关于分析方法的选择

装备修理级别分析以"非经济性"分析方法作为首选分析方法,只有在"非经济性"分析方法无法有效评判相关维修项目的最佳修理级别时,才考虑使用"经济性"分析方法进行辅助分析。此种分析优先级选择逻辑,一方面是考虑到实施"非经济性"分析所用的工程代价较低,且对于大部分维修项目而言,都可以通过分辨率足够的定性约束判据,清晰区分不同修理级别间的能力界限;另一方面是为了适应"经济性"分析的自身技术特征,鉴于在装备研制早期很难获得足够详细的维修费用单元信息,而装备修理级别分析又有必要在装备研制早期开展,显然此时"非经济性"分析方法是有效实施装备修理级别分析的唯一选择。

3. 关于分析的应用价值

修理级别分析在装备综合保障工程中的应用价值主要体现在两个方面。

一是及时影响新研装备的固有保障特性设计工作,确保研究交付用户使用的装备"好保障"。装备修理级别分析会从非经济性和经济性多个角度分析确定装备各类维修项目的最佳修理级别,并就装备各组成单元实施维修的恰当工作原则(全部可修复、部分可修复和不可修复)给出技术反馈,这将直接影响装备设计研制阶段的可靠性、维修性、测试性、保障性设计要求。为此,装备修理级别分析工作应尽早开展,并与可靠性、维修性、测试性、保障性等通用质量设计工作同步融合式开展。

二是合理确定新研装备不同组成单元的最佳修理级别,可为不同层级的装备保障能力建设提供技术借鉴,确保研究交付用户使用的装备"保障好"。分析不同修理级别实施维修的技术特点与工程约束因素,并给出全部潜在维修任务需求的合理分工,将为新研装备各层级的配套保障系统筹划与能力建设工作,提供重要工程借鉴。同时,它也是新研装备交付用户使用后,实现及时保障、闭环保障、经济保障,以及任务完好状态长期保持的必要技术基础。

4. 关于分析的技术瓶颈

一方面,在应用"非经济性"分析方法进行装备修理级别分析时,往往需要围绕不同维修项目的具体实施技术细节,开展针对不同修理级别要求的可行性筛选分析。除了部分实施技术难度明显很低或很高的维修项目以外,对于大部分装备组成单元的维修项目,只有在详细掌握维修技术步骤、工艺要求以及保障资源条件要求后,才能经过对比分析,科学评判出其可实现的最佳修理级别。然而,这些维修项目的详细维修技术步骤、工艺要求以及保障资源条件要求等评判信息,大都仍需由专业的技术分析或成熟的技术说明报告提供。在装备综合保障工程中,这些关键技术内容主要来自另外一项保障性分析技术——装备使用与维修工作分析技术(见第7章内容)。为此,严格意义上,孤立地开展装备修理级别分析并不科学,最理想的做法应是与装备使用与维修工作分析一并开展。而且,装备使用与维修工作分析的工作深度与质量水准,将直接决定着装备修理级别分析工作的成败以及分析评判结论的可信度。

另一方面,在应用"经济性"分析方法进行装备修理级别分析时,需要准确获得大量用于完成不同维修项目的费用消耗信息,这其中既包括备件、耗材、能源供应、设备、工具、设施等物质层面的使用与管理维护费用,又包括技术资料、数据库、保障功能软件等信息化层面的建设与管理维护费用,还包括人力和人员层面的调配与专业培训费用等。全面恰当地确定此类维修保障费用的集合,并给出精度足够的工程费用估算模型与计算方法,无论是在技术实现上,还是在工程操作上,都极具技术难度。此外,费用单元的社会"时变"属性(例如,通货膨胀、供需关系变化、全球经济动荡等),更是决定了基于经济性因素的装备修理级别分析结论,可能需要在装备全寿命周期内经历多次适应性调整,不可能一劳永逸。

6.3 修理级别分析的实施步骤

如图6-1所示,装备综合保障工程中修理级别分析的实施步骤,主要包括技术准备、制定基础分析策略、非经济性分析、经济性分析、确定维修项目修理级别、输出分析报告六个技术步骤。

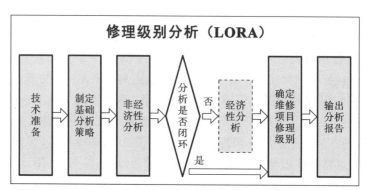

图 6-1 装备修理级别分析实施的全过程

6.3.1 技术准备

与修理级别分析相关的技术准备工作,主要包括基础信息收集和分析计划制定。

1. 基础信息收集

在实施装备的修理级别分析前,应首先收集以下基础信息。

1)装备维修项目信息

装备维修项目信息应包括装备故障模式、影响及危害性分析中明确的修复性维修项目信息，以及装备以可靠性为中心的维修分析中明确的预防性维修项目信息，可通过直接引用装备《故障模式、影响及危害性分析报告》和《以可靠性为中心的维修分析报告》中的相应维修项目信息获得。相关维修项目信息是实施装备修理级别分析的具体对象。

2）在行维修编制体制信息

在行维修编制体制信息应包括实施装备维修保障活动的现行维修组织机构信息，以及不同维修组织机构的维修能力定位、维修工程范围、维修设施、设备、备品备件、耗材、能源供应品、人力和人员、技术资料等配套保障资源信息。相关信息内容可为科学评判不同修理级别，提供保障约束层面的重要参考。

3）类似维修项目的修理级别信息

类似维修项目的修理级别信息应包括类似装备组成单元相关维修项目的修理级别信息和关键技术约束信息，以及不同修理级别下完成相关维修工程活动的费用消耗信息和主导费用因素信息。相关信息内容可为合理实施装备修理级别的经济性分析和非经济性分析，提供类似工程分析的技术借鉴。

4）维修任务技术信息

维修任务技术信息应包括装备组成单元相关维修项目的技术步骤信息和工艺要求信息，以及完成这些步骤与工艺所需的设施、设备、备件、耗材、能源供应品、人力和人员、技术资料等配套保障条件信息。相关信息内容是保证装备修理级别分析工作有效、输出结论可信的重要基础，一般可通过引用装备《使用与维修工作分析报告》中相应维修项目的技术实施细节获得，或参考以往类似组成单元的具体维修经验和维修过程记录获得。

2. 分析计划制定

为确保装备修理级别分析工作的高效顺畅实施，必须在装备设计研制的早期制定详细周密的修理级别分析工作计划，并将其纳为装备承制方实施修理级别分析工作的强制性指令技术文件。一般来说，制定的装备修理级别分析工作计划，应至少包括以下技术约束内容：

（1）保障新研装备日常修理工作的不同维修组织机构的修理层级与修理能力划分；

（2）新研装备最佳修理级别评判的基本策略；

（3）新研装备修理级别非经济性分析的标准表现形式及其分析规范；

（4）新研装备修理级别非经济性分析的各类约束因素说明；

（5）新研装备修理级别经济性分析的标准表现形式及其分析规范；

（6）新研装备修理级别经济性分析的各类费用单元解算说明；

（7）新研装备修理级别分析不同输入信息的规范来源及其信息提供责任方；

（8）新研装备修理级别分析输出报告的基础内容纲目；

（9）其他与新研装备修理级别分析具体实施、过程管控、质量管控、进度管控等相关的系列工作要求。

6.3.2 判定基础分析策略

装备综合保障工程中，实施装备修理级别分析的基础策略如图 6-2 所示。

图 6-2 以基层级、中继级、基地级三级维修组织机构为例，说明了实施相关装备故障单元维修项目修理级别分析的基础策略，具体如下。

首先，考虑故障单元是否具备在基层级原位修理可能，如果"可能"，则直接纳入基层级原

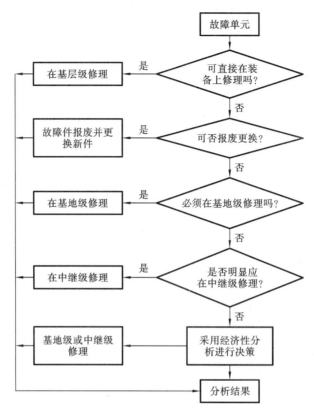

图 6-2 实施装备修理级别分析的基础策略

位修理范畴,结束分析评判;否则,继续分析评判。

其次,考虑故障单元是否具备基层级整件报废更换(或整件换修)可能,如果"可能",则直接纳入基层级整件报废更换(或整件换修)范畴,结束分析评判;否则,继续分析评判。

再次,考虑故障单元是否必须在基地级才能实现修理,如果"必须",则直接纳入基地级修理范畴,结束分析评判;否则,继续分析评判。

然后,考虑故障单元是否明显应在中继级实施维修,如果"明显",则直接纳入中继级修理范畴,结束分析评判;否则,继续分析评判。

最后,对于尚不能在中继级和基地级间明确相应修理级别的装备故障单元,应充分考虑不同修理级别下实施相关故障修理的经费消耗,并引入"经济性"分析方法,分析明确相关故障单元的最佳修理级别。

注意:(1)虽然前述修理级别分析策略以装备故障单元为例,面向的是分析单元发生故障后所需开展的修复性维修项目,但相关修理级别分析策略,同样适用于分析单元发生故障前所需开展的预防性维修项目,此时将"故障单元"改为"预防单元"、"修理"改为"维护"即可;(2)前述基层级原位修理、基层级整件报废更换和基层级整件换修是工程上实施基层级维修的三类主要形式;其中,基层级整件换修工作并没有实现装备故障单元维修工作的闭环,为此原则上一般仍需就换下故障单元的后续维修工作,再次开展单独的修理级别分析,以进一步确定其实施技术状态恢复性修理的最佳修理级别;鉴于这些技术内容已属于换修件的维修管理问题,此处没有过多阐述;(3)图 6-2 中所述修理级别分析策略,仅是工程上实施装备故障单元修理级别分析的一类基础评判策略,装备通用质量工程技术人员在具体实践过程中,还应根据不同维修组织结构和故障单元的具体情况调整。

6.3.3 非经济性分析

非经济性分析方法是装备修理级别分析的首选分析方法,也是装备研制早期可供选择的最为有效的修理级别分析方法。非经济性分析通过逐条罗列工程上限制不同修理级别实现的典型非经济性因素及其约束判据,并将其与不同维修项目的具体实现过程进行对照分析,以求在逻辑实现层面推导相关维修项目的最佳修理级别。综合保障工程中,基于非经济性因素的装备修理级别分析多以"表格"形式体现。这里给出了一类比较常见的装备修理级别非经济性分析表,如表 6-1 所示。

表 6-1 装备修理级别非经济性分析表

维修项目	(1)	维修项目编号		(2)
非经济性因素	非经济性因素的约束判据	单因素修理级别建议		限制修理级别的原因
		基层级 | 中继级 | 基地级		
(3)	(4)	(5)		(6)
修理级别分析结果		(7)	是否报废	(8)

(1) 维修项目:填写有关当前分析维修项目的名称,名称应与装备《故障模式、影响及危害性分析报告》和《以可靠性为中心的维修分析报告》中的相应维修项目名称保持一致;对于维修工作内容完全一致的维修项目,例如故障后更换××与定期更换××,可视情归并为同一维修项目。

(2) 维修项目编号:填写当前分析维修项目的唯一序列化标识,编号总数目应与归并优化后的维修项目总数目保持一致。

(3) 非经济性因素:填写用于逐项实施非经济性修理级别分析的各类评判因素,一般包括安全性、保密、状态完好性、任务成功性、装卸、运输和运输性、保障工具、仪器仪表及设备、人力和人员、保障设施、包装和储存等因素。

(4) 非经济性因素的约束判据:填写基于各类非经济性评判因素,评判最佳修理级别在技术要求层面的具体约束判据。

(5) 单因素修理级别建议:填写基于当前分析行所述的非经济性因素的约束判据开展修理级别分析,可供综合保障工程技术人员参考使用的最佳修理级别建议。仅能在基层级、中继级和基地级间进行单一选择,具体选择逻辑如下。如果相关非经济性因素的约束判据,有多个修理级别可以满足,则仅勾选最低修理级别即可(较低修理级别具备满足能力,默认较高修理级别也一定具备满足能力),例如基层级、中继级和基地级均能满足,仅勾选基层级;如果相关非经济性因素的约束判据,仅在非基层级的修理级别可以满足,则应在勾选相应修理级别的同时,一并给出相关限制修理级别的具体原因,例如仅在基地级可以满足,必须同步给出基层级、中继级不能满足的具体原因。

(6) 限制修理级别的原因:填写基于当前分析行所述的非经济性因素的约束判据开展修

理级别分析,某些修理级别不能满足修理要求的具体原因,是对前述"单因素修理级别建议"填写内容的补充说明。对于基层级修理可以满足的情况,无须填写,对于其他情况,必须填写。

(7) 修理级别分析结果:填写在综合表 6-1 中各单因素修理级别建议后,给出的适用于当前分析维修项目的最佳修理级别结论。

(8) 是否报废:填写当前分析维修项目在具体实施过程中,涉及的故障单元是否会直接报废的相关信息。对于需要直接报废的故障单元,原则上大多安排为基层级的整件报废更换修理;对于非报废的故障单元,需就整件换下后的故障单元的最佳修理级别,进一步实施闭环分析。

6.3.4 经济性分析

当通过非经济性分析不能有效确定装备待分析单元相应维修项目的最佳修理级别时(多见于中继级和基地级的判别),应补充进行经济性分析。经济性分析逐项估算相关维修项目在所有可选修理级别上实施的预期维修费用,并选择最低费用消耗修理级别作为待分析维修项目的最佳修理级别。

1. 维修费用分解结构

经济性分析中估算相关维修项目实施的预期维修费用,需要建立恰当的维修费用分解结构。一类比较常见的装备维修费用分解结构,如图 6-3 所示。

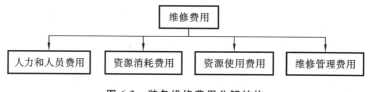

图 6-3 装备维修费用分解结构

1) 人力和人员费用

人力和人员费用指执行装备修复性维修和预防性维修任务所需支付的人员工时费用,通常采用消耗的人工时数与人员小时工资的乘积结算。

2) 资源消耗费用

资源消耗费用指执行装备修复性维修和预防性维修任务中,因消耗保障资源而产生的费用,一般包括备件消耗费用、耗材消耗费用、能源消耗费用以及相关资源供应费用等。其中,备件消耗涉及初始备件、周转备件及长周期储备备件等,耗材消耗涉及包装材料、润滑油脂、胶带、填料等,能源消耗涉及燃油、电力、水源、氧气、乙炔、氩气、高压空气等,资源供应涉及备件、耗材、能源等的包装运输等。

3) 资源使用费用

资源使用费用指执行装备修复性维修和预防性维修任务中,因使用保障资源而产生的费用,一般包括专用设备使用费用、专用设施使用费用、专用技术资料使用费用等。其中,专用设备的使用涉及维修设备、工具、仪器仪表、训练设备、包装运输设备等,专用设施的使用涉及使用设施、维修设施、存储设施、训练设施等,专用技术资料的使用涉及纸质资料的编制、印刷与装订,以及相关资料的电子化与交互平台研发等。

4) 维修管理费用

维修管理费用指执行装备修复性维修和预防性维修任务中,因开展计划、组织、监督、协调、控制、领导等管理活动而产生的费用,一般按照其与非管理费用的总值比例直接折算获得。

2. 维修费用估算方法

明确了相关维修项目实施的恰当维修费用分解结构后,可依据不同数学模型分别估算其工程实现费用。鉴于本书篇幅所限,这里仅以"年度资源消耗费用"为例,简述工程上常见的几类费用估算方法。

1) 备件(耗材)年度消耗费用

装备维修费用分解结构中,备件(耗材)年度消耗费用单元 C_{s-1} 的估算方法如下:

$$C_{s-1} = \sum_{k=1}^{n} f_k \sum_{r=1}^{m} N_{1(k,r)} C_{1(k,r)} \tag{6-1}$$

式中:n 为完成某类维修项目所需实施的保障事件种类数;k 为保障事件种类计数变量,$k=1,\cdots,n$;m 为完成某类保障事件所需消耗的备件(耗材)种类数;r 为消耗备件(耗材)种类计数变量,$r=1,\cdots,m$;f_k 为第 k 类保障事件的年度发生频次;$N_{1(k,r)}$ 为第 k 类保障事件中第 r 种备件(耗材)的消耗数量;$C_{1(k,r)}$ 为第 k 类保障事件中第 r 种备件(耗材)的单价。其中,f_k 的取值可参照相关装备单元的可靠性数据换算获得,n、m、$N_{1(k,r)}$ 的取值可查阅相关装备单元的使用与维修工作分析内容(见第 7 章内容)获得,$C_{1(k,r)}$ 的取值可调阅备件(耗材)供应商的报价数据获得。

2) 能源年度消耗费用

装备维修费用分解结构中,能源年度消耗费用单元 C_{s-2} 的估算方法如下:

$$C_{s-2} = \sum_{k=1}^{n} f_k \sum_{q=1}^{p} N_{2(k,q)} C_{2(k,q)} \tag{6-2}$$

式中:p 为完成某类保障事件所需消耗的能源种类数;q 为消耗能源种类计数变量,$q=1,\cdots,p$;$N_{2(k,q)}$ 为第 k 类保障事件中第 q 种能源的消耗数量;$C_{2(k,q)}$ 为第 k 类保障事件中第 q 种能源的单价。其中,p、$N_{2(k,q)}$ 的取值可查阅相关装备单元的使用与维修工作分析内容(见第 7 章内容)获得,$C_{2(k,q)}$ 的取值可查阅相关政府管理部门的报价数据获得。此外,k、n、f_k 的含义及其取值获得方法,均与式(6-1)中的相同,此处不再赘述。

3) 资源年度供应费用

装备维修费用分解结构中,资源年度供应费用单元 C_{s-3} 的估算方法如下:

$$C_{s-3} = \sum_{k=1}^{n} f_k \sum_{r=1}^{m} N_{1(k,r)} M_{3(k,r)} L_{3(k,r)} C_{3(k,r)} \tag{6-3}$$

式中:$M_{3(k,r)}$ 为第 k 类保障事件中第 r 种备件(耗材)的质量(或体积);$L_{3(k,r)}$ 为第 k 类保障事件中第 r 种备件(耗材)的运输里程;$C_{3(k,r)}$ 为第 k 类保障事件中第 r 种备件(耗材)每单位质量(或体积)的运输费用。其中,$M_{3(k,r)}$ 的取值可查阅相关装备单元的技术规格书获得,$L_{3(k,r)}$ 的取值可参考相关仓储设施的地理布局估算获得,$C_{3(k,r)}$ 的取值可调阅运输服务商的报价数据获得。此外,k、n、r、m、f_k、$N_{1(k,r)}$ 的含义及其取值获得方法,均与式(6-1)中的相同,此处不再赘述。

3. 维修费用敏感性分析

完成所研费用分解结构的全部费用单元估算后,可开展基于维修费用消耗的经济性分析,以获取相关装备维修项目的推荐修理级别。在最终确定哪一修理级别是最佳修理级别时,除了应考虑费用消耗的最低原则以外,还应考虑哪些因素对维修费用消耗起着主导作用,这些因素是否具备改进后降低费用消耗的可能性,以及所选费用单元估算模型是否一定合理,是否在全寿命周期从全费用角度估算会得出不同评判结论等。为此,工程上在完成相关装备单元维修项目的费用估算后,往往还需就费用估算模型和估算结果开展敏感性分析。

维修费用敏感性分析通过在不同费用单元估算模型中人为地引入数值扰动,分析与预测部分影响维修费用的重要因素在发生变化后,对分析目标问题及其决策结论所产生的影响。维修费用敏感性分析的核心技术步骤如下。

(1) 确定分析对象。对于基于经济性的修理级别分析而言,敏感性分析的对象是所研装备单元完成维修项目所需的费用消耗。

(2) 选定敏感性分析参数。主要选择那些初步判断可能对维修项目的费用消耗估算影响较大的参数,以及那些数据来源不可靠或对准确性把握不大的参数。

(3) 设定数值扰动。敏感性分析参数的数值扰动应覆盖全部可能变化的数值范围,非敏感性分析参数的数值通常取可能变化的平均值。

(4) 解算维修费用。基于前述敏感性分析参数及其数值扰动设定,解算不同参数扰动下所研维修项目的费用消耗,并统计分析其数值变化特征。

(5) 给出敏感性分析结论。主要围绕以下四个方面给出分析结论:当前维修费用估算模型及其估算数值的可信性;对维修费用消耗影响较大的因素及其可能的改进措施;当前费用敏感程度下相关维修项目修理级别决策的潜在风险;不同费用消耗约束下维修项目最佳修理级别决策的备份方案。

6.3.5 确定维修项目修理级别

装备不同组成单元相关维修项目的修理级别确定,直接引用前述"非经济性分析"和"经济性分析"的评判结果。综合保障工程中,一般将相关分析结果按照不同修理级别分类汇总,如表 6-2 所示。表 6-2 中所列不同修理级别的维修项目将作为后期编制装备各级"修理工程范围"的重要参考资料。

表 6-2 装备不同修理级别的维修项目汇总

序号	装备名称	修理级别	组成单元	组成编码	维修项目	备注
1	×××装置	基层级	密封圈	×.××6	更换密封圈	
2						
3			安全阀	×.××7	更换安全阀	
4						
5		中继级	压力表	×.××8	计量压力表	
6						
7			流量表	×.××9	计量流量表	
8						
9		基地级	变压器	×.××11	检修变压器	
10						
11			测速单元	×.××17	检修测速单元	
12						

6.3.6 输出分析报告

装备修理级别分析最终应以"分析报告"的形式输出分析结论。分析报告中,应至少涵盖以下核心分析结论。

1) 待分析维修项目清单

应按照维修工作内容完全一致可视情归并的原则,给出装备优化归并后的待分析维修项目清单,具体清单样式见表6-3。由于不恰当或过度的逻辑归并可能导致部分装备单元的重要维修项目遗失,因此,维修项目清单中应保留未归并前的原始维修项目信息及其逻辑归并记录。注意,维修项目清单中,仅对归并后的最终维修项目进行标识编号。

表 6-3 待分析维修项目清单

序号	组成单元	组成编码	修复性维修项目	预防性维修项目	是否归并	归并后维修项目	维修项目编号	备注
1								
2	密封圈	×.××6	更换密封圈	定时报废更换密封圈	是	更换密封圈	MT02	
3	安全阀	×.××7	—	定时使用检查安全阀	否	使用检查安全阀	MT03	
4	安全阀	×.××7	更换安全阀	—	否	更换安全阀	MT04	
5	变压器	×.××8	更换变压器	—	否	更换变压器	MT05	
6	变压器	×.××8	检修变压器	定时拆修变压器	是	检修变压器	MT06	
7								

2) 维修项目修理级别非经济性分析表

应给出能够全面反映装备修理级别非经济性分析与确定过程的表格,具体表格样式见表6-4、表6-5。表格中所述非经济性因素的约束判据,务必足够翔实且具工程可操作性,并能有效区分基层级、中继级及基地级间的维修能力差距;分析表格应与表6-3中编号标识的维修项目一一对应,并保持"维修项目名称"和"维修项目编号"完全一致;如果表中当前分析行的单因素修理级别建议结论并非"基层级",则务必给出相关限制修理级别的具体原因。

表 6-4 维修项目修理级别非经济性分析表(基层级)

分析装备:×××装置

维修项目	更换密封圈		维修项目编号	MT02	
非经济性因素	非经济性因素的约束判据	建议修理级别			限制修理级别的原因
		基层级	中继级	基地级	
安全性	在该修理级别上实施维修项目的修理时,高压电、辐射、高(低)温、化学或有毒气体、爆炸等潜在安全风险因素是否能够被充分抑制	√			
保密要求	该修理级别是否能够满足相关维修项目实施的保密工作要求	√			
修理方案	在该修理级别上实施维修项目的修理,是否符合相关修理级别的技术规范要求	√			

续表

维修项目	更换密封圈	维修项目编号		MT02	
非经济性因素	非经济性因素的约束判据	建议修理级别		限制修理级别的原因	
		基层级	中继级	基地级	
任务成功性	相关装备单元在该修理级别修理或报废,是否有利于其任务成功性的长期良好保持	√			
装卸与运输和运输性	将装备单元从故障现场送到相应级别的维修机构实施维修,是否存在任何装卸与运输方面的实现技术瓶颈,如质量、尺寸、体积、特殊装卸要求、易损性等	√			
保障设备	对于修理所需特殊设备、工具、仪器仪表等,在该修理级别是否可以充分满足? 对于修理所需特殊设备、工具、仪器仪表等的有效性、机动性、尺寸或质量限制,在该修理级别是否可以充分满足	√			
人力和人员	该修理级别是否具有足够数量的维修技术人员? 该修理级别是否具有足够技能的维修技术人员? 在该修理级别实施维修项目的修理时,相关人力和人员的工作负荷是否可承受	√			
维修设施	该修理级别是否能够满足修理过程对于特殊维修设施的要求,如涉核洗消、磁微粒检查、X射线检查等	√			
⋮					
修理级别分析结果		√		报废	√

表 6-5 维修项目修理级别非经济性分析表(基地级)

分析装备:×××装置

维修项目	检修变压器	维修项目编号		MT06	
非经济性因素	非经济性因素的约束判据	建议修理级别		限制修理级别的原因	
		基层级	中继级	基地级	
安全性	在该修理级别上实施维修项目的修理时,高压电、辐射、高(低)温、化学或有毒气体、爆炸等潜在安全风险因素是否能够被充分抑制	√			
保密要求	该修理级别是否能够满足相关维修项目实施的保密工作要求	√			
修理方案	在该修理级别上实施维修项目的修理,是否符合相关修理级别的技术规范要求	√			

续表

维修项目	检修变压器		维修项目编号		MT06
非经济性因素	非经济性因素的约束判据	建议修理级别			限制修理级别的原因
		基层级	中继级	基地级	
任务成功性	相关装备单元在该修理级别修理或报废,是否有利于其任务成功性的长期良好保持	√			
装卸与运输和运输性	将装备单元从故障现场送到相应级别的维修机构实施维修,是否存在任何装卸与运输方面的实现技术瓶颈,如质量、尺寸、体积、特殊装卸要求、易损性等	√			
保障设备	对于修理所需特殊设备、工具、仪器仪表等,在该修理级别是否可以充分满足? 对于修理所需特殊设备、工具、仪器仪表等的有效性、机动性、尺寸或质量限制,在该修理级别是否可以充分满足			√	实施变压器检修所需特殊仪器仪表,仅在基地级配置
人力和人员	该修理级别是否具有足够数量的维修技术人员? 该修理级别是否具有足够技能的维修技术人员? 在该修理级别实施维修项目的修理,相关人力和人员的工作负荷是否可承受			√	实施变压器检修需要较高维修技能
维修设施	该修理级别是否能够满足修理过程对于特殊维修设施的要求,如涉核洗消、磁微粒检查、X射线检查等			√	实施变压器检修的部分修理技术工艺,必须在基地级专用维修设施内开展
⋮					
修理级别分析结果				√	报废

3) 维修项目修理级别经济性分析表

对于不能利用非经济性分析方法评判出最佳修理级别的维修项目,应补充相关维修项目修理级别的经济性分析表格。长期的综合保障工程实践经验表明,经济性分析大多用于权衡评判"中继级"与"基地级"修理级别,这里沿用此类工程假设进行示例说明,具体分析表格样式见表6-6。表6-6中,维修费用单元的量值估算,往往需要大量引用相关装备单元使用与维修工作分析(见第7章内容)中的数据信息。为此,维修项目修理级别经济性分析表格的填写,通常需在装备单元的使用与维修工作分析完成后才能完全开展。

表 6-6 维修项目修理级别经济性分析表

维修项目	检修变压器	维修项目编号		MT06
经济性因素	维修费用单元	费用单元估算值/万元		基础估算模型
		中继级	基地级	
人力和人员费用	人员工时费用	0.05	0.1	人数×工时×每小时工价
⋮				
资源消耗费用	备件消耗费用			
	耗材消耗费用			
	能源消耗费用			
	资源供应费用			
⋮				
资源使用费用	专用设备使用费用			
	专用设施使用费用			
	专用技术资料使用费用			
⋮				
维修管理费用	计划、组织、监督、协调、控制等各项维修工作实施的管理费用			
⋮				
维修费用合计		×$_1$	×$_2$	×$_2$≤×$_1$
修理级别分析结果			√	总费用

4) 关重维修项目维修费用敏感性分析表

对于部分维修费用较大的维修项目,应给出其维修费用敏感性分析记录。相关分析记录,一般也以"分析表格"形式表现,具体见表 6-7。此外,还应就相关维修项目修理级别经济性分析结论的可信性与潜在评判风险,一并给出翔实的技术说明。

表 6-7 关重维修项目维修费用敏感性分析表

维修项目	××××××××			维修项目编号	MT××					
敏感性分析参数	数值1	数值2	⋯	数值n	维修费用n/万元					
					中继1	基地1	中继2	基地2	⋯ ⋯	中继n	基地n
⋮										
备件消耗费用										
⋮										

注意:(1)敏感性分析参数的选择,应至少涵盖在维修总费用中占较大比例的重要参数;(2)敏感性分析参数的数值扰动范围应足够大,尽可能涵盖全部可接受的数值范围;(3)对于实施敏感性分析后,出现的最佳修理级别判别结论变更的情况,必须给出专项技术分析说明,并就是否接受维修项目最佳修理级别的变更,给出明确决策意见。

5）装备单元修理级别汇总表

应给出能够总体反映装备不同单元修理级别情况的汇总表，如表 6-8 所示。表中内容应能直接反映相关装备单元拆/换、修理、报废等维修工作的责任主体要求，并与前述"非经济性分析"和"经济性分析"的修理级别决策结论保持一致；与表中装备单元对应的更为细致的维修项目修理级别信息，可查询相应装备单元维修项目的修理级别非经济性或经济性分析表。

表 6-8 装备单元修理级别汇总表

序号	装备单元	组成编码	拆/换			修理			报废
			基层级	中继级	基地级	基层级	中继级	基地级	
一、×××装备									
1	测速传感器	××.×××.×1			√				√
2	管体导轨	××.×××.×2		√			√		
3	后盖密封圈	××.×××.×3	√						√
4	后盖紧固件	××.×××.×4	√			√			
5	管体法兰紧固件	××.×××.×5	√			√			
6									

6.4 修理级别分析的几类常见问题

前面介绍了实施装备修理级别分析的具体步骤，下面结合笔者多年来从事装备综合保障工程的实践经验，介绍在实施装备修理级别分析过程中几类常见的技术问题。

1. 混淆不同维修工艺步骤，非经济性分析决策判据失准

装备维修项目的具体实施，通常由一系列按序完成的维修工艺步骤构成。不同的维修工艺步骤，按其实施的技术难度不同，将直接决定着不同技能级别维修人员完成相关维修工艺内容的可行性。为此，必须对装备单元待分析维修项目的关键维修工艺步骤有明确的定位，以确保相关非经济性分析决策判据的有效性。结合笔者多年的综合保障工程从业经验，比较容易混淆的维修工艺步骤有"更换"与"拆修"、"检测"与"检修"等。"更换"工艺步骤强调通过整件更换的方式，将已发生故障或故障发生率过高的装备单元整件拆换，对于拆卸后的装备单元是否修理、怎么修理，并不过度关心；而"拆修"工艺步骤明显更关注于装备单元拆卸后的技术状态恢复性修理问题，完成相关维修工艺的技术要求也明显要更高些；能完成"拆修"工艺步骤的技术人员，一定能完成"更换"工艺步骤，但能完成"更换"工艺步骤的技术人员，并不一定能完成"拆修"工艺步骤，两者在相关修理级别的决策安排上可能完全不同。类似地，"检测"工艺步骤与"检修"工艺步骤也存在同样的问题。"检测"工艺步骤仅是"检修"工艺步骤的一部分，在工程实践中经常会出现特定维修人员能够利用配发的专用工具发现故障，但并不具备发现故障后原位修理恢复故障单元技术状态能力的情况。

2. 费用分解及费用单元估算不合理，经济性分析决策结果失信

制定科学合理的维修费用分解结构，选用恰当适用的维修费用单元估算模型与估算方法，是有效实施装备修理级别经济性分析的基本前提，也是确保经济性分析决策结论真实可信的基础保证。但装备维修工作内涵的多样性、丰富性和复杂性，以及不同维修费用单元工程估算的不确定性，使得精确估算装备相关维修项目的维修费用，具有较大技术难度。工程上几类常见的维修费用估算误区包括：

（1）不重视预防性维修费用的估算，习惯地认为预防性维修工作仅局限于除尘、通电、润滑、注油等日常例行工作，而对于定期拆修、定期报废、定期深度检修等可能产生较大费用消耗的预防性维修工作缺乏细致考量；

（2）忽视维修设备的使用与管理费用，仅考虑维修项目实施中的备件消耗费用、人员工时费用等，导致选定的维修费用估算模型在实施修理级别经济性分析时，不具备足够的判别分辨率；

（3）不进行维修费用的敏感性分析，过分依赖可供直接选择的维修费用估算模型与估算方法，导致基于经济性分析的修理级别决策结论存在潜在失信风险。

第 7 章 装备使用与维修工作分析

装备交付用户使用后,能否长期保持良好的固有保障特性和任务完好状态,很大程度上取决于其日常使用保障和维修保障工作成效的好坏。而在装备综合保障工程中,使用保障和维修保障工作成效,又主要取决于对装备使用保障和维修保障需求的准确把握,以及为满足各类保障需求所开展的配套保障资源建设与运用水平。第 4 章、第 5 章集中解决了装备使用保障需求和维修保障需求的把控问题,明确了为保持装备良好技术状态和完备任务功能,应重点关注的系列修复性维修项目和预防性维修项目对象。第 6 章,就应该在哪一恰当修理级别上实施这些维修项目,给出了具体的分析评判方案。但上述章节的研究内容,还没有完全回答"满足装备各类保障需求所需的配套保障资源具体是哪些?"这一制约装备保障能力建设和装备保障成效发挥的核心技术问题。

为解决该项问题,本章引入另一类装备保障性分析新技术——装备使用与维修工作分析(O&MTA)技术。装备使用与维修工作分析技术将装备的各类使用任务、维修任务(含修复性维修任务和预防性维修任务)分解成若干颗粒度恰当的独立作业步骤,并逐项分析确定完成相关作业步骤所需的必备保障资源条件,进而最终确定与装备使用保障和维修保障工作活动相匹配的保障资源要求。装备使用与维修工作分析输出的具体结论,是装备全系统研制理论的重要技术支撑,也是装备及其配套保障系统同步研制、同步生产、同步交付用户,以及预期保障能力及早形成的重要保证。

7.1 使用与维修工作分析的目的

装备使用与维修工作分析作为一类直接面向装备保障资源配置和保障能力建设的工程分析技术,其分析输出的结论与装备交付用户使用后的保障工作在诸多方面都有着密切关联。为此,必须给予充足的重视,并下大力度扎实开展。总体来说,开展装备使用与维修工作分析,主要有以下几个目的:

(1) 为装备各类使用保障任务与维修保障任务的高效实施,提供内容翔实的保障资源要求,尤其是新的关键的保障资源要求;

(2) 为编制装备使用说明书、维修说明书、备品备件清单、修理设备清单、工具清单、仪器仪表清单、能源供应品清单等保障技术资料,提供保障资源方面的翔实信息;

(3) 为装备设计方案、保障系统设计方案、保障方案、保障计划等的备选权衡,提供保障资源方面的约束评价信息;

(4) 为对装备维修项目实施更为科学的修理级别评判,提供保障资源种类、数量、费用消耗、配置可行性等方面的判据信息。

7.2　使用与维修工作分析的技术特点

与本书前面章节所述的其他几类保障性分析相比,装备使用与维修工作分析的技术特点如下。

1. 分析的技术深度更深,耗费的分析精力更多

装备使用与维修工作分析需要将分析单元不同维修项目的全部维修作业步骤逐层、逐项分解,并逐一给出其相应的必备保障资源条件,这对于组成单元众多、结构复杂、修理工艺步骤烦琐的装备而言,意味着分析深度和分析工作量的大幅度增加,为此,通常需要更多的通用质量工程技术人员,耗费更多的工作精力才能高质量完成。从装备全寿命保障的视角来看,在装备设计研制阶段投入大量的人力,开展技术深度足够、内容翔实的使用与维修工作分析,虽然会在一定程度上增加装备寿命早期的经费消耗,但分析获得的契合装备使用保障与维修保障实际的保障资源建设需求,能够大幅度提升装备交付用户使用阶段的保障工作成效,避免因保障资源不匹配、保障资源配置过剩等而导致的保障资源浪费,从而有效降低装备全寿命周期内的保障经费总消耗。

2. 分析的交互性更强,结论输出的影响更广

装备使用与维修工作分析需要"故障模式、影响及危害性分析"提供修复性维修工作分析对象,需要"以可靠性为中心的维修分析"提供预防性维修工作分析对象,需要"修理级别分析"提供保障资源多层级全局优化配置目标。为此,装备使用与维修工作分析必须建立在与故障模式、影响及危害性分析,以可靠性为中心的维修分析和修理级别分析充分交互的基础上,才能高效保质实施。此外,装备使用与维修工作分析输出的能够充分满足装备不同类型保障工作需求的保障资源翔实要求,是装备研制与生产阶段同步开展配套保障系统研制与生产工作的基本前提,是编制装备使用说明书、维修说明书、备品备件清单、修理设备清单、工具清单、仪器仪表清单、能源供应品清单等保障技术资料的基础信息支撑,是形成翔实装备保障性分析过程记录的核心技术内容。同时,这些保障资源翔实要求,还是装备交付用户使用阶段面向特定任务要求编制有效保障应对方案的重要信息参考,以及面向装备保障能力持续提升目标编制长期配套保障条件建设计划的关键信息保证。

3. 分析结论推演更复杂,需权衡与优化的因素更多

与前述章节介绍的故障模式、影响及危害性分析,以可靠性为中心的维修分析、修理级别分析不同,装备使用与维修工作分析除了针对不同分析单元的维修项目独立实施保障资源要求分析以外,还需综合装备全部维修项目的保障资源分析结果,进行保障资源的总体汇总以及同类型保障资源的权衡与优化处理,尽可能以最小数量和最低经费消耗,满足装备日常的全部使用保障需求和维修保障需求。而影响装备保障资源总体权衡与优化的约束因素很多,既要考虑保障资源品种的齐全性和配置数量的充足性,又要考虑长期保障支持下资源购置费用的可承受性,同时还要考虑权衡优化后所期望保障资源在不同修理层级的最佳配置方案。因此,工程分析的推演过程非常复杂,技术的实现难度也远超其他保障性分析技术的实现难度。鉴于本书的篇幅所限,有关保障资源的综合权衡与全局优化内容,书中并未做过多阐述。读者如感兴趣,可查阅保障性工程多目标全局优化的相关文献[22-24],进行深入了解。

4. 分析启动的时机相对较晚,需迭代更新的轮次更多

由于开展装备使用与维修工作分析需要大量前述章节的保障性分析结论作为技术铺垫,

且要求掌握比较翔实的装备技术设计状态和维修作业步骤信息,因此装备使用与维修工作分析不太适合在装备设计研制的早期开展,通常在装备深化方案设计后期或技术设计阶段启动此项保障性分析工作。此外,装备使用与维修工作分析输出的保障资源要求,将会直接影响装备配套保障系统的设计与研制,且与装备保障实践能力直接挂钩,因此必须尽量确保其资源解集的准确性和适用性。而这一工程目标,一般需通过多轮次适应不同"保障应力"条件的装备使用与维修工作分析及更新迭代才能实现。例如,装备技术设计状态调整、保障经费要求变化、保障资源供货渠道与周转供货周期变更、保障模式与保障机制升级、特殊环境下装备组成单元可靠质量下降等保障应力条件的变化,都会引起装备使用保障需求和维修保障需求的局部变化,进而影响前期分析输出的最佳保障资源集合。为此,必须及时针对相应变化不断开展装备使用与维修工作分析的迭代更新工作,这样才能确保装备交付用户使用后的任务执行能力和任务保障能力长期稳定保持。

7.3　使用与维修工作分析的实施步骤

如图 7-1 所示,装备综合保障工程中使用与维修工作分析的实施步骤,主要包括技术准备、制定基础分析策略、使用任务分析、维修任务分析、确定保障资源要求、输出分析报告。

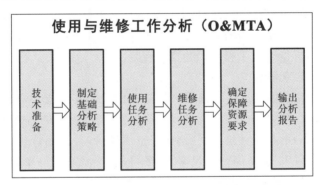

图 7-1　装备使用与维修工作分析实施的全过程

7.3.1　技术准备

与使用与维修工作分析相关的技术准备工作,主要包括基础信息收集和分析计划制定。

1. 基础信息收集

在实施装备的使用与维修工作分析前,应首先收集以下基础信息。

1) 装备基础属性信息

装备基础属性信息应包括装备的技术规范与研制方案、设计图样等。其中,技术规范与研制方案用于掌握装备的功能要求、使用环境条件、使用任务剖面,以及其他与装备使用和维修相关的技术说明信息。设计图样用于掌握装备内部设备、组部件、元器件、零部件的结构组成、几何尺寸、材料与工艺选择、耦合关联、交互接口等。

2) 装备使用项目信息

装备使用项目信息应包括装备在不同使用任务剖面下的正常使用、异常处置和应急使用要求信息,以及实现相关使用要求所需完成的具体使用项目信息。相关使用项目信息是实装备使用任务分析的具体对象。

3）装备维修项目信息

装备维修项目信息应包括装备故障模式、影响及危害性分析中明确的修复性维修项目信息，以及装备以可靠性为中心的维修分析中明确的预防性维修项目和维修间隔期信息，可通过直接引用装备《故障模式、影响及危害性分析报告》和《以可靠性为中心的维修分析报告》中的相应维修项目信息获得。相关维修项目信息是实施装备维修任务分析的具体对象，相关维修间隔期信息是实施装备保障资源总体权衡与全局优化的重要参考信息。

4）装备修理级别信息

装备修理级别信息应包括装备修理级别分析中明确的不同维修项目的最佳修理级别信息，可通过直接引用新研装备《修理级别分析报告》中的相应维修项目修理级别信息获得。相关维修项目的修理级别分配信息是实施装备保障资源总体权衡与全局优化的重要参考信息。

5）类似使用项目的技术作业信息

类似使用项目的技术作业信息应包括类似装备单元使用项目的使用流程和关键作业步骤信息，以及完成不同作业步骤所需的各类必备使用保障资源信息。相关信息内容可为合理实施装备使用任务分析，提供类似工程分析的技术借鉴。

6）类似维修项目的技术作业信息

类似维修项目的技术作业信息应包括类似装备单元维修项目的维修流程和关键作业步骤信息，以及完成不同作业步骤所需的各类必备维修保障资源信息。相关信息内容可为合理实施装备维修任务分析，提供类似工程分析的技术借鉴。

7）保障条件建设约束信息

保障条件建设约束信息应包括装备用户长期可承受的年度或全寿命期保障费用预算信息，不同修理层级间的保障设施、设备、工具、仪器仪表和备品备件的储供管理机制和现实运行瓶颈信息，以及保障成效的科研评价模型（例如等费用评价、等效用评价、费效比综合评价）与关键评价参数（例如备件利用率、备件满足率、任务可靠度、状态完好率、使用可用度）信息等。相关信息内容可为科学决策新研装备的总体保障资源配置要求，以及合理勾画不同层级的保障条件建设方案，提供翔实的保障决算分析约束条件。

8）各类保障资源的基础属性信息

各类保障资源的基础属性信息应包括待选备件、耗材、能源、修理设备、仪器仪表、工具等保障物质资源的型号（标号）、尺寸、重量、价格、供货周期信息，待选使用与维修类保障技术资料的成册要求和核心技术指导内容信息，待选维修设施的主要功用和建设条件信息，待选人力和人员的专业划分、技能等级和编制实力信息等。相关信息内容可为科学决策装备的总体保障资源配置要求，以及合理勾画不同保障层级的保障条件建设方案，提供翔实的保障决算分析可行解集合。

2. 分析计划制定

为确保装备使用与维修工作分析的高效顺畅实施，必须针对该项保障性分析尽早制定详细周密的工作计划，并将其纳为装备承制方实施使用与维修工作分析的强制性指令技术文件。一般来说，制定的装备使用与维修工作分析的工作计划，应至少包括以下技术约束内容：

（1）新研装备使用与维修工作分析的基本策略；

（2）新研装备最佳保障资源要求决策评判的核心原则；

（3）新研装备使用任务分析的标准表现形式及其分析规范；

(4) 新研装备维修任务分析的标准表现形式及其分析规范;
(5) 新研装备保障资源要求的标准表现形式及其输出规范;
(6) 新研装备待选保障资源的各类基本属性信息说明;
(7) 新研装备使用与维修工作分析不同输入信息的规范来源及其信息提供责任方;
(8) 新研装备使用与维修工作分析输出报告的基础内容纲目;
(9) 其他与新研装备使用与维修工作分析具体实施、过程管控、质量管控、进度管控等相关的系列工作要求。

7.3.2 制定基础分析策略

装备综合保障工程中,实施装备使用与维修工作分析的基础策略,如图 7-2 所示。

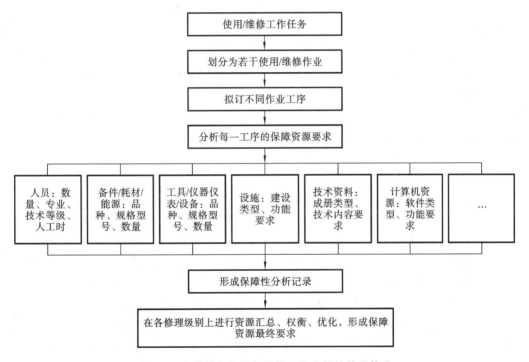

图 7-2 实施装备使用与维修工作分析的基础策略

首先,基于不同工况下的装备使用要求,以及装备《故障模式、影响及危害性分析报告》和《以可靠性为中心的维修分析报告》的输出内容,确定待分析的装备使用任务和维修任务。装备综合保障工程中,使用与维修工作通常通过需要完成的一系列使用与维修项目体现,为此,有时为了表述方便,也将"使用任务"直接称为"使用项目"。

其次,查询同装备使用与维修相关的原始技术资料,包括原始的装备工作原理与组成结构设计说明书、不同组成单元的装配拆卸说明书、样机操作使用试验记录、样机试验中的故障修理记录和预防性维修记录、专用维修工艺指南等,力求将每一使用与维修项目的实现过程,详细解构为一系列可单独作业的技术步骤。

再次,按照安全、便捷、高效、可行的原则,对装备使用与维修项目的不同作业步骤进行科学排序,确定最佳紧邻作业排列与逻辑交互关联,并形成适用于装备不同使用与维修项目分析的最佳作业工序。

然后，在人员、备件、耗材、能源、工具、仪器仪表、设备、设施、技术资料、计算机资源等方面，确定完成每一使用与维修作业工序的必备保障资源要求。其中，明确的每单一因素保障资源要求，必须具备足够的保障工程实现颗粒度。

最后，汇总每一使用与维修作业工序的保障资源要求，形成有关使用与维修项目的保障性分析记录；在此基础上，结合不同修理级别的保障资源配置约束条件，实施装备保障资源的综合权衡与全局优化分析，进而最终确定能够充分契合装备自身使用与维修保障特征、有效满足其使用与维修工作任务需求的保障资源要求。

7.3.3 使用任务分析

开展装备使用任务分析，应至少涵盖装备正常运行、异常处置和应急操作的相关使用任务分析内容。

1. 正常运行

有关装备正常运行下的使用任务分析，应给出装备在正常情况下，为实现本层级装备的每一项任务功能所需或可采用的全部运行方式、模式、状态，以及为实现各种方式、模式、状态所需的各种操作使用项目。而且必要时，还需明确本层级装备与下层级装备操作使用项目的续接关系。

装备正常操作使用项目主要分为五类：
(1) 使用前的技术准备；
(2) 启动；
(3) 运行方式、模式或状态的调整与转换以及正常工作期间的操作人员监控；
(4) 停机；
(5) 停机后的技术恢复等。

装备通用质量工程技术人员应根据装备的自身使用特点，视情从上述五类使用项目中选定适用于发挥装备任务功能所需的操作使用项目。

装备综合保障工程中，为便于实施装备的使用任务分析，通常会绘制一幅装备操作使用的总流程图，用以展示从技术准备开始，包括运行方式、模式或状态转换在内，到停机后恢复为止的全部状态转换过程及其所用到的全部操作使用项目。较为常见的一类装备操作使用总流程，如图7-3所示。

2. 异常处置

有关装备异常处置情况下的使用任务分析，主要用于解决装备中某个或某些部件的工作条件准备不足、工作状态设定不当等，导致部件之间运行状态不匹配所产生的、经过简单操作就可恢复必要任务功能的装备运行异常问题。而部件发生故障导致装备运行异常的系列处置工作内容，属于装备故障排查和维修范畴，相关处置项目纳入装备维修工作项目分析中。

3. 应急操作

有关装备应急操作情况下的使用任务分析，应针对装备的能力和设计中预定的全部应急备用任务功能，提供超出设计基准条件、局部发生故障等各种应急情况下的装备操作使用方法。注意：(1) 此处所述应急操作是在装备设计研制中可预期的一类在特定情况下使用的规范化技术处理步骤，而有关不可预期的装备偶发应急情况的技术处置，并不属于此类内容讨论范畴；(2) 有关应急操作情况的使用任务分析，必须明确表达出"什么具体情况下、为了达到什

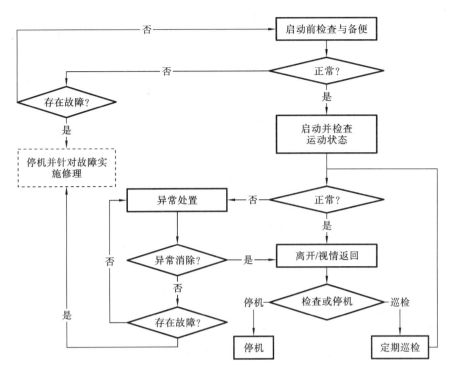

图 7-3 一类装备操作使用总流程

么样的目的才允许按照本应急操作使用方法使用装备"之类的信息；(3) 与正常操作类似，装备应急操作使用项目也主要包括应急使用前的技术准备、应急启动过程、应急使用中的运行方式、模式、状态转换、应急使用后的停机过程和应急使用停机后的技术恢复五类；(4) 此外，应急操作还必须就不同特定情况下实施此类操作的最长连续工作时间、最大工作载荷、最高保留技术性能等给出明确的技术约束要求。

综合保障工程中，装备使用任务分析一般也以表格形式体现。这里给出比较常见的一类装备使用任务分析表，如表 7-1 所示。

(1) 使用项目：填写装备为完成期望任务功能，所需开展的全部使用作业项目的名称与编号说明信息。其中，期望任务功能应涵盖装备正常运行、异常处置和应急操作情况下的全部特定操作使用要求，使用作业项目应包括从技术准备开始到停机后技术恢复为止的全部操作使用项目；每一确定的使用作业项目，通常需要经过多项使用工序才能完成。

(2) 使用工序：填写装备为完成特定使用作业项目，所需按序开展的全部使用工序的逻辑作业序号和作业步骤；相关作业步骤应该按照时间先后顺序，从观察判断并确认允许操作开始，一直到无须人员操作与检查、操作员可以离开为止，给出本操作使用项目的具体作业步骤，且表述方式应符合"先检查判断、后操作，再检查判断、再操作"的逻辑。

(3) 人力和人员：填写为完成当前分析行的作业步骤，所需配置的人力和人员类保障资源信息，内容涵盖人员的专业类别、技能等级和配置数量等，例如机械专业、高级技能、1 名；同一作业步骤需要多个人员联动配合完成的，应分别标注专业类别、技能等级和配置数量。

(4) 耗材/能源：填写为完成当前分析行的作业步骤，所需消耗的耗材、能源类保障资源信息，内容涵盖耗材、能源的名称、规格型号和配置数量等，例如高温润滑油、××牌号、××毫升；鉴于备件类保障资源主要用于装备的维修任务作业，此处使用任务分析暂不考虑。

(5) 工具/仪器仪表/设备:填写为完成当前分析行的作业步骤,所需使用的工具、仪器仪表、设备类保障资源信息,内容涵盖工具、仪器仪表、设备的名称、规格型号和配置数量等,例如启动盘车设备、×××型、1台。

(6) 设施:填写为完成当前分析行的作业步骤,所需建设的设施类保障资源信息,内容涵盖设施的名称与主要功能,例如防静电工作台架、提供发挥预期任务功能的最优基础工作环境条件。

(7) 技术资料:填写为完成当前分析行的作业步骤,所需参考的技术资料类保障资源信息,内容涵盖技术资料的名称与主要技术内容要求,例如《×××使用规程》、提供用于明确约束当前使用作业步骤完成质量的关键技术指导内容。

(8) 计算机资源:填写为完成当前分析行的作业步骤,所需借助的计算机资源类保障资源信息,内容涵盖计算机资源的名称与主要功能,例如×××嵌入式状态监测管理软件、提供当前作业步骤是否高质量完成的在线自反馈信息。

(9) 安全注意事项:填写在实施当前分析行的作业步骤过程中,使用操作人员必须关注的警告、注意和注释信息。其中,"警告"信息用于给出需要特别强调的事项,如果违背这些事项,可能导致人员伤亡或健康危害、装备严重损伤、环境破坏等事故性后果;"注意"信息用于给出需要特别提醒的事项,如果违背这些事项,可能会影响装备使用寿命或不能正常运行;"注释"信息用于对前述相关事项做进一步解释,以便于装备操作使用人员能从更深层次理解相关要求。

7.3.4 维修任务分析

开展装备维修任务分析,应至少涵盖装备修复性维修和预防性维修的相关维修任务分析内容。有关修复性维修和预防性维修的工程内涵,在第4章和第5章中已给出了详细的介绍,此处不再赘述。

综合保障工程中,装备维修任务分析一般也以"表格"形式体现。这里给出比较常见的一类装备维修任务分析表,如表7-2所示。

(1) 组成编码:填写当前表格分析维修项目对应的产品单元(装备组成单元)组成编码,一般直接引用装备《故障模式、影响及危害性分析报告》中有关产品单元的组成编码信息。

(2) 产品单元:填写当前表格分析维修项目对应的产品单元名称,一般直接引用装备《故障模式、影响及危害性分析报告》中有关产品单元的名称信息。

(3) 维修项目:填写当前表格分析的产品单元维修项目名称,一般直接引用装备《修理级别分析报告》中有关产品单元的维修项目名称信息。注意,由于此表面向归并后的装备最小维修项目集合开展维修任务分析,因此这里并不直接引用装备《故障模式、影响及危害性分析报告》和装备《以可靠性为中心的维修分析报告》中的维修项目名称信息。

(4) 维修项目编号:填写当前表格分析的产品单元维修项目编号,以便于实现装备维修项目保障性分析记录的高效管理,一般直接引用装备《修理级别分析报告》中有关产品单元的维修项目编号信息。

(5) 修理级别:填写完成当前表格分析维修项目的最佳修理级别,一般直接引用装备《修理级别分析报告》中有关维修项目的最佳修理级别信息。注意,如果在装备修理级别分析中不能通过非经济性分析方法确定该维修项目的最佳修理级别,则此处修理级别信息只有在结合

表 7-1 一类装备使用任务分析表

序号	使用项目		使用工序		人力和人员			耗材/能源			工具/仪器仪表/设备			设施		技术资料		计算机资源		安全注意事项		注释
	名称	编号	作业序号	作业步骤	专业	技能等级	数量	名称	型号	数量	名称	型号	数量	名称	功能	名称	技术内容	名称	功能	警告	注意	
	(1)		(2)		(3)			(4)			(5)			(6)		(7)		(8)		(9)		

表 7-2 一类装备维修任务分析表

组成编码	产品单元	修理级别	维修项目	维修工序		故障原因	维修时间/h	人工时/h	人力和人员			工具/仪器仪表/设备			设施		维修项目编号	维修间隔期	备件/耗材/能源				技术资料		计算机资源				维修空间/(m×m×m)	安全注意事项		注释
				作业序号	作业步骤				专业	技能等级	数量	名称	型号	数量	名称	功能			编码	名称	型号	数量	名称	技术内容	位置	空间	名称	功能		警告	注意	
(1)		(5)	(6)	(10)			(12)	(13)	(11)			(14)			(15)		(3)		(16)				(4)(17)		(7)(8)		(18)		(9)	(19)		

不同作业步骤输出的保障资源经济性约束评判后,才能最终确定。

(6) 故障原因:填写当前表格分析维修项目对应的故障诱发原因,一般直接引用装备《故障模式、影响及危害性分析报告》中有关维修项目的故障诱发原因信息。

(7) 维修间隔期:填写当前表格分析维修项目对应的维修间隔期。对于具有预防性要求的维修项目,一般直接引用装备《以可靠性为中心的维修分析报告》中有关维修项目的预防性维修间隔期信息,例如 3 a、6 m 等;对于不具有预防性要求的维修项目,此处维修间隔期用符号"u"标识,代表没有固定的维修间隔期,待故障发生后才实施维修。

(8) 维修空间—位置:填写用于确定当前表格分析维修项目所需的最小物理实施空间的起算原点,一般指产品单元的正面、侧面、背面、上方、下方等。

(9) 维修空间—空间:填写当前表格分析维修项目完成全部维修作业工序所需的最小物理实施空间,一般以"m×m×m"方式表达。

(10) 维修工序:填写为完成当前表格分析维修项目所需按序开展的全部维修工序的逻辑作业序号和作业步骤。由于维修作业步骤是影响当前分析维修项目具体实施质量的核心约束内容,且涉及的工程技术内涵极其丰富,因此,这里做进一步重点说明。

a. 应以"动宾结构祈使句"的格式表述每一个维修作业步骤,并用宾语体现维修作业步骤的具体对象。

b. 应使用简明且易于理解和记忆的词语准确表达每一维修作业步骤,并保持语言风格和内容编排的一致性,不能使用含糊不清和模棱两可的措辞;如果一个作业步骤涉及安全等问题,则必须在书写作业步骤之前给出安全注意事项;相关内容的表述深度与颗粒度,应综合考虑维修人员的知识基础、经验积累以及阅读、理解并正确转化为具体行动的能力。

c. 每一个作业步骤必须是一项具体的维修操作,或是多个相同的、同一时间内反复实施的且没有先后顺序的一组作业步骤。

d. 除了作业步骤简单且经常用到的常规操作以外,不允许把多个作业步骤完全不同且不经常遇到的维修操作,抽象为一个作业步骤;不能用复合句一次表述多个作业步骤,类似"拆下……后再……"的语句,应分解为多个子步骤,除非两项作业步骤必须同步或中间不允许停顿(在这种情况下,应该在书写操作步骤之前给出安全注意事项)。含有多个子步骤的作业步骤,应恰当地概括与组合相关子步骤,并给出涵盖子步骤的标题。一般情况下,子步骤的层次不应多于三层。

e. 在需要根据现场情况确定下步如何操作的作业步骤之前,必须首先给出判断现场情况的具体方法;必要时,还应给出安全注意事项予以强调。

f. 涉及现场技术检查、测量和判断的维修作业步骤,必须明确具体的技术要求和量化判据,例如"间隙在×××至×××之间"等,以便于鉴别某个状态是否可以接受;除了机带仪表以外,其他用于获得量化判据的手段,都必须出现在工具、仪器、设备清单中;涉及复杂的测量手段或涉密的判断标准,还必须在人力清单中列举能使用该手段或执掌该判断标准的人员。

g. 对于需要边观察边操作的作业步骤,必须在一个作业步骤中同时明确观察、判断和根据判断结果进行操作的要求;如果执行操作的人员无法直接观察到,也无法通过其他手段获得维修操作的效果,则必须在这个步骤中明确两人以上同时作业的要求,并进一步明确操作与观察人员的职责与沟通要求;必要时,应该在仪器设备清单中给出双方的通信手段。对于这类问题,一般应给出安全注意事项予以强调。

h. 一般情况下,为了使现场维修人员能够准确且快速地接近维修部件或部位,应给出含有该部件或部位的示意图,并在示意图上对维修部件或部位予以重点标注;示意图必须给出图号,以便在拆解、检查、修理、修后装配等具体作业步骤中引用。

i. 当需要以大量的、带有格式化特征的技术数据作为技术要求或判据时,应提供带有编号的数据表格,以便在具体作业步骤中引用。

j. 不能为使内容更加清晰而使用追加解释的方法,例如"调整后的间隙应符合要求——间隙在×××至×××之间",而应直接表述为"将间隙调整在×××至×××之间";必要时可采用"注释"语句做出附加解释。

k. 如果需要,应对维修后的作业过程与完工状态进行详细表述;不能简单使用"将设备恢复到完好状态"这样的陈述,而要把恢复状态的作业过程、检查点与检查要求都写清楚。

l. 对于一个需要在修理后进行调试的维修项目,应以需要验证的功能与性能、可能存在的需要整定的问题等为索引,并按照问题出现的可能性与解决问题的技术难度进行排序,由常见到罕见、由简单到复杂、由外围检查到内部检查,给出具体的调试步骤。

(11) 人力和人员:填写为完成当前分析行的作业步骤,所需配置的人力和人员类保障资源信息,内容涵盖人员的专业类别、技能等级和配置数量等,例如机械专业、高级技能、1名;同一作业步骤需要多个人员联动配合完成的,应分别标注专业类别、技能等级和配置数量。

(12) 维修时间:填写单人单次完成当前分析行的作业步骤所需耗费的维修工时,例如0.5 h、20 min。

(13) 人工时:填写为完成当前分析行的作业步骤,所需耗费的人工时数,一般由"人数×单人单次工时"估算获得。

(14) 工具/仪器仪表/设备:填写为完成当前分析行的作业步骤,所需使用的工具、仪器仪表、设备类保障资源信息,内容涵盖工具、仪器仪表、设备的名称、规格型号和配置数量等,例如超声波无损探伤设备、×××型、1台。

(15) 设施:填写为完成当前分析行的作业步骤,所需建设的设施类保障资源信息,内容涵盖设施的名称与主要功能,例如涉核故障零件专用负压式洗消修理车间、提供涉核故障零件实施离位修理的必备工作基础环境。

(16) 备件/耗材/能源:填写为完成当前分析行的作业步骤,所需消耗的备件、耗材、能源类保障资源信息,内容涵盖备件、耗材、能源的编码(备件和耗材必须提供)、名称、规格型号和配置数量等,例如 bzbj-254221、熔断器、×××型、2个;由于大多数装备维修作业最终以"换件维修"形式实现状态性能的恢复,因此,为便于在现实保障工程实践中实现装备备件的信息化、精确化和经济化管理,务必应重视表中备件组成编码信息的规范化填写;具体的编码填写规范要求,应严格遵照相关行业发布的填写标准。

(17) 技术资料:填写为完成当前分析行的作业步骤,所需参考的技术资料类保障资源信息,内容涵盖技术资料的名称与主要技术内容要求,例如《×××维修手册》、提供用于明确约束当前维修作业步骤完成质量的关键技术指导内容。

(18) 计算机资源:填写为完成当前分析行的作业步骤,所需借助的计算机资源类保障资源信息,内容涵盖计算机资源的名称与主要功能,例如×××嵌入式故障检测诊断软件、提供当前维修作业步骤的故障定位、隔离与诊断等辅助维修信息。

(19) 安全注意事项:填写在实施当前分析行的作业步骤过程中,维修作业人员必须关注的警告、注意和注释信息。其中,"警告"信息用于给出需要特别强调的事项,如果违背这些事项,可能导致人员伤亡或健康危害、装备严重损伤、环境破坏等事故性后果;"注意"信息用于给出需要特别提醒的事项,如果违背这些事项,可能会影响装备使用寿命或不能正常运行;"注释"信息用于对前述相关事项做进一步解释,以便于装备维修作业人员能从更深层次理解相关要求。

7.3.5 确定保障资源要求

在完成装备的使用任务分析和维修任务分析后,基于相关装备使用项目和维修项目的保障性分析记录(表7-1和表7-2中所列内容),可进一步确定装备的相关使用保障资源要求和维修保障资源要求。

1. 使用保障资源要求

与装备使用相关的保障资源要求,可通过汇总装备从技术准备开始到停机恢复为止的全部操作使用项目的保障资源,并经特定约束条件优化权衡后确定。装备全部使用项目的保障资源汇总工作,可通过裁剪、罗列表7-1中的人力和人员、工具/仪器仪表/设备、设施、技术资料等保障资源信息实现,详见表7-3。表7-3中,关于装备使用保障资源的罗列,直接将装备每一使用项目作为一个总体开展,不再针对其下属不同使用执行工序步骤单独开展保障资源汇总。

注意:(1)与装备使用保障资源最终确定密切相关的工程约束条件,一般包括装备不同操作站位的人员编制限制、装备现场操作环境的基础设施条件限制,以及装备实操人员的阅读能力限制等;(2)由于装备使用保障资源大都是保证装备使用工作任务高效实施的最为基本的"刚性"资源,同时相关保障资源需求也不具有任务周期内的概率特征,因此工程上可供优化权衡的空间并不大,一般仅需在操作使用人员的技能等级和数量上做微调,即可确定装备使用保障资源的最终要求。

2. 维修保障资源要求

与装备维修相关的保障资源要求,可通过汇总装备修复性维修项目和预防性维修项目的全部保障资源,并经特定约束条件优化权衡后确定。装备全部维修项目的保障资源汇总工作,可通过裁剪、罗列表7-2中的人力和人员、工具/仪器仪表/设备、设施、备件/耗材/能源、技术资料、计算机资源等保障资源信息实现,详见表7-4。表7-4中,关于装备维修保障资源的罗列,直接将装备每一维修项目作为一个总体开展,不再针对其下属不同维修执行工序步骤单独开展保障资源汇总。

注意:(1)与装备维修保障资源最终确定密切相关的工程约束条件,一般包括装备不同修理级别保障资源的经费预算限制、贮存空间限制、技能要求限制和建设条件限制,装备任务周期环境下不同产品单元的实际故障率特征,以及同类保障资源间的共享与替代使用可能等;(2)装备不同任务周期内的维修保障资源需求具有随机性或偶发性特点(在既定时间点上装备是否会因发生故障而必须提供种类和数量充足的保障资源,并非一类绝对事件),同时装备维修保障资源大都具有共享与替代使用特点(例如某一维修专业的技术人员可以在不同时段完成不同维修项目内容,某一修理工具、仪器仪表、设备可以在不同时段被维修人员借用以辅助完成不同维修项目,同一规格型号或行业标准的独立备件单元有在不同维修项目间替代使用的可能等),导致装备维修保障资源的最终确定与使用保障资源的相比,具有更大的优化权衡空间,其技术实现难度也更大。

第7章 装备使用与维修工作分析

表 7-3 装备使用保障资源汇总表

使用项目编号	使用项目	人员和人力			工具/仪器仪表/设备			维修保障资源要求 设施	耗材/能源			技术资料	计算机资源
		专业	技能等级	数量	名称	型号	数量		名称	型号/规格	数量		
OT001	××滑油系统使用前技术准备	机械	初级	1	阀叉		1	无须特殊保障设施	滑油		×L/min	××滑油系统使用手册	无须此类保障资源
OT002	××滑油系统启动								交流电	220 V、50 Hz	—		

表 7-4 装备维修保障资源汇总表

维修编号	维修项目	修理级别	人员和人力			工具/仪器仪表/设备			维修保障资源要求 设施	备件/耗材/能源			技术资料	计算机资源	总工时/h	总人工时/h
			专业	技能等级	数量	名称	型号	数量		编码	名称	型号	数量			
MT001	更换断路器	基层级	电气	中级	1	万用表		1	无须特殊保障设施	A-125896	断路器		1	××装置维修手册	无须此类保障资源	0.5	0.5
						十字形螺钉旋具		1									
						一字形螺钉旋具		1									
MT002	检修变压器																

综合保障工程中,装备维修保障资源的优化确定大都遵循等费用、等效用或费效比综合等原则,通过借助遗传、蚁群、粒子群、自支持向量机、神经网络等现代启发式优化算法[25-29],在满足现实保障约束条件的大量可行保障资源解中反复寻优,进而最终确定装备的维修保障资源要求。确定后的装备维修保障资源要求也不是一成不变的,还应视装备使用任务环境的变换、自身物理结构的退化和性能的下降以及现实维修保障机制和保障模式的转变等情况,及时做出调整备变。这也是装备综合保障工程实践中,维修保障资源确定与使用保障资源确定的重要不同之处。

7.3.6 输出分析报告

装备使用与维修工作分析最终应以"分析报告"的形式输出分析结论。分析报告中,应至少涵盖以下核心分析结论。

1) 待分析使用项目清单

如表7-5所示,应给出装备全部待分析的使用项目清单。清单内容应涵盖从装备技术准备开始到停机恢复为止的全部使用项目。同时,还应对使用项目逐一进行编号,并说明不同使用项目的工作类型。

表 7-5 待分析使用项目清单

分析装备:×××装置

序号	使用项目编号	使用项目	使用项目类型	备注
1	OT001	使用前技术准备	正常运行	
2	OT002	启动	正常运行	
3				
4	OT004	×××异常情况下,运行方式调整	异常处置	
5				
6	OT006	×××情况下,应急启动	应急使用	
7				

2) 待分析维修项目清单

如表7-6所示,应给出装备全部待分析的维修项目清单。清单内容应涵盖装备修复性、预防性等全部维修项目。同时,应对维修项目逐一进行编号,并说明不同维修项目的维修类型、维修间隔期、修理级别等特征信息。注意,此处标注的维修项目类型和维修间隔期信息,应与装备《以可靠性为中心的维修分析报告》中的相关信息保持一致;标注的维修项目名称、编号和修理级别信息,应与装备《修理级别分析报告》中的相关信息保持一致。

3) 使用任务分析记录

应给出表7-5中所列全部使用项目的任务分析记录,并以表7-7形式体现。

装备每一使用项目应对应一张独立的使用任务分析表,并严格按照7.3.3节所述使用任务分析技术要求填写表中分析内容。表7-7中,人力和人员、耗材/能源、工具/仪器仪表/设备、安全注意事项等使用分析内容,原则上,务必在每一分析行上保持与每一使用工序的一一对应关系,以确保相关使用分析过程记录具有足够的保障工程分辨率,进而能够有效展现和指导相关使用保障工作的技术细节;对于设施、技术资料、计算机资源等具备全时序保障特征的使用分析内容,可视情采用总体归并的方法表述相关使用分析过程记录。

表 7-6　待分析维修项目清单

分析装备:×××装置

序号	维修项目编号	维修项目名称	修复性	预防性	维修间隔期	修理级别	备注
1	MT001	更换密封圈	√	√	a/u	基层级	
2	MT002	检查安全阀	—	√	3 m	基层级	
3	MT003	计量压力表	—	√	2 a	中继级	
4	MT004	检修变压器	√	√	a/u	基地级	
5	MT005	更换安全阀	√	—	u	基层级	
6	MT006						

4) 维修任务分析记录

应给出表 7-6 中所列全部维修项目的分析记录,并以表 7-8 形式体现。装备每一维修项目应对应一张独立的维修任务分析表,并严格按照 7.3.4 节所述维修任务分析技术要求填写表中分析内容。与使用项目分析记录类似,表 7-8 中,人力和人员、备件/耗材/能源、工具/仪器仪表/设备、安全注意事项等维修分析内容,原则上,务必在每一分析行上保持与每一维修工序的一一对应关系;对于设施、技术资料、计算机资源等具备全时序保障特征的维修分析内容,可视情采用总体归并的方法表述相关维修分析过程记录;此外,备件分析记录内容还应同步给出便于筹、储、供全闭环管理的唯一信息化标识编码,人力和人员分析记录内容还应同步给出便于估算装备年度维修时间需求的单项维修工序完成所需人工时;最后,还应就确保当前分析维修项目高效实施的最佳维修空间预置需求给出量化说明,以影响装备交付用户使用后的工作现场空间布局。

5) 使用保障资源汇总

应在前述使用分析记录基础上,参照 7.3.5 节中表 7-3 所列表格信息格式,进行装备使用保障资源汇总。同时,还应就后续优化权衡使用保障资源要求所需考虑的各类工程约束条件给出翔实说明,一般包括实操人员编制、保障设施建设条件、保障资源共享可能性等。

6) 维修保障资源汇总

应在前述维修分析记录基础上,参照 7.3.5 节中表 7-4 所列表格信息格式,进行装备维修保障资源汇总。同时,还应就后续优化权衡维修保障资源要求所需考虑的各类工程约束条件给出翔实说明,一般包括维修人员编制、年度保障经费、保障设施建设条件、保障资源共享与替代使用可能、年度保障频次、保障技能要求、保障机构设置、保障能力层次划分以及可接受的保障概率水准等。

7) 使用保障资源要求

应给出符合各类使用保障工程约束条件的经过综合权衡与全局优化的装备使用保障资源最终要求。相关要求是装备研制阶段同步开展装备配套使用保障系统研制、试验及验收工作的重要信息输入,也是装备交付用户使用后制定不同任务周期内使用保障方案的重要信息支撑。翔实的装备使用保障资源要求示例,见表 7-9～表 7-14。

表 7-7 某型汽轮机使用任务分析表（示例）

序号	使用项目编号	使用项目名称	使用工序	作业序号	作业步骤	人力和人员 专业	技能等级	数量	耗材/能源 名称	型号	数量	工具/仪器仪表/设备 名称	型号	数量	设施 名称	功能	技术资料 名称	技术内容	计算机资源 名称	功能	安全注意事项 警告	注意	注释
1	OT001		使用前技术准备	(1)	检查机组外部,清理杂物,维护场地	机械	初级	2	清洁布	—	1												
				(2)	前后推动汽轮机转子,用专用千分尺测量汽轮机转子的轴向位移	机械	中级	1				专用千分尺		1			《×××汽轮机使用规程》	汽轮机从技术准备开始到停机恢复全部使用项目的使用工序说明				与上次测试值相比,差别不应超过±0.05 mm	
				(3)	用专用千分尺测量汽轮机转子的下沉量	机械	中级	1				专用千分尺		1	专用操作间	确保汽轮机操作使用安全、相对独立,不受其他装置操作使用干扰							
				(4)	观测油检查仪是否通油	机械	初级	1	滑油		×L/min												需开启汽轮滑油泵
				...																			

表 7-8 某型汽轮机维修任务分析表（示例）

组成编码	修理级别	产品单元	故障原因	维修项目	维修间隔期	维修项目编号	MT00×	维修空间/(m×m×m)	注释
0702×××	基地级	汽轮机轴承箱	密封材料老化，性能下降	更换油封圈	2 a		MT00×	0.5 m×0.5 m×0.5 m	

作业序号	作业步骤	人力和人员			维修时间/h	人工时/h	工具/仪器仪表/设备				备件/耗材/能源				技术资料		计算机资源		维修空间		安全注意事项	
		专业	技能等级	数量			名称	型号	数量	功能	编码	名称	型号	数量	名称	技术内容	名称	功能	位置	正面空间	警告	注意
(1)	拆卸与轴承箱连接的油管路和温度传感器	机械	中级	2	4	8	专用扳手套件		1													
(2)	拆卸轴承箱盖紧固件、起吊轴承箱盖	机械	中级	2	2	4	专用扳手套件手拉葫芦		1		hc.××	铜棒		1	《××××汽轮机维修手册》	×××汽轮机全部潜在维修项目的维修工序与维修工艺说明						
(4)							尖口钳		1													
(5)	更换油封圈	机械	中级	1	0.5	0.5	平口螺丝刀		1		bj.××	油封圈		1								
···																						

表7-9 装备使用操作人员要求(示例)

序号	操作位置	职责	专业	人数	备注
1	A设备旁	A设备的技术准备、启动、运行状态监测、工况调整、异常状态临时处置、停机,以及应急状态下的系列特殊操作使用	机械	1	
2	B设备旁				

表7-10 装备使用技术资料要求(示例)

序号	资料名称	技术用途	服务类型	适用场合	备注
1	《使用手册》	用于指导装备不同操作位置的使用人员,严格按照技术要求完成相关规范化操作使用技术动作	操作使用	装备实操	也可命名为《使用规程》《使用说明书》
2	《使用安全手册》	用于指导装备不同操作位置的使用人员,严格按照安全风险防范要求,完成相关规范化的操作使用技术动作	安全防范	装备实操	
3	《使用培训手册》	用于指导与规范装备操作使用人员首次持证上岗前的专题培训,以及日常阶段恢复性训练的核心施训内容	岗前培训	装备使用训练	也可命名为《使用培训教材》
4	《使用保障工具、仪器、设备清单》	用于规范同步交付用户使用的装备配套保障系统实体(保障工具、仪器、设备部分),以及指导装备交付用户使用后的日常使用保障条件建设	使用保障条件建设	装备使用保障	
5	《使用保障耗材、能源清单》	用于规范同步交付用户使用的装备配套保障系统实体(保障耗材、能源部分),以及指导装备交付用户使用后的日常使用保障条件建设	使用保障条件建设	装备使用保障	
6	《使用保障设施清单》	用于规范同步交付用户使用的装备配套保障系统实体(保障设施部分),以及指导装备交付用户使用后的日常使用保障条件建设	使用保障条件建设	装备使用保障	
7	《使用保障计算机资源清单》	用于规范同步交付用户使用的装备配套保障系统实体(保障计算机资源部分),以及指导装备交付用户使用后的日常使用保障条件建设	使用保障条件建设	装备使用保障	
8					

表7-11 装备使用工具、仪器、设备清单(示例)

序号	名称	型号	规格	使用保障用途	数量	单位	单价/万元	装箱尺寸/(m×m×m)	重量/kg	备注
1	专用千分尺		测量精度0.001 mm	××装置关键部位启动前技术状态例行检查	1	把	0.2	0.2×0.1×0.05	0.8	
2										

表 7-12 装备使用耗材、能源清单(示例)

序号	名称	型号	规格	使用保障用途	数量	单位	单价/万元	备注
1	滑油	VG-××	40 ℃黏度× mm^2/s	×××装置正常运行时,润滑××部件	××	升	0.25	
2								

表 7-13 装备使用设施清单(示例)

序号	名称	使用保障用途	物理空间要求/(m×m×m)	空间环境（温度、相关湿度、通风、照明、振动、电磁干扰）	能源接口要求（液、电、气）	备注
1	××工作间	确保×××操作使用安全,相对独立,不受其他装置操作使用干扰	5×5×5	温度 20 ℃±5 ℃;相关湿度≤75%;照明 150～400 lx;振幅≤4 μm,速度≤0.2 mm/s	××油路管道,日用灰水管道;AC 220 V 50 Hz;高压空气管路:0.4 MPa	
2						

表 7-14 装备使用计算机资源清单(示例)

序号	名称	使用保障用途	研发语言	操作系统	当前版本	备注
1	××嵌入式使用状态监控软件	提供当前使用作业步骤是否高质量完成的实时在线自反馈及警示信息	Java	Win××.××	s1.0	
2						

其中:表 7-9 应就装备不同操作位置的人员编配数量、专业选择以及职责定位等给出翔实说明;表 7-10 应就与装备使用保障相关的技术资料成册方案、应用场合以及主要技术用途等给出翔实说明;表 7-11、表 7-12 应就维持装备操作使用正常开展所需工具、仪器、设备、耗材、能源的型号、规格、使用保障用途、数量、单价、几何尺寸、重量等基础属性信息给出翔实说明;表 7-13 应就确保装备日常操作使用顺畅开展的空间环境、能源接口等基础设施建设要求给出翔实说明;表 7-14 应就与装备操作使用相关的嵌入式计算机资源的开发环境、当前版本以及技术用途等给出翔实说明。

8) 维修保障资源要求

应给出符合各类维修保障工程约束条件的经过综合权衡与全局优化的装备维修保障资源最终要求。相关要求是装备研制阶段同步开展装备配套维修保障系统研制、试验及验收工作的重要信息输入,也是装备交付用户使用后制定不同任务周期内维修保障方案的重要信息支撑。翔实的装备维修保障资源要求示例,见表 7-15～表 7-21。

表 7-15 装备维修保障人员要求(示例)

序号	维修专业	高级技能	中级技能	初级技能	备注
1	机械专业	2	4	3	

续表

序号	维修专业	高级技能	中级技能	初级技能	备注
2	电子专业				
3	电气专业				
4	液压专业				
5	计算机专业				
6					
	合计				

表 7-16　装备维修技术资料要求（示例）

序号	资料名称	技术用途	服务类型	适用场合	备注
1	《维修手册》	用于指导基层级或中继级装备维修人员，严格按照相关维修工艺步骤开展装备日常维修工作，以确保装备维修工作质量	日常维修	装备维修	也可命名为《维修规程》《维修说明书》
2	《修理技术要求》	用于指导基地级装备维修人员，严格按照相关维修工艺步骤开展装备较高等级的维修工作，以确保装备维修工作质量	高等级修理	装备维修	
3	《预防性维修大纲》	用于辅助装备维修人员，参照相关维修项目的潜在维修间隔期，合理安排不同年度的预防性维修工作活动	预防性维修	装备维修	
4	《维修安全手册》	用于指导装备维修人员，严格按照安全风险防范要求，完成相关规范化的维修技术动作	安全防范	装备维修	
5	《维修培训手册》	用于指导与规范装备维修人员首次持证上岗前的专题培训，以及日常阶段恢复性训练的核心施训内容	岗前培训	装备维修训练	也可命名为《维修培训教材》
6	《维修保障工具、仪器、设备清单》	用于规范同步交付用户使用的装备配套保障系统实体（保障工具、仪器、设备部分），以及指导装备交付用户使用后的日常维修保障条件建设	维修保障条件建设	装备维修保障	
7	《维修保障备件清单》	用于规范同步交付用户使用的装备配套保障系统实体（备件部分），以及指导装备交付用户使用后的日常维修保障条件建设	维修保障条件建设	装备维修保障	
8	《维修保障耗材、能源清单》	用于规范同步交付用户使用的装备配套保障系统实体（保障耗材、能源部分），以及指导装备交付用户使用后的日常维修保障条件建设	维修保障条件建设	装备维修保障	
9	《维修保障设施清单》	用于规范同步交付用户使用的装备配套保障系统实体（保障设施部分），以及指导装备交付用户使用后的日常维修保障条件建设	维修保障条件建设	装备维修保障	
10	《维修保障计算机资源清单》	用于规范同步交付用户使用的装备配套保障系统实体（保障计算机资源部分），以及指导装备交付用户使用后的日常维修保障条件建设	维修保障条件建设	装备维修保障	
11					

第7章 装备使用与维修工作分析

表7-17 装备维修工具、仪器、设备清单（示例）

序号	名称	型号	规格	维修保障用途	配置数量 基层级	配置数量 中继级	配置数量 基地级	单位	单价/万元	装箱尺寸/(m×m×m)	重量/kg	备注
1	超声波焊缝探伤仪		材料声速1000～9999 m/s；测厚分辨率0.02 mm；…	用于装备维修工作中，相关焊接维修部位的工艺质量检查	0	1	1	台	0.8	0.05×0.05×0.03	5	
2												

表7-18 装备维修耗材、能源清单（示例）

序号	名称	型号	规格	维修保障用途	配置数量 基层级	配置数量 中继级	配置数量 基地级	单位	单价/万元	装箱尺寸/(m×m×m)	重量/kg	备注
1	防水涂料		复合防水涂料，适用于金属、塑料、玻璃及其他化工材质等	用于装备维修工作中，相关重点防水部位的填注与制涂	50	80	100	桶	0.03	0.25×0.25×0.5	8	
2	乙炔气瓶	GB5099	钢制无缝气瓶，壁厚≥4.2 mm，15 L	用于在装备维修工作中，为实施气焊，提供基础的焊接气源	5	10	50	个	0.034	0.16×0.16×1	19	
3												

表7-19 装备维修备件清单（示例）

序号	产品单元编码	产品单元	年工作强度/h	备件编码	备件名称	型号规格	装机总数	占空比	MTBF/MTTF/h	供货周期/天	年度储备数量 基层级	年度储备数量 中继级	年度储备数量 基地级	单位	单价/万元	装箱尺寸/(m×m×m)	重量/kg	存放要求	备注
1	0702×××	汽轮机轴承箱	3600	bj.×××	油封圈		2	1	16800	180	1	0	1	个	2			密封，防潮，20 ℃	
2																			

表 7-20 装备维修设施清单（示例）

序号	名称	维修保障用途	建设建议			物理空间要求 /(m×m×m)	空间环境（温度、相关湿度、通风、照明、振动、电磁干扰）	能源接口要求（液、电、气）	备注
			基层级	中继级	基地级				
1	机修工作间	用于实现板、柱、块、管状普通金属或非金属材料、半成品等的深度加工，以制作结构较为复杂、精度较高的机械零部件和维修工装具			√	5×5×5	温度 20 ℃±5 ℃；相关湿度≤75%；照明 150~400 lx；振幅≤4 μm，速度≤0.2 mm/s	××油路管道；灰水管道；AC 220 V 50 Hz；高压空气管路：0.4 MPa。	数控车床、功能钻床、摇臂钻床、钳工工作台、桁吊等
2	焊接工作间	用于实现较高等级的维修焊接与焊补，能够对具有特殊材料或薄厚度等特征的完体、管子等的破损部位进行高质量焊接或焊补			√	3×3×5	温度 20 ℃±5 ℃；相关湿度≤75%；照明 150~400 lx；振幅≤4 μm，速度≤0.2 mm/s	氩气、氧气、乙炔等焊接用气专用管路或钢制气瓶；AC 220 V 50 Hz	电焊机、气焊机、等离子焊机、氩弧焊机、焊架等
3	电气修理间			√					
4	射频修理间			√					
5	涉核修理间			√					
6									

表 7-21 装备维修计算机资源清单（示例）

序号	名称	维修保障用途	配置建议			研发语言	操作系统	数据库	当前版本	备注
			基层级	中继级	基地级					
1	××嵌入式状态监控与故障诊断软件	用于装备日常运行状态的实时在线监控，以及装备故障发生后的辅助诊断与维修决策	√			Java	Win××.××	SQL-××	s1.0	
2	××供应保障信息管理系统	用于实现装备日常保障所需备件、耗材、工具、仪器仪表等保障资源筹、储、供工作的信息化管理			√	C++	Win××.××	Oracle	d1.0	
3										

其中:表 7-15 应就实施装备维修所需编配的人员数量、专业以及技能等级要求等给出翔实说明;表 7-16 应就与装备维修保障相关的技术资料成册方案、应用场合以及主要技术用途等给出翔实说明;表 7-17、表 7-18 应就维持各层级装备维修活动正常开展所需工具、仪器、设备、耗材、能源的型号、规格、维修保障用途、配备数量、单价、几何尺寸、重量等基础属性信息给出翔实说明;表 7-19 应就维持各层级装备维修活动正常开展所需备件的编码、型号、规格、装机数量、可靠特性、供货周期、年度储备数量、单价、几何尺寸、重量、存放要求等基础属性信息给出翔实说明;表 7-20 应就确保各层级装备维修活动顺畅开展的特殊场地、空间环境、能源接口等基础设施建设要求给出翔实说明;表 7-21 应就与各层级装备维修活动相关的嵌入式计算机资源的开发环境、数据库、当前版本以及技术用途等给出翔实说明。

注意,一方面,与使用保障资源要求不同,维修保障资源需要分别配置于不同层级(基层级、中继级、基地级)的维修保障机构上,为此,相关维修保障资源权衡与优化面向的工程约束条件更多,确定最优品种和数量的技术难度更大。另一方面,装备维修保障工作需求具有很大的随机性,不同任务周期、不同使用强度、不同外在环境作用均会导致维修保障的工作内容发生变化,对于装备维修备件保障工作而言,这一特点尤其突出。因此,此处分析输出的维修保障资源要求,也仅是针对装备当前典型使用任务剖面下的保障资源最优解集。当装备现实使用任务剖面发生较大变化时,还应视装备使用任务的实际情况,及时调整完善不同类型保障资源的最优解集。有关面向不同任务对象的装备保障资源多目标优化研究的工作成果很多,读者可参考相关文献[30-40]详细了解,本书不做重点介绍。

7.4 使用与维修工作分析的几类常见问题

前面介绍了实施装备使用与维修工作分析的具体步骤,下面结合笔者多年来从事装备综合保障工程的实践经验,介绍在实施装备使用与维修工作分析过程中常见的几类技术问题。

1. 分析过程的分辨率低,缺乏保障工程技术指导性

装备使用与维修分析过程的分辨率水平,主要体现在分析条目的颗粒度和分析内容的精准性两个方面,分辨率水平将直接影响着分析结论的工程适用效能。装备综合保障工程中,在缺乏大量可供分析参考的装备基础资料的情形下,通用质量工程技术人员为了完成分析任务有时会采取降低分析分辨率的"临时补救"技术行为。例如,将本应切分为多个独立作业步骤的使用或维修工序,简化归并为一个工序,仅对工序的触发前提和工序的完成结果给出描述,而对如何正确、高质量地完成相关工序作业只字不提。再如,将实施多个独立作业步骤所需的应在不同时序点上按序投入使用的不同型号规格的工具、仪器仪表、修理设备、备件等保障资源合并"混排",仅对保障资源的总体需求给出说明,而对如何高效调度各型保障资源的关键工程实施技术细节置之不理。再如,将必须给出翔实规格属性的备件、工具、耗材等保障资源一并视为"通用件"处理,将必须给出详细量化维修工时的特殊复杂作业步骤视为常规普通作业步骤处理,将限制使用环境条件下的装备维修作业空间需求视为无限制使用环境条件处理等。

上述这些降低分析分辨率的技术做法,往往会在很大程度上降低装备使用与维修工作分析的工作成效,并产生较大的保障性技术分析"副作用"。首先,缺乏足够技术细节的使用与维修作业分析结论,丧失了其保障工程实施的技术指导性,也从根本上偏离了实施装备使用与维修工作分析的技术宗旨;其次,分析输出的颗粒度不足的保障资源要求,不仅不能有效促进装备及其配套保障系统的同步建设,还很可能导致部分保障资源的建设发展偏离正轨;最后,少量模糊度过大的关键保障资源属性信息,可能会直接导致其在装备保障工程约束条件下的权衡与优化结果千差万别。

2. 工程约束条件考虑不全面,保障资源要求确定不合理

装备使用与维修工作分析输出的最佳保障资源要求,与装备综合保障工程约束条件密切相关,尤其是对于装备维修保障资源要求而言,两者间的关联影响尤为突出。装备维修保障资源通常需要按照不同层级维修机构配置,这既取决于装备不同层级维修机构的维修保障工作能力要求,又取决于不同层级维修机构建设的现实条件。这里所述"能力要求"和"现实条件"为装备保障资源权衡优化所需考虑的诸项工程约束条件。

常见的工程约束条件包括费用、空间、人员编制、技能要求、维修机构编成、资源共享与替代的可能等。这里,以装备维修保障备件为例,详细说明工程约束条件对资源要求确定的影响。首先,不同的年度备件购置经费预算,显然将导致不同的年度备件储备方案。如果经费预算充足,则可在较大保障概率程度全面满足装备年度任务周期内的各项备件保障需求,但如果经费预算极其有限,则可能需要首先满足那些发生故障后会直接导致装备遂行任务功能直接丧失的备件保障需求。其次,不同的备件物理尺寸,将决定着其仓储管理的基础空间要求,对于部分可供仓储空间极其有限的维修机构(往往是基层级),较庞大的中大型备件只能选择配置于其他层级的维修机构。再次,对于大多数维修机构而言,维修人员和维修专业的编配数量,往往需要严格遵照上级行政管理部门规定的人员编制要求执行,为此,很多情况下,必须在期望最佳人力配置和现实可实现人力配置间寻求最佳平衡。最后,对于维修保障备件规模和数量较大的情况,如果部分备件存在可共享或替代使用可能(往往是国标件),则在进行备件保障资源的权衡与优化时,除了考虑解决任务周期内的基础换件需求问题以外,还应考虑如何最大限度利用有限的备件购置经费,实现装备任务周期内备件保障的最佳费效比[41-45]。

综上,装备面临的保障工程约束条件不同,使用与维修工作分析输出的最佳保障资源要求也将不尽相同。为此,全面且真实反映装备交付用户使用后保障工作的实际工程约束条件,是确保分析输出的保障资源要求合理可行的基本前提,也是确保装备交付用户使用阶段保障能力及时形成的根本保证。

3. 仅局限于资源维度的演绎分析,忽视对装备固有设计的潜在影响

装备使用与维修工作分析作为一类装备保障性分析技术,除了输出与装备保障工作相契合的最佳保障资源要求以外,还将作为综合评判新研装备设计方案是否可行的一项重要判据。对于工程上不可实现或不可长期承受的保障资源要求,通常需要转变思路,在新研装备的固有保障特性设计上寻求解决答案。例如,分析发现某新研装备的部分贵重组成单元的固有可靠特性过差,且不具备修复可能,任务周期内的换件修理需求过高,长期保障将消耗大量不可承受的维修经费。再如,经分析发现某新研装备的关键功能组部件均是引进件,价格昂贵、供货周期过长,且国内近期不具自主生产可能,国际动荡局势下相关备件保障的筹供通道很可能被"卡脖子"。对于上述各类情况,最佳的工程解决方案不应再仅仅局限于新研装备的保障资源配置优化层面(例如多投入经费、多购置储备),而应放宽视野在优化装备的可靠性、维修性、测试性、保障性等固有保障特性设计层面,以及优化装备组成结构和核心功能单元设计层面,另辟蹊径、寻求突破。但遗憾的是,现实的综合保障工程中,增加保障经费及保障资源储备的决策,往往更易被装备管理者选择,而更改装备设计(尤其是技术设计)的决策,往往会遭遇较大的工作"阻力"。

4. 过度固化分析结论，缺乏保障资源要求的弹性化处理

装备使用与维修工作分析输出的保障资源要求固然重要，它是装备有的放矢开展配套保障系统研制与初始保障能力建设的重要参考依据，直接决定着装备交付用户使用后的保障工作发展主线方向。但正如第1章所述装备可靠性定量指标分为"固有值"与"使用值"，如果完全依托装备研制阶段可掌握的有限技术设计信息，通用质量工程技术人员往往仅能针对几类典型任务剖面下的装备使用与维修保障需求，分析明确相应的保障资源要求。显然，此时分析给出的保障资源要求，有其自身不可避免的工程应用局限性，虽然可在总体层面指导装备及其配套保障系统的研制、生产与早期建设工作，但并不代表其在交付用户使用后的各个寿命周期阶段，都是最适用、最经济、最理想的选择。

仍以装备维修保障备件为例，装备交付用户使用后的实际使用环境、使用强度、修理模式等，均可能与设计研制阶段的典型任务剖面假设大相径庭。例如，使用环境可能由原来的普通陆用环境转变为高温、高湿、高盐、强太阳辐射、强腐蚀、大风浪的热带海洋环境，使用强度可能由原来的年度1000 h陡增为年度4000 h，修理模式可能由原来的以定期预防修理为主调整为以实时预测修理为主。这些装备现实使用条件的改变，均需装备保障技术人员摒弃过度固化使用与维修工作分析结论的"教条"思维，并及时结合装备现实保障的新条件和新需求，恰当调整或重新分析确定最佳保障资源要求。

参 考 文 献

[1] 甘茂治. 英汉装备保障工程缩略语词典[M]. 北京:国防工业出版社,2008.
[2] 中国人民解放军总装备部. 可靠性维修性保障性术语:GJB 451A—2005[S]. 北京:总装备部军标出版发行部,2005.
[3] 王汉功,甘茂治,陈学楚,等. 装备全系统全寿命管理[M]. 北京:国防工业出版社,2003.
[4] 马绍民. 综合保障工程[M]. 4版. 北京:国防工业出版社,2002.
[5] 杨为民. 可靠性·维修性·保障性总论[M]. 北京:国防工业出版社,1995.
[6] 王玉泉. 装备费用—效能分析[M]. 北京:国防工业出版社,2010.
[7] 国防科学技术工业委员会. 装备保障性分析:GJB 1371—92[S]. 北京:总装备部军标出版发行部,1992.
[8] 章文晋,郭霖瀚. 装备保障性分析技术[M]. 北京:北京航空航天大学出版社,2012.
[9] 中国人民解放军总装备部. 装备综合保障通用要求:GJB 3872—99[S]. 北京:总装备部军标出版发行部,1999.
[10] 王自力. 可靠性维修性保障性要求论证[M]. 北京:国防工业出版社,2011.
[11] 中国人民解放军总装备部. 装备保障性分析记录:GJB 3837—99[S]. 北京:总装备部军标出版发行部,1999.
[12] 国防科学技术工业委员会. 故障模式、影响及危害性分析程序:GJB 1391—92[S]. 北京:总装备部军标出版发行部,1992.
[13] 陈颖,康锐. FMECA技术及其应用[M]. 2版. 北京:国防工业出版社,2014.
[14] 陆廷孝,郑鹏洲. 可靠性设计与分析[M]. 北京:国防工业出版社,1995.
[15] 李良巧. 机械可靠性设计与分析[M]. 北京:国防工业出版社,1998.
[16] 赵廷弟. 安全性设计分析与验证[M]. 北京:国防工业出版社,2011.
[17] 吕川. 维修性设计分析与验证[M]. 北京:国防工业出版社,2012.
[18] 石君友. 测试性设计分析与验证[M]. 北京:国防工业出版社,2011.
[19] 中国人民解放军总装备部. 装备以可靠性为中心的维修分析:GJB 1378A—2007[S]. 北京:总装备部军标出版发行部,2007.
[20] 马麟. 保障性设计分析与评价[M]. 北京:国防工业出版社,2012.
[21] 国防科学技术工业委员会. 修理级别分析:GJB 2961—97[S]. 北京:总装备部军标出版发行部,1997.
[22] 刘任洋,李华,李庆民,等. 串件拼修策略下指数型不完全修复件的可用度评估[J]. 系统工程理论与实践,2016,36(7):1857-1862.
[23] 刘任洋,李庆民,王慎,等. 任意寿命分布单元表决系统备件需求量的解析算法[J]. 系统工程与电子技术,2016,38(3):714-718.

[24] 邵松世,刘任洋,李庆民,等.批量换件下多正态单元表决系统备件量确定[J].华中科技大学学报(自然科学版),2016,44(5):25-29.

[25] 颜雪松,伍庆华,胡成玉.遗传算法及其应用[M].武汉:中国地质大学出版社,2018.

[26] 李士勇,等.蚁群算法及其应用[M].哈尔滨:哈尔滨工业大学出版社,2004.

[27] 潘峰,李位星,高琪,等.粒子群优化算法与多目标优化[M].北京:北京理工大学出版社,2013.

[28] 王文剑,门昌骞.支持向量机建模及应用[M].北京:科学出版社,2014.

[29] 邱锡鹏.神经网络与深度学习[M].北京:机械工业出版社,2020.

[30] 史跃东,徐一帆,金家善.装备复杂系统多状态可靠性分析与评估技术[M].北京:科学出版社,2017.

[31] 史跃东,金家善,徐一帆.半马尔可夫跃迁历程下装备复杂系统多状态可靠性分析与评估[J].系统工程与电子技术,2019,41(2):445-453.

[32] 史跃东,徐一帆,金家善.基于逻辑报酬矩阵的多状态系统可靠性评估[J].系统工程理论与实践,2019,39(5):1316-1325.

[33] 史跃东,陈砚桥,金家善.舰船装备多状态可修复系统可靠性通用生成函数解算方法[J].系统工程与电子技术,2016,38(9):2215-2220.

[34] 史跃东,金家善,徐一帆,等.基于发生函数的模糊多状态复杂系统可靠性通用评估方法[J].系统工程与电子技术,2018,40(1):238-244.

[35] 李春洋,陈循,易晓山,等.基于向量通用生成函数的多性能参数多态系统可靠性分析[J].兵工学报,2010,31(12):1604-1610.

[36] 阮旻智,钱超,王睿,等.定期保障模式下舰船编队携行备件配置优化[J].系统工程理论与实践,2018,38(9):2441-2448.

[37] 赵斐,刘学娟.考虑不完美维修的定期检测与备件策略联合优化[J].系统工程理论与实践,2017,37(12):3201-3214.

[38] 蒋伟,盛文,杨莉,等.视情维修条件下相控阵雷达备件优化配置[J].系统工程与电子技术,2017,39(9):2052-2057.

[39] 王永攀,杨江平,张宇,等.相控阵天线阵面两级备件优化配置模型[J].国防科技大学学报,2017,39(3):172-178.

[40] 杨建华,韩梦莹.视情维修条件下k/N(G)系统备件供需联合优化[J].系统工程与电子技术,2019,41(9):2148-2156.

[41] 张永强,徐宗昌,呼凯凯,等.k/N系统维修时机与备件携行量联合优化[J].北京航空航天大学学报,2016,42(10):2189-2197.

[42] 阮旻智,傅健,周亮,等.面向任务的作战单元携行备件配置优化方法研究[J].兵工学报,2017,38(6):1178-1185.

[43] 周亮,孟进,李毅,等.考虑关键性的多约束下辐射干扰对消装备随舰备件配置优化方法[J].系统工程与电子技术,2020,42(2):365-373.

[44] 胡起伟,贾希胜,赵建民.考虑预防性维修的备件需求量计算模型[J].兵工学报,2016,37(5):916-922.

[45] 蔡芝明,金家善,李广波.多约束下随船备件配置优化方法[J].系统工程理论与实践,2015,35(6):1561-1566.